## Elogios para
## *Mobile Marketing* e Chuck M......

"Chuck Martin apresenta mais do que simplesmente fatos. Ele mostra a essência do conceito. ***Mobile Marketing*** é um livro ponderado e valioso."

– Chris Brogan, presidente,
Human Business Works e coautor de *Trust Agents*

"***Mobile Marketing*** descreve a mudança de poder clara, na qual o cliente está no comando – e o que as empresas devem fazer para alcançá-lo. Usando estudos de casos detalhados, Chuck Martin mostra aos leitores como desenvolver uma estratégia de marketing móvel que realmente funcionará. Não espere: compre o livro para sua equipe hoje."

– Charlene Li, autora do *best-seller Groundswell*
e *Open Leadership*

"Uma visão fascinante e reveladora do cenário das tecnologias móveis e o que as empresas devem fazer para sobreviver neste ambiente."

– Josh Koppel, cofundador da ScrollMotion,
desenvolvedor líder da plataforma de tecnologias móveis

"Nossos aparelhos móveis são copilotos digitais indispensáveis, um dos motivos para a terceira tela estar se tornando rapidamente a tela mais importante. Se pretende continuar sendo relevante para seus clientes enquanto eles seguem em frente com suas vidas, aplique as lições aprendidas com este livro."

– Don Tapscott, autor e coautor de mais de 14 livros,
incluindo o *best-seller Wikinomics* e seu recente *Macrowikinomics*

"No ambiente móvel de hoje, os smartphones e os tablets tornaram-se presentes em todo o mundo. Em ***Mobile Marketing***, Chuck Martin envolve o leitor com detalhes importantes relacionados a como o consumidor sem limites, o *m-commerce* e toda a revolução móvel está mudando o jogo para os profissionais de marketing e o que eles precisam fazer para assegurar que suas organizações sobreviverão e prosperarão neste mercado em evolução e mudança constantes."

– Kent Huffman, diretor executivo de marketing da
BearCom Wireless e coeditor da *Social Media Marketing Magazine*

"A mobilidade é o dispositivo social definitivo. E se as marcas grandes ou pequenas não entenderem como engajar seus clientes, elas estão condenadas à extinção. **Mobile Marketing** é um livro que qualquer empresa, que esteja tentando desenvolver uma estratégia móvel eficaz, uma estratégia que motive os clientes a se tornarem defensores da marca, precisa ter."

– Julie Roehm, consultora de estratégia de marketing

"O marketing está em constante mudança e **Mobile Marketing** espelha o futuro do marketing. Para quem é novo em questões de tecnologias móveis, este livro garante as informações corretas!"

– Jeffrey Hayzlett, autor do *best-seller The Mirror Test*

"**Mobile Marketing** destila as oportunidades que o marketing móvel apresenta para os líderes de negócios em um livro envolvente e divertido."

– Jane McPherson, CMO, SpyderLynk, *start-up* de serviços móveis

# MOBILE
## MARKETING

### A Terceira Tela

# MOBILE MARKETING

## A Terceira Tela

Como Estar em Contato com Seus Clientes através de **Smartphones, Tablets** e Outros **Dispositivos Móveis**

## Chuck Martin

M.Books do Brasil Editora Ltda.

Rua Jorge Americano, 61 - Alto da Lapa
05083-130 - São Paulo - SP - Telefones: (11) 3645-0409/(11) 3645-0410
Fax: (11) 3832-0335 - e-mail: vendas@mbooks.com.br
www.mbooks.com.br

**Dados de Catalogação na Publicação**

Martin, Chuck, 1949 –
Mobile Marketing – A Terceira Tela: Como Estar em Contato com Seus Clientes Através de Smartphones, Tablets e Outros Dispositivos Móveis / Chuck Martin.
2013 – São Paulo – M. Books do Brasil Editora Ltda.

1. Marketing  2. Administração  3. Tecnologia

ISBN: 978-85-7680-209-9

Do original: The Third Screen
©2011 Chuck Martin
Publicado em inglês pela Nicholas Brealey Publishing

© 2013 M.Books do Brasil Editora Ltda.

**Editor:** Milton Mira de Assumpção Filho
**Tradução:** Thereza Taylor
**Revisão Técnica:** Jan Cabral
**Produção Editorial:** Lucimara Leal
**Coordenação Gráfica:** Silas Camargo
**Editoração:** Crontec

2013
M.Books do Brasil Editora Ltda.
Proibida a reprodução total ou parcial.
Os infratores serão punidos na forma da lei.

*Para Ryan e Chase,*
*Nossos filhos,*
*E membros ativos da revolução móvel.*

# SUMÁRIO

**PREFÁCIO   13**
Por Michael J. Becker
Diretor Administrativo, Mobile Marketing Association

**AGRADECIMENTOS   15**

**INTRODUÇÃO**
**A Mobilidade Está Mudando o Jogo   17**
A Revolução Não Detectada   20
A Mobilidade É Singular   21
O Mercado de Serviços Móveis   24
O Consumidor Sem Limites   26
O Jogo Final dos Serviços Móveis   28

**CAPÍTULO 1**
**A Ascensão do Consumidor Sem Limites   31**
A Mobilidade É Pessoal   32
O Consumidor Movido pela Mobilidade   33
A Mobilidade É Direta   33
O Cliente como uma Plataforma Móvel   35
A Mobilidade Motiva a Mudança Comportamental   36
Viajando com os Compradores   39
Mobilidade Global   45
Marcas de Luxo e Mobilidade   50

**10** MOBILE MARKETING

## CAPÍTULO 2
## Os Smartphones Ditam as Regras   53

Um Computador para Cada Mão   53
O Nascimento do Telefone Celular   54
Entra o Smartphone: a Era de Dois Fones   55
Apenas Uma Coisa no Meu Bolso (ou A Coisa Principal no Meu Bolso)   56
Entra a Era do iPhone   57
As Plataformas   59
Telefones Antigos *versus* Novos   62
Dinheiro do velho mercado mobile   63
A Inteligência dos Smartphones   65
Divulgando os Aplicativos   69
O iPad: A Isca da Compra Por Vaidade   70
O *Push* por trás dos Smartphones   71

## CAPÍTULO 3
## O Tempo Real Passa a Ser o Tempo Todo   75

As Informações Residem na "Nuvem" dos Smartphones   76
Licitações em Tempo Real para as Mensagens de Marketing   79
Começando com Pesquisa   81
Lidando com os Clientes em Tempo Real   84
Defendendo a Mobilidade Internamente   87
O Enigma da Mudança de Tempo na Mobilidade   93
Uso de Telefones Móveis   95

## CAPÍTULO 4
## Envolvimento do Cliente em um Mundo que se Tornou Móvel   99

Alinhamento das Metas de Empresas Móveis   100
Siga Seus Clientes   101
Envolvimento na Mobilidade   102
Encontre Soluções que Motivem o Engajamento   103
Proporcione Valor e um Chamado para Ação   109
Mobilidade Hiperlocal   110
Teste e Aprendizado   111
Testar, Aprender, Evoluir   113
Evite a Síndrome do Objeto Brilhante e Luminoso   114

## CAPÍTULO 5
### Há Um Aplicativo para Isso: A Nova Transmissão   117

Conteúdo e Contexto da Mobilidade como Rei   117
Assistir à TV e Ler no Telefone   118
Transformando a Experiência do Livro   121
Conteúdo Constante   126
O Papel do Vídeo na Mobilidade: O Paradigma da Reinvenção   129
Novo Conteúdo para uma Nova Mídia   131
Era das Plataformas Móveis de Vídeos   133
Anunciando nas Plataformas Móveis de Vídeos   136
Onde Gastar no Marketing Móvel   139
Mobilidade Fechada: Há um Mapa para Isso   143
Computadores Móveis   145
Usando Telefones com Aplicativos   147

## CAPÍTULO 6
### Localização, Localização, Localização: MBL   153

Marketing no Local   153
Lojas Físicas como um Ativo   155
Pesquisa em Movimento   158
Manter-se Atualizado com os Clientes   161
Motivando, Mantendo e Convertendo Clientes   162
Marcas e Geolocalização   186
O Longo Caminho do Marketing Baseado no Local   190

## CAPÍTULO 7
### A Descoberta: Busca nos Esteroides   193

A Nova Busca por Mobilidade: Os Descobridores   193
Descobrindo-a Quando Necessário   198
Descobrindo por Códigos   200
A Plataforma do Código de Barra em 2D   205
A Realidade da Realidade Aumentada   209
Mais Eficiência com a Descoberta   211

# 12  MOBILE MARKETING

## CAPÍTULO 8
## O Social Torna-se Móvel  213

A Mobilidade como uma Plataforma Social  214
Conscientização da Localização  215
Autoagregação  216
Marketing Hiperlocal  219
Marketing com Serviços Baseados no Local  222
A Corrida para a Base Instalada  228

## CAPÍTULO 9
## O *Push* e *Pull* da Mobilidade  231

O *Pull* do Marketing de SMS  231
Marketing Móvel em um Evento Único  235
A Isca do Marketing MMS  238
Resultados da Mobilidade com MMS  240
O *Pull* do Consumidor  244
Estratégia, Metas e Flexibilidade  248

## CAPÍTULO 10
## As Novas Leis do Marketing Móvel (De Entrada)  251

Inovação da Mobilidade  252
Faça Algo  253
A Marca Como Verbo na Mobilidade  255
Obstáculos no Caminho  256
Não se Trata de Telefone, e Sim de Valor  257

## NOTAS  259

## SOBRE O AUTOR  265

Sobre o The Mobile Future Institute  266

## ÍNDICE  269

# PREFÁCIO

Não há dúvidas sobre isto – o mundo mudou – e ele se tornou móvel. Seus clientes estão livres do confinamento de suas casas, escritórios e ambientes tradicionais de mídia e varejo. Hoje, eles têm o poder na ponta dos dedos, para satisfazer suas necessidades a qualquer hora e em qualquer lugar, e o usam. Eles consomem mídias (notícias, rádio, televisão, livros, música, propaganda) e buscam, identificam, localizam e adquirem o que precisam – informações, bens e serviços – bem na palma de suas mãos.

Bilhões de pessoas ao redor do globo usam soluções móveis para enriquecer e preencher suas vidas. Elas enviam mensagens para receber as negociações mais recentes, usam as câmeras em seus telefones para fotografar as embalagens de produtos, o navegador móvel para encontrar a loja mais próxima, os aplicativos móveis para se engajar a suas marcas favoritas, além de usar serviços de voz, de localização e comércio móvel para realizarem muito mais. Como observou Chuck Martin, o fato de o mundo ter se tornado móvel não é simplesmente uma mudança tecnológica, e sim de mudanças fundamentais no comportamento dos consumidores, os quais estão alterando para sempre as práticas do marketing e como aplicá-las na sua empresa.

Para poder ter sucesso no mercado de hoje, é necessário mais do que se preparar, e preparar a sua empresa, para se tornar móvel, é necessário sair pelo mercado afora e *se* tornar móvel. Seus clientes já são móveis e você também deveria ser. Para ser móvel, é preciso ter um entendimento básico dos seus clientes e de suas necessidades *e* também desenvolver uma estratégia promocional e ter uma presença constante que alavanca tudo que a mobilidade tem a oferecer. Para quem não conhece seu cliente no contexto da mobilidade, ou o que significa se promover com a mobilidade, ou como ter uma presença constante no *universo mobile*, então a leitura deste livro é obrigatória.

Em *Mobile Marketing*, Chuck Martin proporciona *insights* práticos e acessíveis de entrevistas com mais de mil executivos por todo o setor de mobilidade para poder ajudá-lo a atender seus clientes em um mundo que se tornou móvel. Ele ilustra o poder da mobilidade por meio de comentários detalhados, definições e estudos de caso concretos e mostra como a mobilidade, quando adequadamente distribuída, pode ter um impacto positivo na sua empresa. Nestas páginas, são encontradas informações sobre smartphones, internet móvel, aplicativos, buscas, mensagens e, mais importante, como engajar seu consumidor em tempo real por meio de uma série de informações e ferramentas, como, por exemplo, a sua *geolocalização*.

Recomendo muito este livro. Seja você novo no conceito de mobilidade e marketing móvel ou um veterano no setor, *Mobile Marketing* é um recurso valioso e proporcionará ideias para você e sua equipe.

Michael J. Becker
Diretor Administrativo, Mobile Marketing Association,
Coautor de *Mobile Marketing for Dummies and Web Marketing
All-In-One for Dummies,*
Editor do *International Journal of Mobile Marketing*

# AGRADECIMENTOS

Durante os muitos meses nos quais trabalhamos neste livro, várias pessoas nos auxiliaram ao longo do caminho e a elas somos muito gratos.

Quero agradecer a todos os líderes de negócios que participam da revolução móvel e que cederam alguns momentos de seus dias atribulados para compartilharem seus *insights* e comentarem sobre suas melhores práticas comigo. Eles foram bastante diretos sobre o que estão fazendo em termos de mobilidade, e também como veem seu futuro. Esses incluem os chefes de empresas de serviços móveis, de *startups* a empresas bem estabelecidas, profissionais de marketing de tecnologia móvel e executivos que lideram as atividades de mobilidade dentro de empresas grandes e pequenas.

Agradeço a Erika Heilman, vice-presidente, diretora editorial da Nicholas Brealey Publishing, América do Norte, por captar o significado da revolução móvel e pela direção editorial geral neste livro. Agradeço a Jacquie Flynn, agente literário na Joelle Delbourgo Associates, que continua uma editora de coração, por reconhecer o futuro da mobilidade logo no início e compartilhar muitas discussões na direção do livro. Meus agradecimentos a Rusty Sheldon, da Sheldon Interactive, por ajudar a organizar as atividades na SXSW em Austin como parte do lançamento do livro.

Meus agradecimentos a Hayley Comeau e Jill Granucci, diretoras de marketing e publicidade na Mobile Future Institute, pela pesquisa e marketing avançado do livro, especialmente para a imprensa e nos departamentos de palestrantes nacionais, e a Hillary Brodsky da Nicholas

**16** MOBILE MARKETING

Brealey Publishing pela publicidade avançada. Agradeço a Justin Elkherj e Zach Tyler, diretores de pesquisa no Mobile Future Institute, por conduzirem as pesquisas móveis, sendo que algumas delas estão neste livro.

Agradeço a Joe Mandese, editor chefe da MediaPost que, enquanto andava por uma rua da cidade de Nova York a caminho de uma reunião, compartilhou comigo o conceito do *consumidor sem limites*, um termo que a MediaPost estava na época começando a usar em seus materiais de marketing nas conferências sobre mobilidade OMMA. Esse é um termo que passamos a usar por todo o livro. E meus agradecimentos a Ken Fadner, presidente e editor do MediaPost, por me proporcionar a oportunidade de dirigir os esforços de pesquisa no Center for Media Research na MediaPost Communications e por ter sido gerente de marca da Mobile Insider Summits, onde interagimos por dias com aqueles que lideram a revolução móvel.

Pelas apresentações aos executivos de grandes marcas, agradeço a Hugh Jedwill no Heartland Mobile Council e a Kent Huffman da *Social Media Marketing Magazine* e Jeff Ashcroft da The Social CMO por proporcionar as plataformas para compartilhar o conhecimento sobre mobilidade.

Queremos também reconhecer muitos da equipe da MediaPost que trabalharam diligentemente para trazer os *insights* móveis e digitais para o mercado através de várias conferências e reuniões de cúpulas, de modo que os créditos vão para Rob McEvily, Jeff Loechner, Jon Whitfield, Jonathan McEwan, Sergei Kogut, Elaine Wong, Ross Fadner, Liam Fleming, Seth Oilman, Junmiam Suyn, Lauren Honig, Steve Smith e todos da equipe.

Muitos agradecimentos aos departamentos de palestrantes em todo o país que me representam e ajudam a compartilhar o conhecimento. E meus parabéns a todos os estudantes pesquisadores da Whittemore School of Business and Economics, na Universidade de New Hampshire, que diligentemente conduziram dois grandes estudos sobre o uso da mobilidade examinando o uso de telefones entre os universitários.

Mais importante, quero oferecer meus mais sinceros agradecimentos à minha família, pois sem ela este livro não teria sido escrito. À Teri, minha adorada esposa e parceira de vida, agradeço por tudo que você tem feito, e é muito. E Ryan e Chase, nossos filhos, a quem este livro é dedicado, agradeço pelo seu encorajamento, paciência e por compartilharem seus *insights* sobre mobilidade (e me favorecerem com eles).

# INTRODUÇÃO

# A Mobilidade Está Mudando o Jogo

Estamos em meio a uma revolução tecnológica maior do que aquela gerada pela televisão ou pelos computadores pessoais. Como profissionais de marketing, aproveitamos a tecnologia móvel para atender nossos clientes mais eficientemente? O novo mercado é móvel e veio para mudar tudo.

O cliente não mais ficará acorrentado (dependente/preso/conectado) a uma televisão ou tela de computador, perfeitamente posicionado para receber uma mensagem nos termos do comerciante. O consumidor móvel está em movimento, e os profissionais de marketing terão de aprender como e onde seus clientes se agrupam neste novo cenário digital, e também como interagir eficazmente com eles.

O marketing móvel representa uma mudança qualitativa dos métodos de marketing passados. O relacionamento do consumidor com o dispositivo não é mais aquele relacionamento passivo, "relaxado", que ele tem com a TV, ou o mais ativo, mais "ansioso", que ele tem com o computador pessoal, mas sim a mobilidade interativa total "*avançada*". Ela é próxima, pessoal e está sempre ligada.

A primeira tela, a televisão, revolucionou a maneira como os profissionais de marketing alcançavam os consumidores, permitindo que a empresa tocasse milhões de pessoas com mensagens bem elaboradas e testadas que ela controlava. As famílias assistiam à mesma programa-

## 18 MOBILE MARKETING

ção e estavam todos expostos às mesmas mensagens dos comerciais. A primeira tela possibilitou a comunicação unilateral, de uma empresa para muitos clientes. Esse modelo de transmissão de um para muitos permitiu que empresas, como a Procter & Gamble e General Motors, alcançassem milhões de consumidores simultaneamente com mensagens bem desenvolvidas. Os profissionais de marketing estavam no comando.

A segunda tela, o computador pessoal, promoveu a interatividade; ela permitiu que as empresas se comunicassem e vendessem para seus clientes, facilmente obtendo *feedback* deles e mesmo permitindo que estes fornecessem *insights* no desenvolvimento de produtos ou serviços. O modelo passou do marketing de massa para o marketing participativo, em que os consumidores poderiam explorar extensas redes de informações online sobre os produtos e serviços de uma empresa.

Essas revoluções de telas criaram novos comportamentos de consumidores e modificaram alguns comportamentos antigos. Os comerciais sugestivos na televisão tornaram-se parte da cultura popular; os clientes se viram cantando as músicas dos comerciais e muitas vezes se lembrando de frases memoráveis e algumas vezes engraçadas. O avanço do marketing na Internet levou os consumidores a se tornarem mais interativos, e eles se acostumaram a se comunicar mais diretamente com as empresas de que gostam ou das quais consideram a possibilidade de comprar.

A terceira tela – os smartphones – permite que os usuários, mais facilmente, se comuniquem diretamente entre si e compartilhem informações e opiniões não apenas em tempo real, mas também conforme se locomovem para outros locais. O desafio e as oportunidades para as empresas é tornar-se parte dessas conversas e agregar valor a elas.

A revolução da terceira tela está a muito se formando, e ela é motivada por dois aspectos significativos. Um é tecnológico e o outro é comportamental, e este livro detalha ambos e mostra como as empresas que pensam no futuro estão capitalizando nesta profunda transformação móvel.

As duas primeiras revoluções empalidecem em comparação à revolução da terceira tela. Os smartphones, nos quais as facilidades do computador pessoal se convergem com a tecnologia móvel, irão revolucionar a maneira como as pessoas se comportam, interagem, consomem e vivem. Muito da tecnologia para esta revolução, em desenvolvimento há anos, está aqui, agora, e já motiva mudanças drásticas no comportamento do consumidor.

Embora algumas tecnologias móveis inicialmente tenham se desenvolvido em outras partes do mundo, o campo para o jogo foi nivelado nos últimos anos. Por exemplo, uma subsidiária da Toyota em meados dos anos 1980 introduziu no Japão códigos especiais que são facilmente acessados pelos telefones. A próxima geração desses códigos está agora em uso pelos Estados Unidos e pela Europa. Embora os consumidores na Coreia do Sul há anos assistem à TV em seus telefones celulares, os consumidores no Ocidente agora também têm esta facilidade; ela está disponível em qualquer smartphone com um simples download. E os smartphones sofisticados estão se expandindo globalmente, sendo que a última versão do iPhone da Apple foi introduzida em mais de 17 países. As marcas e os profissionais de marketing estão capitalizando nas várias formas de mobilidade ao redor do mundo, variando de campanhas na Internet móvel baseadas na localização, no Reino Unido, a leilões reversos mobile na Nigéria a promoções móveis de filmes em Hong Kong.

Esta nova era de mobilidade digital leva ao que chamamos de *consumidor sem limites*. Estes estão livres das restrições da espera por uma mensagem transmitida ou qualquer outro meio de comunicação online tradicional de uma empresa. Esses consumidores pós PC estão em movimento, estão dispostos, e são capazes de usar sua tecnologia móvel sempre ligada para agir e interagir entre si e com os provedores de produtos e serviços que eles buscam. Eles estão no controle, e os profissionais de marketing serão desafiados a atenderem suas necessidades e interagirem com eles de modo significativo.

A mobilidade mudou o jogo: o *m-commerce* não é simplesmente usar o telefone para pagar por algo, trata-se de revolucionar todo o processo de compra, da pesquisa do produto até a transação, com base na localização. Com a mobilidade, o marketing pode ser *hiperlocal*, isto é, sobre uma área geográfica específica e almejada. O *m-commerce* atende às necessidades específicas dos usuários quando e onde elas surgirem.

O marketing móvel envolve muito mais do que fornecer cupons e descontos. Trata-se de um compromisso nas interações com seus clientes, quando e onde eles escolherem, e de definir o futuro da sua marca no ambiente móvel.

## A Revolução Não Detectada

A posição da indústria móvel hoje é similar à da World Wide Web em 1995. A indústria móvel está em crescimento rápido, e muitos neste setor veem a mobilidade como uma revolução explosiva nos negócios que está se formando. Centenas de start-ups móveis estão inovando, misturando, criando, lançando, mudando o foco e vendendo para empresas, muitas com enorme sucesso. O dinheiro de empresas empreendedoras flui pelo mercado, com os investidores buscando a próxima versão do Google ou do Facebook.

Uma diferença significativa entre a Internet de meado dos anos 1990 e o ambiente móvel atual é que a infraestrutura da rede de empresas e clientes já existe e todos estão na Internet. Outra diferença notável é que todos já têm um telefone, e a maioria dos consumidores está rapidamente evoluindo para os smartphones. E a terceira, e talvez a mais importante, diferença é que muitos dos líderes na indústria digital têm um passado digital e interativo, tendo adquirido experiência com a evolução dos modelos comerciais da Internet. Muitas das pessoas que hoje trabalham com mobilidade ajudaram no desenvolvimento e impulsionamento da era da Internet, e elas sabem o que funciona e o que não funciona. Não estão experimentando um modelo interativo digital, *elas o conhecem*. Já passaram por isso, fizeram isso e agora têm experiência para fazer certo da primeira vez. Elas entendem os modelos de negócios, as melhores práticas e a rentabilização do negócio.

Assim como com o avanço do marketing na Internet, tem havido uma proliferação de empresas de mobilidade, muitas delas start-ups baseadas em cidades como Nova York, Los Angeles, Chicago, Londres, Austin, Boston e Montreal; mais de mil dessas empresas foram financiadas pelo capital de risco nos últimos anos.[1] Em muitos dos escritórios, todos estão trabalhando concentrados ou estão no telefone (móvel, é claro).

Algumas dessas empresas de mobilidade são mais conhecidas do que outras. Por termos visitado muitas delas e conversado com os líderes de muitas, descobrimos várias características comuns:

A Mobilidade Está Mudando o Jogo **21**

- Todos veem a mobilidade como uma força revolucionária no setor de marketing; eles acreditam que o marketing móvel está na sua fase de ascensão.
- Com algumas exceções, a maioria das empresas de mobilidade acredita que o grande desafio é fazer com que as marcas busquem estabelecer o marketing móvel de forma tão significativa quanto eles acreditam que as empresas deveriam. Elas ficam perplexas quando algumas empresas não veem isso.
- Elas não estão observando os concorrentes tanto quanto estão trabalhando para construir e ajustar suas próprias empresas.
- Elas estão voltados para a criação de plataformas e de novas maneiras de alcançar os clientes móveis.

Ao longo deste livro, examinaremos muitas das empresas que se aproveitam dos mercados emergentes de mobilidade, explorando o que fazem e como distribuem as novas tecnologias móveis. Também traçamos o perfil de marcas e outras empresas que estão seguindo adiante com o marketing móvel, observando o que estão fazendo e o que descobriram ao longo do caminho. Nossa intenção é mostrar o quanto *pode* ser feito pela indústria móvel, assim como o que tem sido feito pelas empresas de todos os setores.

O marketing móvel está agitando muito, e o velho ditado que diz que uma onda gigante levanta qualquer barco, mas isso não se aplica àqueles que estão ancorados. Esses barcos afundarão. A pergunta para as empresas é se elas levantarão suas âncoras ou permanecerão ancoradas durante a revolução móvel.

## A Mobilidade É Singular

Existem atributos singulares dos smartphones que exigem que os profissionais de marketing examinem cuidadosamente as melhores maneiras de interagir com os consumidores sem limites. O marketing para os usuários de mobilidade é diferente do marketing para a plateia televisiva ou para os usuários de computadores pessoais de várias maneiras:

**É Pessoal.** O telefone móvel é um aparelho individual. Ele não é compartilhado como um computador ou assistido em grupo, como uma televisão. Ele está no bolso, na mão ou na bolsa das pessoas. O celular está próximo delas e vai aonde elas forem. Depois das chaves e carteiras, as pessoas não saem de casa sem seus telefones celulares. As comunicações feitas por meio do aparelho são pessoais, incluindo mensagens de texto de familiares e amigos, juntamente com as conexões das redes sociais. Para interagir através desses aparelhos pessoais, as empresas precisam ser convidadas a entrar, o que potencializa o verdadeiro marketing pessoal.

**Facilidades de Comunicação Multifacetadas.** O smartphone é o aparelho de comunicação definitivo, e usa quase todos os sentidos tanto nas entradas quanto nas saídas. Uma pessoa pode se comunicar por voz ou por texto e pode tirar, enviar e receber fotos e vídeos, assim como ler, gravar vozes ou escanear.

**Tempo, Localização e Oferta e Procura.** Embora a oferta e a procura tenham sido sempre determináveis, nunca antes o tempo e a localização puderam ser adicionados à esta combinação. A mobilidade permite isso. Com a tecnologia baseada na localização embutida nos smartphones, os profissionais de marketing conseguem determinar precisamente a localização do cliente e, concomitantemente, criar mensagens de marketing interessantes e relevantes baseadas naquela hora e local em relação aos seus produtos e serviços. Eles conseguem usar as pesquisas de localizações anteriores para criar novo valor para os clientes. A conscientização sobre a localização em si pode mudar tudo.

**A Mídia em Pé.** A mobilidade remove todas as restrições de consumo de conteúdo das mídias anteriores. Os filmes, a TV, o rádio e mesmo o conteúdo da Internet são consumidos, em grande parte, quando as pessoas estão paradas e sentadas. Uma pessoa *poderia* assistir a um filme ou à TV em pé, mas esta não é a *melhor* maneira de usar a mídia. O som é um pouco diferente, pois a pessoa pode ouvir um MP3 player enquanto anda, mas ainda existe a interação limitada de sim-

A Mobilidade Está Mudando o Jogo **23**

plesmente mudar de música ou estação. A mobilidade é uma mídia de consumo de conteúdo na posição ereta. É possível, claro, usar a mobilidade quando estiver sentado, mas é comum usá-la quando se está em pé e, muitas vezes, em movimento. Enquanto espera por um ônibus ou trem, o consumidor sem limites pode fazer uma checagem rápida em seu e-mail. Ele pode ler uma mensagem de trabalho e enviar uma resposta enquanto espera na fila do aeroporto. A mobilidade é a mídia de comunicação digital definitiva quando se está em trânsito. Os homens de negócios frequentemente checam seus e-mails ou mensagens de texto enquanto estão em reuniões ou participando de conferências. Os alunos podem checar suas mensagens entre as aulas (ou alguns, embaixo da carteira quando em aula). Os consumidores sem limites constantemente compartilham informações entre si, onde quer que estejam.

**Base Instalada.** Nunca houve antes uma base instalada de produtos tecnológicos tão grande quanto os telefones celulares. A penetração no mercado está chegando a 100% em muitos países; nos Estados Unidos, nove de dez pessoas têm um telefone celular. E esse mercado é sempre dinâmico. A quantidade de pessoas com telefones celulares proporciona oportunidades para alcançar mercados substanciais por meio da mídia maciça da mobilidade.

**De vento em Popa.** Quando a Internet começou a crescer, todos tinham de começar do início para se conectarem. Não havia empresas ou consumidores online e conectados entre si; cada um tinha de começar do zero. Com a mobilidade, a rede já existe, e as pessoas e as empresas estão conectadas à Internet por computadores e outros aparelhos. A mobilidade facilmente se aproveita dessa rede, assim como da rede de conhecimento digital e interativo no ambiente de trabalho.

**Plataformas de Autosserviço.** Muitas empresas de tecnologia móvel desenvolvem plataformas de autosserviço para as empresas usarem, montando-as dessa maneira porque a infraestrutura da Internet e as facilidades já existem. A indústria móvel tem criado ferramentas de autosserviço para os profissionais de marketing usarem (há muitos

## MOBILE MARKETING

exemplos disso por todo este livro), permitindo que a interação com os clientes móveis seja mais rápida e eficiente, e que essas interações sejam rastreadas detalhadamente. Muitas empresas de tecnologia móvel focam em habilitar os profissionais de marketing para se aproveitarem da mobilidade em vez de fazer o marketing móvel para eles.

**Disponibilidade para o *Call-to-Action*.** O consumidor tem o telefone, ele está ligado, e o seu *mindse*t pode ser definido com base em diversos fatores incluindo tempo e localização. Por essas facilidades e da natureza íntima do aparelho, as empresas conseguem enviar alertas, estabelecendo o *call-to-action* instantâneo com os seus consumidores. Estes podem variar de uma oferta de "compre agora", iniciada por um cliente na loja de um concorrente, a uma oferta de desconto para um produto adicional com base no item que está sendo buscado através do seu *device*. Esses alertas podem ser incluídos nas mensagens de texto ou de vídeo, ou através de sites móveis ou aplicativos da marca.

**O Ecossistema Móvel.** Há todo um ecossistema construído ao redor da mobilidade que inclui os portadores de telefones celulares, os fabricantes de aparelhos, uma multidão de plataformas móveis de todos os tipos e categorias e centenas de milhares de aplicativos para smartphones. É a amplitude desse sistema que integra a plataforma fundamental da mobilidade. Mais e mais empresas estão se conectando neste ecossistema complexo.

**Centrado no Consumidor.** Em um mundo que se tornou móvel, o cliente está no comando. Os clientes podem basear suas ações iniciantes de acordo com sua localização atual, já que seus telefones dirão a eles onde estão no contexto de todos ao seu redor, como a proximidade a uma loja ou produto específico.

## O Mercado de Serviços Móveis

Cinco bilhões de pessoas no mundo têm telefones celulares. Isso é 73% de toda a população mundial.[2] O intenso crescimento no número de te-

A Mobilidade Está Mudando o Jogo  **25**

lefones celulares ao redor do mundo não pode ser exagerado. Para fins de contexto, existem aproximadamente um bilhão de computadores pessoais e dois bilhões de televisores no mundo todo. Durante os últimos cinco anos, o número de telefones celulares ao redor do mundo dobrou,[3] e as projeções são para crescimento contínuo.

Nos Estados Unidos, a porcentagem é ainda mais alta, mais de 297 milhões de pessoas têm telefones celulares – 94% da população total.[4] E como mais e mais pessoas estão ligadas aos telefones celulares, muitas estão cancelando suas linhas telefônicas fixas. Em um período de cinco anos, 23 milhões de pessoas nos Estados Unidos deixaram de usar telefones fixos.[5] No mundo todo, no mesmo período, havia 57 milhões de linhas telefônicas a menos, mas 1,9 bilhões de assinaturas para telefones celulares.[6] Não importa como você o vê, o crescimento da mobilidade tem sido impressionante; é a tecnologia mais rapidamente adotada na história, ultrapassando até mesmo a Internet em todos os sentidos.

A adoção da mobilidade é motivada pelos avanços tecnológicos, incluindo velocidades de conexões mais altas, amplo acesso à Internet e uma enxurrada de aplicativos que fornecem praticamente qualquer funcionalidade imaginável. E este não é um fenômeno apenas nos Estados Unidos. Outros países estão liderando o caminho em várias áreas, incluindo as transações móveis e o crescimento em todos os lugares, é claro.

- Nove de dez usuários de tecnologia móvel na China enviam mensagens de texto de seus telefones celulares.[7] No Japão, os consumidores usam seus telefones celulares, em vez de cartões de crédito, para pagamento, e na Coreia do Sul, a televisão grátis no celular já existe há 5 anos. Os transmissores de lá afirmam que cerca de 30 milhões de pessoas assistem à TV regularmente em seus telefones.
- Quatro de cinco pessoas nos Estados Unidos têm telefones móveis e pelo menos metade deles terão smartphones até o final de 2011. Este fenômeno possibilitou a facilidade crescente de todos se conectarem com todos.
- Muitos usuários de smartphones têm disposição de ver anúncios nos aparelhos móveis, deixando em desvantagem considerável os profissionais de marketing que não se adaptam.

- Os consumidores sem limites que têm smartphones enviam mais mensagens, conectam-se mais à Internet, jogam mais jogos, usam mais aplicativos, escutam mais músicas e assistem a mais vídeos do que aqueles que não os têm.

Os consumidores móveis fazem muito mais do que simplesmente falar nos celulares. Verificam o tempo, enviam e recebem fotos, checam e-mails, assistem a vídeos, enviam e recebem mensagens de texto, fazem pesquisas e compram produtos, leem avaliações de restaurantes, escaneiam códigos de barra em lojas, baixam cupons, leem, jogam, fazem *check-in* nos locais, encontram endereços, checam o trânsito, acompanham os esportes, participam de redes sociais, encontram ingressos para o cinema, escutam música e mais. E enquanto mais pessoas fazem mais com seus telefones, elas tendem a falar menos.[8] Desde 1996, a duração média das chamadas locais de telefones celulares progressivamente diminui de pouco mais de 3 minutos para menos de 2 minutos.

Esses indicadores da atividade móvel são apenas a ponta do iceberg do impacto da mobilidade no cenário do marketing. Mais de 13 milhões de pessoas acessaram suas contas bancárias pelo celular em um mês, e mais do que cinco milhões de pessoas estão usando os aplicativos bancários.[9] Para falar de apenas um setor. As pesquisas que conduzimos no Center for Media Research para a MediaPost Communications mostra que, pela primeira vez, mais da metade dos gastos de mídia será com a mídia não tradicional e uma grande porcentagem dos planejadores de mídia partirão para a mobilidade. Mas alguns desses planejadores não entendem o marketing móvel e se preocupam em interagir efetivamente com o consumidor sem limites. Também descobrimos que 41% daqueles que ainda não fazem campanhas móveis não planejaram para um futuro previsível. Embora algumas empresas grandes já experimentem a mobilidade, muitas ainda estão assumindo a postura de esperar para ver.

## O Consumidor Sem Limites

A mudança para um mundo que se tornou móvel não diz respeito apenas à tecnologia; é uma mudança comportamental. Ela é sutil e gradual, porém inegável. Essa transformação será muito semelhante àquela que o Walmart, e mais tarde alguns outros supermercados, realizou quando a empresa "treinou" os clientes a pegarem as sacolas de mercadorias que eles acabaram de comprar e as colocassem nos carrinhos eles mesmos. Não havia instruções sobre como fazer isso, e muitas pessoas nem se lembram que os funcionários costumavam carregar as sacolas nos carrinhos para eles. O mesmo serve para os caixas de autosserviços nos supermercados e os *autocheck-in*s nas empresas aéreas.

Se, há uma década, disséssemos às pessoas que elas estariam digitando mensagens com o dedão, elas não acreditariam. Ainda assim, hoje isso não somente é comum entre os adolescentes que realizam várias tarefas ao mesmo tempo, mas também entre os homens de negócios ocupados usando BlackBerrys, iPhones e Droids. As pessoas leem livros em seus iPhones. Os profissionais de mobile marketing mudarão ainda mais os comportamentos dos consumidores ao facilitar a compra e a aquisição, diretamente de telefones móveis, muitas vezes no próprio local físico da compra.

Ao longo de todo este livro, mostraremos como essas mudanças comportamentais estão assumindo o controle, motivadas por novos serviços e facilidades que têm sido implementadas pelas empresas de marketing móvel. A tecnologia sem a mudança comportamental seria relativamente insignificante, e tanto os profissionais de marketing quanto os empresários que não entendem as demandas do consumidor sem limites se arriscam à obsolescência.

Os profissionais de marketing e os empresários precisam alcançar o consumidor sem limites e tornar-se parte das conversações quando seus clientes potenciais se comunicam entre si por meio das redes sociais. Já foi mostrado que os consumidores aceitam com mais facilidade as recomendações de um amigo sobre uma empresa, de modo que o potencial para movimentação em grupo para qualquer dado produto ou serviço é alto. O marketing terá de se adaptar para interagir com o consumidor sem limites. Neste contexto, a proposta de venda singular (PVS) passa a ser Usar a Tecnologia de Smartphones (UTS).

## O Jogo Final dos Serviços Móveis

Existem várias características fundamentais do cenário da mobilidade que oferecem às empresas novas oportunidades para se alavancarem. Essas características proporcionam aos profissionais de marketing maneiras diferentes de interagir com seus clientes. Essas variam de lidar com os clientes em certos locais e em determinado momento a monitorar como seus clientes móveis estão influenciando um ao outro.

**Vantagem para as Lojas Físicas.** A terceira tela transformará para sempre o conceito de marketing direto, em termos de como a empresa fala com seus clientes. A mobilidade permite que as empresas se comuniquem diretamente com o consumidor sem limites quando ele faz compras. Esse desenvolvimento proporciona maiores oportunidades para os varejistas de lojas físicas, isto porque os clientes em suas lojas acessam informações em tempo real sobre seus produtos no site; com os clientes sempre acessíveis via seus telefones, os varejistas conseguem capitalizar ao fazer ofertas especiais naquele dado instante. As empresas de todos os tamanhos estão esperando ansiosamente esse desenvolvimento, o que lhes dará a oportunidade de conduzir o que chamamos de *marketing momentâneo*. Elas terão a habilidade de cobrir o preço dos concorrentes por meio de ofertas nos telefones móveis enquanto os clientes ainda estão na vizinhança. Aqueles que perderem essa oportunidade ficarão em grande desvantagem.

**As Plataformas Ganham.** Entre os principais motivadores de um mundo que se tornou móvel estão as plataformas tecnológicas, nas quais as empresas e os consumidores sem limites navegam. As plataformas são amplamente acessíveis pelo telefone móvel de modo que os consumidores conseguem facilmente explorar e acessar qualquer conteúdo relevante ou desejado ou informações a qualquer momento. Há uma grande variedade de plataformas móveis – de vídeo online, mídia social, mensagens de texto, mensagens de vídeo, e muito mais. Neste livro, veremos exemplos de todas elas. Na mobilidade, as plataformas ganham. Elas facilitam o marketing e as transações, e permitem que muitas empresas e clientes se juntem e participem. Isto é diferente de comprar um produto ou serviço. É mais como navegar na plataforma. Na mobilidade, as plataformas ditam as regras.

**Menos É Mais.** Em um mundo que se tornou móvel, menos é mais. As empresas precisam "pensar pequeno". Pensar pequeno não significa ter ideias pequenas, mas sim ter entregas rápidas e focadas. Por causa de seu tamanho, a terceira tela não consegue mostrar tanto conteúdo quanto uma página na Internet, pelo menos não o tempo todo. O outro motivador da filosofia menos é mais é o fato de que as pessoas tendem a consumir o conteúdo móvel em porções pequenas, enquanto se movimentam. É mais fácil consumir um pouco por vez, uma vez que o uso do telefone móvel é mais um ciclo contínuo do que um evento, como assistir a um filme. No telefone, é mais prático visualizar um clipe de vídeo curto.

**A Teoria do Ovo e a Galinha da Mobilidade.** A mobilidade motivará a mobilidade. À medida que mais consumidores encontram mais facilidade em seus smartphones, eles mostrarão essas funcionalidades para os outros. À medida que mais funcionalidades são descobertas, outras serão criadas. A criação de mais funções – que vão de promoções que podem ser escaneadas a aplicativos que facilitam a vida diária – levará a uma maior adoção por mais pessoas. À medida que mais pessoas compram smartphones, mais funcionalidades serão usadas, motivando a criação de mais funções. Essa é a teoria do *ovo e a galinha da mobilidade.*

A hora para os profissionais de marketing entrarem na mobilidade é agora. É uma questão de estar posicionado na crista da onda ou abaixo desta. Com a revolução móvel, existem dois tipos de pessoas: as que a veem e as que não, ou, talvez mais precisamente, aquelas que acreditam que a mobilidade vai mudar o jogo (e vai) e aquelas que não acreditam.

Nossa intenção com este livro é ajudar as empresas e os profissionais de marketing a melhor entenderem a magnitude dessa revolução móvel e a detalhar as maneiras como as empresas inovadoras estão efetivamente entregando marketing móvel para seus clientes. Esperamos desmistifi-

**30**   MOBILE MARKETING

car as questões tecnológicas básicas da mobilidade que os profissionais de marketing enfrentam, assim como realçar as diferenças entre o marketing tradicional e o móvel, sendo que algumas delas são significantes. Traçaremos o perfil de muitos modelos usados pelas empresas que estão motivando a indústria móvel, além de explorar os pontos de vista dos líderes de negócios sobre o mercado da mobilidade e como este tem funcionado para eles.

Bem-vindo à revolução da terceira tela.

# CAPÍTULO 1
# A Ascensão do Consumidor Sem Limites

Os consumidores móveis estão livres do computador de mesa para ter acesso às informações ou às suas redes sociais. Com a mobilidade digital, eles estão sempre conectados e podem virtualmente fazer qualquer coisa, a qualquer hora, em qualquer lugar. Armados pela terceira tela, esses são os *consumidores sem limites*, e eles têm o poder de um computador em suas mãos onde quer que estejam.

O consumidor sem limites constantemente consome conteúdo no seu smartphone, não importa onde esteja. Ele assiste a vídeos enquanto espera pelo ônibus, checa os e-mails durante o jogo de futebol de seu filho, lê parte de um livro ou revista e baixa um aplicativo que acabou de conhecer por uma mensagem de texto de um amigo. O consumidor sem limites não possui fronteiras e consegue interagir quando lhe for mais conveniente. Em um mundo que se tornou móvel, tudo está conectado a tudo e é acessível de qualquer lugar.

Os consumidores sem limites dependem das recomendações de seus colegas, e confiam nas indicações de outros mais do que nas mensagens promocionais das empresas que fazem ou comercializam os produtos. Esse sistema de opiniões dos usuários vai muito além da rede social, isto porque os consumidores entram nas redes de outras pessoas que compraram um determinado item, ouviram certa música ou viram alguns filmes específicos.

## MOBILE MARKETING

Quando um consumidor sem limites adora ou odeia alguma coisa, fará que os outros fiquem sabendo em tempo real. Esses consumidores imediatamente determinam a visão coletiva de produtos e serviços. E após receber recomendações de outras pessoas, a compra pela terceira tela se tornará lugar-comum nos Estados Unidos, como já acontece em alguns países.

## A Mobilidade É Pessoal

Duas pessoas nunca são parecidas, e o mesmo é o caso para os smartphones. Pense sobre isso: cada telefone é altamente pessoal e íntimo para seu proprietário. Cada qual é personalizado, com listas de contato, aplicativos desejados e um arranjo singular de aplicativos na tela. As pessoas selecionam o seu próprio protetor de tela, e escolhem ver a imagem de um ente querido ou de um local de férias favorito todas as vezes que olham para a tela. Cada smartphone tem um conjunto diferente de aplicativos e que são pessoalmente selecionados, colocados na tela onde o consumidor sem limites gosta de tê-los.

O consumidor sem limites raramente compartilha seu telefone. Se emprestá-lo temporariamente a alguém e esta pessoa fizer alguma pequena mudança, o proprietário saberá imediatamente e poderá ficar chateado com a mudança. As plataformas dos telefones móveis favorecem esta individualização. O ponto de partida para cada usuário de smartphone é o universo particular do modelo do telefone. Os usuários de BlackBerry se familiarizam com o App World e com os aplicativos que existem lá. Eles aprendem como seus telefones funcionam, como sua operadora de celular opera e se acostumam com a interação diária via aquele telefone. Os usuários de iPhones também têm seu próprio universo, assim como os de telefones com o sistema operacional Android do Google e os com Windows Phone 7 da Microsoft.

As pessoas também se acomodam em suas rotinas móveis, seja checando a previsão do tempo em um aplicativo móvel, pesquisando na Internet, lendo um livro, fazendo compras, encontrando bons negócios, assistindo a vídeos e assim por diante. Cada pessoa vive em seu universo móvel pessoal, e cada universo móvel é singular.

Uma das novas dinâmicas apresentadas por um mundo que se tornou móvel é a mudança de perspectiva. Pelo fato do smartphone ser tão pessoal e individual, cada usuário tende a visualizar o mercado móvel pela sua perspectiva única. Os profissionais de marketing que buscam maiores investimentos em mobile marketing deveriam estar cientes desta mudança de marketing de massa para marketing pessoal, isto porque aqueles que controlam os orçamentos poderão desenvolver percepções próprias sobre as estratégias móveis propostas através de suas lentes pessoais, baseadas na maneira como eles usam seus próprios devices. Suas perspectivas sobre o que os consumidores podem ou não fazer com seus telefones móveis no futuro podem ser limitadas (ou exageradas) pelo o que eles fazem com seus próprios telefones.

## O Consumidor Movido pela Mobilidade

Em um mundo que se tornou móvel, o cliente individual tem mais controle do que antes. O cliente móvel consegue checar os preços no local, comparar as ofertas dos concorrentes e receber recomendações instantâneas de amigos e colegas. Eles conseguem encontrar qualquer coisa com seu aparelho celular e se conectar a outras pessoas instantaneamente por vários meios. Chamamos esse consumidor totalmente capacitado, em trânsito, de cliente movido pela mobilidade. Ele é sem limites e totalmente capacitado pela mobilidade.

Este cliente movido pela mobilidade também pode ser impactado em determinadas horas, em locais específicos. Nunca antes essas duas informações puderam ser integradas no marketing, e isso abre a porta para que os profissionais de marketing customizem suas campanhas de acordo.

## A Mobilidade É Direta

Para os consumidores sem limites, a mobilidade faz o engajamento com os consumidores ser pessoal e, por causa de sua natureza pessoal, traz consigo uma relevância que nenhuma outra mídia tem. A mobilidade faz a experiência de interagir com os profissionais de marketing ser mais pessoal para o consumidor. O dispositivo é pessoal, está sempre ligado e

**34**  MOBILE MARKETING

pode ser configurado para as necessidades individuais. Com a mobilidade, os clientes agora conseguem facilmente obter informações e se engajarem em uma série de experiências singulares e se conectarem com quase todo o mundo. "Historicamente, as operadoras tinham controle quase completo sobre a experiência que os consumidores teriam com seus aparelhos móveis", diz Michael Becker, diretor administrativo para a América do Norte da Mobile Marketing Association.[10] "No entanto, nos últimos anos, à medida que os aparelhos móveis se tornaram mais inteligentes e mais abertos, este controle diminuiu." Becker continuou: "Embora as operadoras ainda tenham um papel inestimável em possibilitar nossa habilidade de se engajar através da mobilidade e com esta, em virtude da abertura crescente de aparelhos móveis, os consumidores têm cada vez mais escolhas ao ter um relacionamento direto com as empresas. Na realidade, eles voluntariamente aderem e concordam em receber mensagens de marketing e outras mensagens que as empresas enviam diretamente para seus telefones".

A mobilidade passou a ser a ferramenta primária de comunicação do consumidor sem limites, e ele a usa não apenas com amigos e familiares, mas também com as empresas com as quais interage. Os consumidores interagem diretamente com outros consumidores através de todos os caminhos de mídia móvel disponível; eles também usam esses caminhos para se engajarem às empresas em que confiam, e provaram que aderirão e concordarão em receber mensagens de marketing, assim como as de texto. Além disso, esses consumidores movidos pela mobilidade usam seus telefones móveis para iniciar comunicações, contatar as marcas e outros consumidores com mensagens e interações.

Esta ideia de consumidores e empresas se comunicarem individualmente é uma promessa do marketing há muito procurada. Por causa da natureza pessoal de um smartphone, o relacionamento entre o consumidor sem limites e a empresa pode ser essencialmente mais próximo. As mensagens de marketing não são mais enviadas para as massas, como eram nas transmissões televisivas tradicionais. Com a mobilidade, a mensagem pode ser, e deve ser, pessoal.

"A mudança fundamental no marketing é que ele está se tornando cada vez mais tecnológico e direto, por causa da mobilidade", diz Becker. "Estamos nos tornando profissionais de marketing direto. Estamos fazendo o marketing para o indivíduo, e isso muda tudo." Esse ponto de vista levanta questões interessantes, pois o cliente precisa optar pela participação e, essencialmente, concordar em receber informações de marketing de antemão. O consumidor sem limites pode optar pela participação em muitas empresas, serviços ou mensagens ou em apenas algumas, dependendo de uma série de fatores, desde o valor proporcionado aos incentivos para participar.

Em uma indústria que está se expandindo e mudando tão rapidamente quanto a da mobilidade, uma organização destinada a educar os participantes na indústria e a investigar e recomendar as melhores práticas é uma empresa valiosa. A Mobile Marketing Association é uma associação comercial líder no setor, a qual engloba organizações por todo o ecossistema do marketing móvel, incluindo os anunciantes, as marcas, os donos de conteúdos, os operadores de mobilidade, os varejistas, os provedores de aplicativos, e uma variedade de outros participantes na indústria. Sua missão é ajudar a promover, educar, medir, guiar e proteger o setor. Para esse fim, a associação oferece currículos educacionais, estabelece as melhores práticas mais utilizadas no setor, proporciona pesquisa e organização de ideias e ajuda a estabelecer relacionamentos significativos entre todas as partes dentro do ecossistema da mobilidade.

## O Cliente como uma Plataforma Móvel

As empresas de todos os tipos e tamanhos, em todas os setores e mercados serão afetadas pela revolução móvel e os movimentos dos consumidores sem limites. O cliente móvel torna-se um alvo em movimento constante, transitando perto e longe de produtos e serviços o tempo todo.

O fator crítico em servir o consumidor sem limites é o valor singular proporcionado àquele cliente. Esses novos consumidores precisam de um motivo para interagir com uma empresa; as empresas devem desenvolver mensagens atrativas e personalizadas em vez de depender das mensagens de vendas elaboradas para transmissão em massa. Algumas empresas entenderão isso e outras não. Ou, talvez mais precisamente, algumas entenderão isso bem antes do que outras. Aquelas que não entenderem não durarão muito tempo.

# MOBILE MARKETING

Como no marketing tradicional, um dos ingredientes mais importantes de uma estratégia móvel de sucesso será satisfazer os clientes nas suas experiências de compra. As empresas que têm proporcionado com sucesso experiências superiores aos clientes estão bem posicionadas para adicionar o marketing móvel aos seus repertórios. A Starbucks, por exemplo, fornece informações móveis sobre todos seus cafés e alimentos, assim como fotos, com localizadores de lojas e mapas baseados na localização atual do consumidor. Como nas lojas físicas da Starbucks, a "loja" móvel permite que os usuários customizem suas bebidas assim como a bebida dos amigos e as salvem para uso posterior, para enviá-las por e-mail ou para postá-las nas redes sociais, como Facebook ou Twitter. A abordagem móvel é semelhante à abordagem na loja; a empresa está simplesmente proporcionando valor por meio de um mecanismo diferente, ao mesmo tempo que utiliza completamente os atributos desse mecanismo.

Assim como a Starbucks, a loja de calçados online Zappos, bastante conhecida pelo seu lendário e incansável foco no atendimento ao cliente em todos os níveis, vê a mobilidade como outra maneira de a empresa proporcionar um atendimento ao cliente exemplar. "Nós temos seleções que muitas lojas físicas não têm", diz Thomas Knoll, estrategista comunitário na Zappos.[11] "Queremos estar presentes e servir o cliente", diz Knoll. "A mobilidade é o canal definitivo de serviço para o que quer que se deseje. Lealdade sugere relacionamento. Na mobilidade, as pessoas em quem mais confio são aquelas que conheço e que são como eu. A plataforma na qual queremos ter um aplicativo é na pessoa. Para a mobilidade, temos de examinar cada plataforma e ver o que cada uma delas faz bem".

A mobilidade não é simplesmente outro canal de publicidade ou marketing: é uma maneira nova e pessoal de interagir com seus clientes e lhes proporcionar maior valor.

## A Mobilidade Motiva a Mudança Comportamental

Mais de 70% dos executivos e gerentes já usam seus telefones para enviar e receber e-mails e mais da metade envia mensagens de texto, de acordo com a pesquisa que conduzimos no The Mobile Future Institute. Quarenta e cinco milhões de assinantes de serviços móveis já usam regularmente

A Ascensão do Consumidor Sem Limites **37**

a Internet móvel, e este número cresce a uma taxa de 25% para cada um dos últimos três anos.

Não cometa o erro de achar que essa onda é focada nos jovens, pois a maior parte do uso da Internet móvel vem dos adultos. Embora quase 90% dos jovens entre 18 e 21 anos tenham telefone celular, apenas um pouco mais de um terço (35%) tem smartphones.[12] Dois estudos conduzidos na Universidade de New Hampshire no final de 2010 também apontaram que um pouco mais de um terço (36%) dos alunos tinha smartphones. O risco para as empresas que não se adaptam à tendência móvel é duplo: primeiro, a empresa perderá a oportunidade de comercializar e se relacionar com esses consumidores sem limites; segundo, ela perderá os clientes que já interagem com um concorrente.

Os consumidores sem limites estão fazendo mais coisas com seus telefones móveis do que antes e, com o tempo, planejam fazer ainda mais. Eles já tiram e enviam fotos com seus telefones, usam os aplicativos móveis, enviam e recebem e-mails e usam a Internet móvel.[13] Mas a mobilidade está causando muitas outras mudanças de comportamento. Por exemplo:[14]

- Vinte por cento dos jovens de 18 a 24 anos de idade buscaram uma página na Internet em seus telefones para mostrar a alguém uma foto ou imagem para realçar suas estórias.
- Quase metade desses jovens já salvou o número de telefone de alguém em seus telefones apenas para não atenderem quando esta pessoa liga.
- Mais da metade dos jovens começou a jogar joguinhos em seus telefones celulares porque outras pessoas estavam jogando.

Esses exemplos são apenas uma pequena amostra de como os comportamentos e hábitos estão mudando por causa dos telefones celulares. As pessoas agora usam seus telefones celulares em quase todos os lugares, o que oferece aos profissionais de marketing um leque de novos desafios, assim como oportunidades. Por exemplo, 82% dos proprietários de telefones celulares usaram seus telefones numa loja, mais da metade usaram-no no consultório médico ou hospital e mais de um terço em eventos esportivos.[15]

As oportunidades para alcançar esses consumidores sem limites são variadas, contanto que os profissionais de marketing consigam proporcionar um valor verdadeiro, como informações úteis enquanto o cliente faz compras ou fatos triviais enquanto o usuário assiste a um evento esportivo. Essa abordagem vai muito além da publicidade tradicional; isso significa que os profissionais de marketing precisam ser extremamente úteis para seus clientes com mais frequência e em mais lugares do que antes.

Outra mudança comportamental na mobilidade é a troca de informações entre colegas. Por exemplo, mais de um terço dos usuários de telefones móveis já comprou em lojas quando estava no telefone e perguntou sobre um produto específico para a pessoa com quem estava falando. Esse é um exemplo clássico de desintermediação da marca, onde a marca ou o profissional de marketing é deixado de fora da discussão; uma pessoa tem potencial para convencer um amigo a comprar ou deixar de comprar um produto ou serviço. E o pior para o profissional de marketing é que essa discussão sobre o produto é essencialmente invisível.

Esse tipo de comportamento de compra mudará para sempre a interação da empresa com os clientes. A seguir, uma pesquisa da InsightExpress mostra as ações que os usuários da mobilidade realizam enquanto estão nas lojas, na ordem do maior número de pessoas:

- Usou o telefone móvel para fotografar um item e enviar para alguém.
- Usou o telefone para buscar comentários sobre produtos.
- Usou o telefone para buscar os melhores preços de um item.
- Procurou por promoções em seus telefones celulares.
- Participou de uma promoção que já estava no device.
- Usou o telefone para encontrar uma receita.
- Fez uma compra usando o telefone celular.
- Usou o telefone para comparar as informações nutricionais dos produtos.
- Escaneou um código de barras com o telefone celular.

O cliente movido pela mobilidade não está apenas usando a Internet no local em que faz compras, ele também usa aplicativos enquanto compra. Aproximadamente 40% das pessoas com smartphones com aplicativos disseram que algumas vezes usam os aplicativos enquanto decidem sobre uma compra.[16] E os usuários de iPhones da Apple são ainda mais ativos, sendo que mais da metade usa aplicativos para fazer compras. A categoria mais comum de produtos que esses consumidores sem limites estão usando com os aplicativos são tecnologia e eletrônicos, aproximadamente três vezes mais do que aqueles que usam os aplicativos para comprar roupas ou alimentos.

O consumidor sem limites proporcionará aos profissionais de marketing uma fonte rica de informações sobre como e quando eles fazem compras, e também com base em vários dados demográficos. Por exemplo, a pesquisa da InsightExpress mostra que a maioria dos compradores móveis do sexo masculino, que tem smartphones, em comparação a aproximadamente um quarto da população geral, está mais inclinada a buscar por promoções.[17] Eles são motivados pela mobilidade. Embora quase 40% prefiram receber os cupons da loja por meio de mensagens de texto, apenas um quarto da população geral tem a mesma opinião.

Esses são apenas alguns indicadores da enormidade das mudanças comportamentais que farão as estratégias e táticas de marketing evoluírem para servir o consumidor sem limites.

## Viajando com os Compradores

A Cars.com foi fundada em 1997 como uma joint venture de várias empresas de jornais, como um concorrente contra o crescimento da migração de anúncios classificados dos jornais para a Internet. O The Times Mirror Company, a Tribune Company e o The Washington Post Company juntos criaram uma empresa chamada Classified Ventures, com sede em Chicago. Os jornais queriam criar uma marca nacional sobre carros. Vários meses depois de seu lançamento, a Knight Ridder Inc., a Central Newspaper, a Gannett Co. Inc. (editor do USA Today) e a McClatchy Company se juntaram ao empreendimento.[18] Essas empresas de

**40**    MOBILE MARKETING

mídia promoveram a Cars.com através de seus vários meios impressos e televisivos.

Com um ano de lançamento, a Cars.com estava atraindo meio milhão de pessoas para seu site na Internet, no qual os visitantes podiam procurar online anúncios classificados para carros. Os consumidores que querem comprar um carro visitam o site da Cars.com na Internet e selecionam o modelo e a marca que buscam, a faixa de preço desejado e a distância de seu código postal atual. Em segundos, todos os carros que satisfazem esses critérios são listados, juntamente com as informações de concessionárias ou do vendedor, incluindo número de telefone e e--mail. A empresa criou com sucesso um local rápido, único e online para a compra de carros.

Alguns anos depois, uma autoridade na indústria automobilística, o Kelley Blue Book, fez parceria com a Cars.com, tornando-se o provedor exclusivo de informações sobre veículos usados para o serviço online. Em 2004, a Cars.com lançou uma campanha na televisão nacional e vários anos depois ela anunciou no Super Bowl.

Com o passar dos anos, a Cars.com evoluiu para prover informações abrangentes sobre preços, fotos, guias de compras, ferramentas para comparação, conteúdo editorial e revisões de especialistas em carros, e informações relacionadas que ajudavam o comprador a tomar uma decisão. Os consumidores também podem colocar um anúncio para venderem seus carros no Cars.com. Para as concessionárias, a Cars.com carregava propaganda, incluindo anúncios em banners e ferramentas de geração de leads, com o objetivo de conectar os compradores com os vendedores.

Todos os meses, mais de 10 milhões de compradores de carros visitam a Cars.com, a qual tem uma listagem de mais de dois milhões de carros para venda. Se beneficiando da sua origem em empresas de jornais, a Cars.com fez parcerias com mais de 175 afiliadas locais de jornais e estações de televisão, incluindo seus sites na Internet, assim como sites nacionais na Internet como USAToday.com e Yahoo!Autos. Era lógico, e também irônico, que a Cars.com se tornaria móvel.

O ponto de partida óbvio era criar uma versão móvel do site da Cars.com na Internet para que os consumidores pudessem pesquisar as listagens de carros novos e usados, encontrar as concessionárias e localizá-las no mapa, calcular os pagamentos de empréstimos, ler as revisões e mais, tudo a partir de seus telefones.

A responsabilidade pelo desenvolvimento e distribuição da mobilidade inicialmente estava sob o grupo de produtos para consumo na Cars. com, e havia considerações diferentes das que eram necessárias para o site na Internet. "Com o site da Cars.com na Internet, havia listagens de concessionárias, opiniões de consumidores, informações sobre a indústria automobilística e mais", diz Nick Fotis, gerente de produtos para mobilidade, na Cars.com.[19] "Com o site móvel, a suposição é de que o usuário não está em busca de especificações detalhadas, mas sim de carros que estejam próximos deles."

A empresa começou com uma abordagem para um dispositivo móvel agnóstico para que assim o serviço funcionasse em quase qualquer telefone com acesso à Internet. Fotis se envolveu nos aspectos da mobilidade em 2009, depois de ter passado quase doze anos na Cars.com como parte do grupo de produtos para consumo. "Eu achava que isso seria grande", ele diz. Depois do lançamento do site móvel, a empresa decidiu se aventurar no lançamento de um aplicativo. "Tivemos uma tendência de alta ao fazermos um aplicativo para o iPhone, e os negócios estavam indo tão bem que tínhamos a oportunidade de fazê-lo", diz Fotis. "Nossa decisão foi menos do ponto de vista técnico e mais do ponto de vista de distribuição. Nossa premissa era: se tenho um smartphone, tenho duas opções para resolver a necessidade de informações – aplicativos e navegador. Escolhemos a Apple por causa da atividade em sua loja. Em dois meses depois do lançamento do aplicativo do iPhone, tivemos 20% a mais de trânsito lá do que no site móvel".

Uma das principais diferenças entre as interações móveis no site da Cars.com na Internet, em comparação com o aplicativo do iPhone, era a velocidade, pois algumas das informações necessárias sobre os carros estavam armazenadas no aplicativo, fazendo com que fosse dramaticamente mais rápido do que baixar página após página do site móvel na Internet. O aplicativo continha menos conteúdo editorial e também proporcionava a facilidade de se conectar ao site da Cars.com na Internet.

"Não houve uma grande canibalização do acesso com o aplicativo do iPhone", diz Fotis. "A busca é bem mais rápida com o aplicativo uma vez que, com o site na Internet, o navegador tem de pegar todas as informações da página na Internet, enquanto no aplicativo, muitas das informações já estão lá. Mas ainda existem pessoas que preferem encontrar informações com o navegador."

Este é outro exemplo da mudança comportamental que alguns clientes serão mais lentos em aceitar. Embora o aplicativo da Cars.com seja mais rápido, a busca em sites na Internet com o navegador está, há muitos anos, enraizada nos usuários de computadores. Parte do ciclo de adoção ocorre pelo boca a boca, quando um vê o outro fazendo essencialmente a mesma coisa usando um aplicativo e observando que os resultados são melhores com o aplicativo. Outra parte do ciclo de adoção envolve aprender uma nova maneira de fazer as coisas. Nem todos adotarão novas tecnologias e abordagens ao mesmo tempo. A introdução de usuários é apenas parte do processo de aprendizado que os profissionais de marketing precisam considerar enquanto se movimentam para a mobilidade.

No entanto, a adoção e o sucesso no marketing móvel podem e devem ser medidos, e a Cars.com cuidadosamente rastreou o progresso de seus esforços móveis. Fotis descobriu que os usuários do site da Cars.com na Internet visualizavam uma média de 12 a 15 páginas por visita, ao passo que os usuários do aplicativo do iPhone visualizavam de 25 a 30 páginas por visita. Isso significa que um comprador de carro usando o aplicativo consegue encontrar mais opções mais rapidamente, por causa da velocidade do aplicativo.

À medida que os consumidores usam telefones celulares para encontrarem informações mais rápido no processo de compra de carros, uma porcentagem menor de pessoas usa os telefones nas lojas, embora o número total de pessoas usando as tecnologias móveis para comprar carros seja mais alta. "Um estudo feito em 2008 mostrava que aproximadamente 40% dos participantes usavam telefones nas lojas", diz Fotis. "A tecnologia móvel crescerá para substituir os *laptops*. Estamos vendo mais e mais busca pela mobilidade no início do processo". Fotis disse:

> O inventário é nosso produto central. A busca por inventários começa com uma pessoa que inseriu um código postal. Nossa receita é 80% de concessionárias locais e 20% de amostras de anúncios dos fabricantes.

> Dos 80%, a maioria vem de nosso pacote de assinaturas, mas também oferecemos outros atributos, como vídeos e aplicativos para crédito. Atualmente, ainda não temos o mecanismo para colocar esses atributos no nosso site móvel, o que nos preocupa. Vendemos a mobilidade apenas para nossos anunciantes nacionais. É um extenso trabalho de informação. O obstáculo em ser o primeiro a comercializar é que você tem de fazer sacrifícios. Ainda não temos os mecanismos de retaguarda para passar certos conteúdos para os produtos móveis, incluindo o vídeo.
>
> Reconhecemos que a mobilidade seria importante, assim, fizemos um aplicativo para o iPhone e vimos um aumento de 100% no tráfego móvel. Este foi de 5% do nosso tráfego total para 12% em dois meses.
>
> Nosso negócio principal é conectar os compradores e os vendedores, o que é inerentemente um negócio de mobilidade, de modo que qualquer coisa que possamos fazer para entregar informações ajuda. A mobilidade é maior e se movimenta mais rapidamente do que pensamos.
>
> Os dois maiores impactos que vemos são em primeiro lugar nas atividades de pesquisa sobre os tipos de carro que a pessoa está procurando e em segundo lugar, na loja, com os consumidores usando as ferramentas e informações na negociação.

Fotis aprendeu várias lições pelo caminho, à medida que a empresa se movimentava para a mobilidade e modificava as estratégias e táticas durante o processo. "Depois do lançamento do aplicativo móvel, não antecipei quantas pessoas dentro da organização têm uma opinião sobre o que estamos fazendo na mobilidade", ele disse. Filosoficamente, a organização não viu a mobilidade como uma adição, mas sim como parte integral de toda a empresa. "Não estamos desenvolvendo um departamento de mobilidade, estamos envolvendo todas as pessoas. Precisamos que todos na organização estejam cientes e tenham conhecimento da mobilidade. Esperamos que 20 a 30% do nosso tráfego seja móvel em breve".

Para dar início à sua movimentação para a mobilidade, a Cars.com contratou fornecedores externos para vários componentes. A empresa por fim decidiu trazer algumas das funções da mobilidade e operações para dentro da empresa. "O nível de interação face a face é crítica para o desenvolvimento do aplicativo", diz Fotis, que contratou uma empresa de

**44** MOBILE MARKETING

fora do estado para começar algumas das operações móveis. "Não é sustentável usar as empresas de fora, assim, estamos trabalhando com uma empresa local para fazer um aplicativo para um Android. As organizações também precisam determinar a atmosfera interna geral para o risco ao fazer a mobilidade".

Para a Cars.com, tornar-se móvel também significava mais do que servir apenas aos compradores de carros. A empresa quer habilitar suas 16 mil concessionárias para que adicionem seus estoques ao site da Cars.com na Internet. "Queremos deixar que os negociantes o façam em seus aparelhos móveis em seus lotes", diz Fotis.

As empresas muitas vezes descobrem que elas começam com uma iniciativa relacionada à mobilidade, e esta leva a extensões da iniciativa. Isso é, em partes, porque os dispositivos móveis estão sendo usados por pessoas em todos os estágios da cadeia de valor. Esta inclui não apenas os clientes finais, mas também vendedores, fornecedores, distribuidores, provedores, parceiros comerciais, funcionários, gerentes e outros. É apenas lógico que os usuários de serviços móveis em cada nível de uma organização querem estar envolvidos com a mudança para a mobilidade.

"Temos 500 pessoas vendendo nossos produtos para as concessionárias", diz Fotis. "Com a mobilidade, eles conseguem registrar suas conversas e reunir as informações dos negociantes". Fotis também descobriu usos inesperados do aplicativo do iPhone. "Ele foi adotado pelas concessionárias como uma ferramenta de pesquisa competitiva, da qual não pensamos a respeito. Os negociantes diziam 'Estamos a dois passos para conseguir ver os carros dos nossos concorrentes'. Há sempre um telefone presente".

Fotis tem a meta para ganhar um controle melhor sobre os produtos móveis de modo que a empresa possa facilmente suportá-los. A Cars.com também planeja continuar adicionando plataformas e características móveis, como as notificações de busca, as quais informam os clientes quando um veículo específico que eles estão procurando se torna disponível. "Não ignore as outras plataformas", ele diz. "É menos sobre a tecnologia e mais sobre o tamanho do mercado".

Em longo prazo, a Cars.com espera que seus negócios sejam divididos em três: um terço virá da mobilidade; um terço virá dos *tablets*, TVs e

A Ascensão do Consumidor Sem Limites **45**

aplicativos e um terço dos computadores tradicionais. Embora o anúncio no Super Bowl de 2010, que apresentou a mobilidade da Cars.com, tenha causado um pico de 30% no tráfego, eles também veem aumentos grandes e ainda maiores durante a temporada de festas. Os outros grandes picos no tráfego que ocorrem diariamente, quando as pessoas se sentam para o almoço, agora estão vindo cada vez mais de seus telefones móveis.

## Mobilidade Global

Não se engane: o consumidor sem limites está em todos os lugares no planeta. Se a estratégia de marketing de sua empresa envolve o reconhecimento global da marca ou as táticas locais para suportar o lançamento de um produto específico, o consumidor sem limites será um fator no sucesso de suas campanhas de marketing. A penetração no mercado de telefones celulares está crescendo, e o número de telefones celulares já excede toda a população em 75 países ao redor do mundo (veja a Tabela 1).

A mobilidade é global, com as marcas se expandindo para usar o marketing móvel de várias maneiras em todos os tipos de mercados. Por exemplo, o fabricante de produtos esportivos, a Puma, lançou uma iniciativa móvel em 13 mercados mundiais para os fãs de futebol. A empresa usou a mobilidade para conectar amigos e fãs da mesma equipe de futebol. Os usuários fazem o *download* da música de seus times, de modo que, quando seus times fazem um gol, eles são instantaneamente alertados e fazem uma teleconferência (grátis) com seus amigos escolhidos ou uma rede de fãs anônimos. A seguir, alguns exemplos de como o marketing móvel está sendo distribuído em vários países.

**China.** Com mais de 750 milhões de assinaturas para telefones celulares, metade da população da China tem um telefone celular, fazendo deste o maior mercado de aparelhos móveis.[20] Quase 40% desses assinantes têm acesso à Internet pelo telefone, em comparação a 25% nos Estados Unidos. Na China, uma porcentagem maior de usuários do que nos Estados Unidos envia mensagens de texto, mas uma porcentagem maior de usuários de telefones nos Estados Unidos usa os celulares para enviar e-mails.

**Principais usos de telefones móveis na China:**[21]
Mensagens de texto(SMS) – 87%
Jogos – 39%
Internet móvel – 37%
*Downloads* de toques – 26%
Mensagem instantânea – 23%
Mensagem com foto(MMS) – 21%
*Downloads* de aplicativos – 18%

**Reino Unido.** Depois do sucesso com o Magners Original Cider no Reino Unido, a Magners lançou uma extensão da marca chamada Magners Pear e usou a mobilidade para motivar a aceitação.[22] Ela criou um site móvel na Internet que permite aos consumidores, com apenas um clique, localizarem um bar que serve o Magners Pears, e adicionou uma opção que permitia a procura por bares que estivessem participando das promoções de amostras grátis com base na localização. Aproximadamente 42 mil pessoas buscaram os bares e três vezes mais pessoas clicaram na mensagem de marketing do que a média do setor.

**México.** Para seu lançamento anual de novos produtos, o Coty Adidas usou a mobilidade para introduzir o Fair Play, uma fragrância para homens. Depois que o cliente compra a colônia, ele envia os três primeiros dígitos impressos na caixa por mensagem de texto (SMS). Cinquenta por cento daqueles que enviarem uma mensagem de texto poderiam ganhar um prêmio se respondessem à pergunta corretamente, enquanto o restante ganhava conteúdo móvel. Um quarto do orçamento foi atribuído à mobilidade e houve mais de 4.000 ganhadores de prêmios, resultando em um aumento significativo nas venda do Fair Play nas lojas.

**Portugal.** Uma cadeia varejista líder, a Worten, criou um desafio de bandas para descobrir as futuras estrelas da música, e usou a mobilidade para despertar a consciência da marca e suas lojas. A empresa criou um site móvel onde bandas desconhecidas poderiam se registrar e fazer o *upload* de seus perfis, vídeos e músicas. Os consumidores poderiam então ver esses perfis, interagir com eles, votar, baixar músicas grátis e vídeos e ganhar prêmios. O site móvel atraiu mais de 10 mil visitantes por semana, resultando em mais de mil *downloads* de músicas e 200 *downloads* de vídeos diariamente

**Hong Kong.** A Intercontinental Film Distributors de Hong Kong criou uma campanha móvel para promover versões do filme animado em 3D, *Toy Story*, na região da Ásia-Pacífico.[23] O programa usou a multimídia dentro do conteúdo móvel, permitindo que as pessoas encontrassem os personagens do filme, assistissem aos trailers e comprassem ingressos. O objetivo fundamental era engajar as pessoas que vão ao cinema e encorajá-las a comprar ingressos a partir de seus telefones celulares.

**Nigéria.** A Starfish Mobile and Glo – a segunda maior operadora de tecnologia móvel da Nigéria, com mais de 25 milhões de assinantes – lançou uma das maiores promoções móveis na área com o programa Bid2Win, envolvendo um leilão reverso. Os assinantes dos serviços móveis submeteram licitações através de mensagens de texto, e o lance único mais baixo ganhava um grande prêmio diário. A campanha de 90 dias incluía um vencedor diário que ganhava um carro, e também concedia vários outros prêmios.

**Canadá.** Para aumentar o tráfego e melhorar a lealdade do cliente, uma empresa de Vancouver, o Glowbal Restaurant Group, trabalhou com a Tagga Agency para criar um programa móvel destinado a atualizar a clientela sobre ofertas especiais e promoções. A empresa tinha informações de mensagens de texto móveis impressas nos itens nas mesas dos restaurantes. Os clientes poderiam enviar um texto para receber ofertas especiais, como descontos em refeições disponibilizados apenas para os clientes móveis que recebiam a mensagem.

## 48 MOBILE MARKETING

**TABELA 1:** 75 PAÍSES ONDE A PENETRAÇÃO DOS TELEFONES CELULARES EXCEDE A POPULAÇÃO[24]

| País | Penetração da Mobilidade | População | Assinantes Móveis |
|---|---|---|---|
| Emirados Árabes | 232% | 4.600.000 | 10.671.900 |
| Estônia | 203% | 1.340.000 | 2.720.500 |
| Bahrain | 200% | 790.000 | 1.578.000 |
| Macau, China | 192% | 540.000 | 1.037.400 |
| Catar | 175% | 1.410.000 | 2.472.100 |
| Arábia Saudita | 174% | 25.720.000 | 44.864.400 |
| Hong Kong, China | 174% | 7.020.000 | 12.206.900 |
| St. Kitts e Nevs | 166% | 50.000 | 83.000 |
| Panamá | 165% | 3.450.000 | 5.677.100 |
| Rússia | 164% | 140.870.000 | 230.500.000 |
| República Dominicana | 151% | 70.000 | 106.000 |
| Itália | 151% | 59.870.000 | 90.613.000 |
| Lituânia | 151% | 3.290.000 | 4.961.500 |
| Antígua e Barbado | 150% | 90.000 | 134.900 |
| Maldivas | 148% | 310.000 | 457.800 |
| Trinidade e Tobago | 147% | 1.340.000 | 1.970.000 |
| Suriname | 147% | 520.000 | 763.900 |
| Luxemburgo | 147% | 490.000 | 719.000 |
| Finlândia | 144% | 5.330.000 | 7.700.000 |
| Portugal | 142% | 10.710.000 | 15.178.000 |
| Bermudas | 142% | 60.000 | 85.000 |
| Áustria | 141% | 8.360.000 | 11.773.000 |
| Bulgária | 141% | 7.540.000 | 10.617.100 |
| Cingapura | 140% | 4.740.000 | 6.652.000 |
| Omã | 139% | 2.850.000 | 3.970.600 |
| República Tcheca | 138% | 1.370.000 | 14.258.400 |
| Croácia | 137% | 4.420.000 | 6.035.100 |
| Dinamarca | 135% | 5.470.000 | 7.406.000 |
| Anguilla | 135% | 20.000 | 27.000 |
| Albânia | 132% | 3.160.000 | 4.161.600 |
| Reino Unidos | 131% | 61.570.000 | 80.375.400 |
| Barbados | 130% | 260.000 | 337.100 |
| Argentina | 129% | 40.280.000 | 51.891.000 |
| Alemanha | 128% | 82.170.000 | 105.000.000 |
| Holanda | 128% | 16.590.000 | 21.182.000 |
| Israel | 126% | 7.170.000 | 9.022.000 |
| Suécia | 124% | 9.250.000 | 11.426.000 |

## A Ascensão do Consumidor Sem Limites

| País | Penetração da Mobilidade | População | Assinantes Móveis |
|---|---|---|---|
| Guatemala | 123% | 14.030.000 | 17.307.500 |
| El Salvador | 123% | 6.160.000 | 7.556.200 |
| Tailândia | 123% | 67.760.000 | 83.057.000 |
| Suíça | 122% | 7.570.000 | 9.255.000 |
| Montenegro | 121% | 620.000 | 752.000 |
| Ucrânia | 121% | 45.710.000 | 55.333.200 |
| Ilhas Virgens Britânicas | 120% | 20.000 | 24.000 |
| Romênia | 119% | 21.270.000 | 25.377.000 |
| Grécia | 119% | 11.160.000 | 13.295.100 |
| Hungria | 118% | 9.990.000 | 11.792.500 |
| Polônia | 117% | 38.070.000 | 44.553.100 |
| Taiwan, Província da China | 117% | 23.100.000 | 26.958.800 |
| Bélgica | 117% | 10.560.000 | 12.419.000 |
| Aruba | 116% | 110.000 | 128.000 |
| Seicheles | 115% | 80.000 | 92.300 |
| Ilhas Faroe | 114% | 50.000 | 57.000 |
| Austrália | 114% | 21.290.000 | 24.220.000 |
| Espanha | 114% | 44.900.000 | 50.991.100 |
| Uruguai | 113% | 3.360.000 | 3.802.000 |
| Chipre | 112% | 870.000 | 977.500 |
| Noruega | 111% | 4.810.000 | 5.336.000 |
| Malásia | 111% | 27.470.000 | 30.379.000 |
| São Vicente e as Granadinas | 110% | 110.000 | 121.100 |
| Nova Zelândia | 110% | 4.270.000 | 4.700.000 |
| Jamaica | 109% | 2.720.000 | 2.971.300 |
| Islândia | 109% | 320.000 | 349.000 |
| Irlanda | 108% | 4.520.000 | 4.871.100 |
| Brunei Darussalam | 107% | 400.000 | 426.300 |
| Bahamas | 106% | 340.000 | 358.800 |
| Eslovênia | 104% | 2.020.000 | 2.100.400 |
| St. Lucia | 104% | 170.000 | 176.000 |
| Honduras | 103% | 7.470.000 | 7.714.000 |
| Malta | 103% | 410.000 | 422.100 |
| República Eslovaca | 102% | 5.410.000 | 5.497.700 |
| Sérvia | 101% | 9.850.000 | 9.912.300 |
| Bielorrússia | 101% | 9.630.000 | 9.686.200 |
| Vietnã | 101% | 88.070.000 | 88.566.000 |
| Equador | 100% | 13.630.000 | 13.634.800 |

## Marcas de Luxo e Mobilidade

À medida que a mobilidade cresce em todas as partes do mundo, ela também afeta as empresas e marcas em todas as categorias. Este é o caso especialmente para marcas de luxo, sendo que algumas delas tiveram de esperar a evolução do mercado digital até surgir a capacidade de eletronicamente replicar a experiência das marcas de luxo. A realidade é que, com todos os clientes se tornando móveis, espera-se que as marcas de luxo entrem neste ambiente de uma maneira ou de outra.

Uma das marcas de luxo mais conhecidas é a Waterford Wedgwood Royal Doulton, conhecida pela sua linha extensa de taças de cristal, louças finas e outros produtos de luxo para a casa e estilo de vida. Pelo fato de a Waterford Crystal ser o fornecedor do cristal da bola que cai na virada de todos os anos do Times Square, a empresa criou um aplicativo para iPhone chamado Clink-Clink. Lançado na véspera do Ano Novo, o aplicativo permitia que a pessoa selecionasse a taça de cristal desejada e fizesse um brinde virtual com outra pessoa que realizasse a mesma ação. À medida que os dois telefones "brindavam", as informações para contato podiam ser instantaneamente transferidas entre os telefones, se eles estivessem ligados. Caso contrário, uma pessoa podia operar o aplicativo, chacoalhar o telefone, ouvir um "tim-tim" e ler uma frase relevante todas as vezes.

Depois do Ano Novo, a Waterford expandiu o aplicativo com frases personalizadas para outras datas, como o dia dos namorados. O evento do aplicativo, iniciado pelo desejo de alavancar a queda da bola no Ano Novo de maneira divertida, era apenas uma pequena característica de uma estratégia móvel de longo prazo abrangente. Na última metade de 2010, a empresa migrou suas três marcas principais para uma plataforma na Internet antes de habilitar a mobilidade do site. "Como uma marca, você deve ampliar sua estratégia além do aplicativo pois os clientes que são fiéis esperam também ter uma interação amigável com a mobilidade, uma vez que eles clicam no logotipo ou nos links no aplicativo", diz Leisa Glispy, diretora de grupo Global e-Commerce na Waterford Wedgwood Royal Doulton.[25] "Queremos proporcionar uma experiência de marca de luxo em todas as telas."

A Ascensão do Consumidor Sem Limites **51**

Com novas facilidades, os clientes têm mais acesso às informações instantâneas a qualquer hora, mesmo quando fazem compras. Os profissionais de marketing hábeis devem estar prontos para proporcionar informações úteis quando os clientes as querem, da maneira como eles as esperam daquela empresa. "A mobilidade está mudando a experiência de fazer compras", diz Glispy. "Você agora tem um cliente mais poderoso, que fará comparação de compra e compartilhará as informações, em trânsito. Os avanços nos aparelhos móveis continuarão mudando a experiência de nossos clientes, e as empresas precisam estar preparadas para se adaptarem. Sua estratégia móvel deveria se integrar à estratégia de envolvimento do cliente no geral."

Outra marca de luxo que se lançou na mobilidade foi a Tiffany & Co., a qual criou um aplicativo que permite aos compradores de alto poder aquisitivo visualizar as configurações, os materiais e o modelo de anéis de noivado, incluindo os formatos de várias pedras preciosas. Ele tem um medidor de anel que combina o tamanho de um anel colocado sobre a tela do telefone e a opção de um toque que lhe permite contatar um especialista na Tiffany e inclui informações de telefone e e-mail para contato.

Não importa a marca, todas as empresas em todas as categorias terão de encontrar suas próprias operações na mobilidade, isto porque seus clientes, não importa o local, estão ali.

Os consumidores sem limites passam a ter o total poder das características ou funções que as empresas estão disponibilizando a eles através de smartphones, um fenômeno que detalhamos no próximo capítulo.

# CAPÍTULO 2
# Os Smartphones Ditam as Regras

Não são os telefones celulares que estão mudando o mundo, mas sim os smartphones. Durante a revolução dos computadores nos anos 1980, o computador pessoal libertou as pessoas do cordão umbilical do terminal de computador conectado a um *mainframe* centralmente localizado e controlado. Os computadores pessoais permitiam que as pessoas drasticamente aumentassem sua produtividade pessoal e desempenho. Cada pessoa podia criar e controlar seus próprios documentos, e programas inovadores como o Lotus 123, o Excel e o Microsoft Word concederam mais poder aos indivíduos.

### Um Computador para Cada Mão

O próximo passo tecnológico óbvio era ligar os computadores por meio de redes, de modo que os departamentos e organizações inteiras poderiam compartilhar informações e estimular a produtividade coletiva. No mundo dos consumidores, os PCs se expandiram além do local de trabalho, tornando-se também comum nos lares e nas escolas. Em seguida, veio a conectividade global da Internet, a qual proporcionou uma quantia ilimitada de informações disponíveis para todas as pessoas com um computador e uma conexão de rede.

Em meio à revolução dos PCs, nasceu o telefone celular, embora este fosse bastante diferente do smartphone de hoje, o qual basicamente é um

## 54   MOBILE MARKETING

alto-falante, microfone, teclado, tela, placa de circuitos com microproces-
sadores, câmera, localizadores de GPS e armazenamento. É basicamente
um computador conectado a um rádio.

## O Nascimento do Telefone Celular

Em 21 de setembro de 1983, foi lançado o primeiro serviço padronizado
para telefone celular. Esse foi o ano em que a Motorola, depois de gastar
10 anos e $100 milhões, introduziu o telefone móvel Dyna TAC 8000X,
o primeiro telefone celular comercial portátil do mundo. O telefone era
chamado de "tijolão", especialmente por causa de seu tamanho e simila-
ridade a um tijolo (embora tivesse uma cor mais clara) com uma antena
que se projetava na parte de cima do telefone. Sua bateria durava apenas
uma hora de conversa e oito horas no modo *standby*. Ele custava quatro
mil dólares. Muitas pessoas conheceram o telefone quando ele foi usado
por Michael Douglas como Gordon Gekko no filme *Wall Street*.

Por volta de 1986, havia dois milhões de assinaturas para telefones
celulares, e no ano seguinte a receita total com telefones celulares foi de
$1 bilhão.[26] Mas aqueles realmente foram os primeiros anos do uso do
telefone celular. Alguns anos depois, em 1989, a Motorola lançou o telefone celular MicroTac, no qual introduziu um bocal tipo *flip*. O telefone
era vendido por três mil dólares. Esse era finalmente o tempo em que os
telefones celulares podiam ser segurados na palma de sua mão e frequentemente eram instalados em carros, sendo que muitos se referiam a eles
como "telefones para carro". No ano seguinte, o número de assinaturas
para telefones celulares chegou a 5 milhões, os quais, se comparado com
hoje, são números triviais.

Em 1992, a primeira mensagem de texto comercial foi enviada, e por
volta de 1996 havia 38 milhões de assinaturas para telefones celulares nos
Estados Unidos. O telefone celular estava começando a ser mais amplamente aceito como parte da vida diária. Um ano depois, o número de assinaturas cresceu para mais de 50 milhões e a rede de dados digitais e de
voz sem fio, conhecida como 2G, entrou em ação. O uso do telefone celular também continuou crescendo e em 1998, o consumidor médio usava
seu telefone por 122 minutos por mês e dois anos depois as assinaturas

para telefone celulares sem fio chegaram a 100 milhões. Hoje, bem mais de 200 milhões de pessoas acessam o Facebook de seus aparelhos móveis.

Apenas no ano 2000, os telefones com câmeras foram introduzidos no Japão, e o uso mensal do telefone nos Estados Unidos durante esta época aumentou para 320 minutos por mês. E o crescimento da mobilidade não parou por aqui. Alguns anos depois, havia 180 milhões de assinaturas para telefones celulares nos Estados Unidos.

Durante o curso de apenas alguns anos, a penetração do telefone celular nos Estados Unidos pulou de 69% em 2005 para 94% em 2010, sendo que um quarto das residências usa apenas os telefones celulares. E o uso também aumentou drasticamente, sendo que os minutos dos telefones celulares dispararam de 259 milhões de minutos em 2000 para 2,3 trilhões de minutos em 2009.

## Entra o Smartphone: a Era de Dois Fones

Em meados de 2009, apenas 16% das assinaturas de telefones móveis nos Estados Unidos eram de smartphones.[27] Em apenas um ano, este número cresceu para um quarto de usuários de telefones celulares e, por volta do final de 2011, esperava-se que este número seria mais do que a metade.

O que muitos não percebem é que quase metade das pessoas com smartphones também têm um telefone celular comum.[28] Sim, elas carregam dois telefones. Como você verá mais adiante neste capítulo, o mesmo acontece ao redor do mundo, sendo que em muitos países a penetração no mercado de telefones celulares excede 100%, o que significa que o número de telefones celulares é maior do que o número de pessoas no país.

Demograficamente, o maior segmento de proprietários de smartphones é o grupo etário de 25 a 34 anos de idade. Neste segmento, metade tem apenas um smartphone, enquanto a outra metade tem um smartphone e um telefone celular comum. O próximo maior grupo etário de proprietários de smartphone são os jovens de 18 a 24 anos, seguido pelo grupo de 35 a 44 anos. Dos proprietários de telefones celulares entre 55 a 64 anos de idade, um quinto tem um smartphone, sendo que uma porção desse grupo também tem ambos os tipos de telefones.

Os usuários de smartphones tendem a ser significativamente mais ativos usando seus telefones, de acordo com as pesquisas sobre mobilidade da InsightExpress. As pessoas com smartphones não apenas enviam mais mensagens de texto do que aquelas com telefones comuns, mas os usuários de smartphones navegam seis vezes mais na Internet pelo telefone, jogam três vezes mais jogos, usam dez vezes mais aplicativos e assistem nove vezes mais a vídeos. Os profissionais de marketing precisam determinar o que seus clientes estão fazendo com seus telefones antes de começar a investir significativamente em qualquer segmento específico do marketing móvel.

Um dos motivos para o crescimento impressionante do uso dos smartphones é que as ações para seu uso tendem a ser mais fáceis e mais recompensadoras do que um telefone que não é um smartphone ou mesmo um computador. Mais proprietários de smartphones consideraram o uso de um aplicativo, o fato de jogar jogos, ouvir música ou assistir a vídeos como uma experiência positiva quando eles compararam os smartphones a um telefone celular comum.[29]

Os consumidores acham que os smartphones são mais fáceis de usar, especialmente quando eles se movimentam para dentro e fora de áreas de Wi-Fi, o que poderia afetar a velocidade. Na realidade, a velocidade de carregamento é o fator número um que determina se o usuário de um smartphone retornará para uma página na Internet móvel. Em segundo lugar está a facilidade de navegação, a qualidade e a relevância do conteúdo. Uma vez que a experiência real ou o processo da experiência desbanca o conteúdo ou a mensagem em importância para os proprietários de smartphones, os profissionais de marketing têm que, primeiro de tudo, considerar a experiência interativa móvel.

## Apenas Uma Coisa no Meu Bolso (ou A Principal Coisa no Meu Bolso)

Os smartphones têm vários formatos e tamanhos, de modo que o cliente em busca de um telefone para uso pessoal decide o que ele carregará. Entretanto, em muitos casos, as empresas fornecem telefones para seus funcionários, os quais variam de modelos da Blackberry à Nokia. Isso explica em partes porque muitas pessoas têm dois telefones; um pode ser fornecido pelo escritório, o outro é para uso pessoal. Esse arranjo de dois telefones pode ser ditado pelas políticas corporativas que permitem que o telefone da empresa seja usado apenas para fins de trabalho; em alguns casos, o telefone adicional pode refletir uma preferência pessoal, isto é, o indivíduo prefere um outro tipo de telefone mais do que o tipo fornecido pela empresa.

Os smartphones estão ficando cada vez maiores, para que possam mostrar melhor fotos, vídeo e outras multimídias. O Motorola Droid X, por exemplo, tem 10 cm de altura e 5 cm de largura. A pergunta que muitos consumidores terão de responder é: "Que tamanho de telefone quero carregar?". Isto é: "O telefone é *apenas outra coisa no meu bolso* ou é a *principal coisa em meu bolso*?".[30]

O crescimento dos smartphones é muito bem documentado e espera-se que continue. O principal motivador desse crescimento é a funcionalidade proporcionada. Os clientes conseguem encontrar informações mais rapidamente, receber serviços personalizados com base em suas localizações atuais e realizar tarefas em seus telefones, quando em trânsito, o que anteriormente eles faziam nos seus computadores pessoais ou em outros aparelhos de mídia.

## Chega a Era do iPhone

O ponto de virada da mobilidade veio com o lançamento do iPhone da Apple, com sua onda seguinte de centenas de milhares de aplicativos, o que levou a um aumento dramático na navegação na Internet móvel. A terceira geração, conhecida como 3G, introduziu a rede com velocidade mais alta, o que permitiu a navegação na Internet e a transmissão de áudio e vídeo. À medida que mais redes da quarta geração (conhecidas como 4G) são distribuídas, com velocidades cinco a dez vezes mais rápidas do que a terceira geração, significativamente mais dados interativos e vídeos entrarão no mercado. Essa velocidade de rede mais alta combinará com a nova geração de processadores de computadores que acelerará ainda mais os smartphones. As vendas de smartphones logo excederão as vendas de computadores pessoais.

O impacto do iPhone em um mundo que se tornou móvel não pode ser subestimado. Muitos na indústria móvel – especialmente os provedores de tecnologia e plataformas – nos disseram, durante o curso de nossa pesquisa para este livro, que a introdução do iPhone mudou totalmente seus negócios. Ouvimos o mesmo de empresas grandes e pequenas, especialmente aquelas que decidiram criar novos aplicativos e começaram a usar as facilidades que foram inicialmente fornecidas pelo iPhone.

"Cinquenta e cinco por cento das músicas grátis da Pandora são agora feitas para mobilidade e o uso do iPhone dobrou da noite para o dia", diz Cheryl Lucanegro, vice-presidente sênior da Pandora, um serviço de rádio personalizado na Internet.[31] "A mobilidade mudou nosso foco e estratégia." Ironicamente, embora o número de usuários móveis seja bem documentado e bem conhecido, levou um tempo para os anunciantes perceberem isso. "Você tem todos seus clientes bem ali, na mobilidade, e dedica 2% do seu orçamento com propaganda para ela", diz Lucanegro.

O iPhone mostrou não apenas o que os telefones sofisticados conseguem fazer, mas como é fácil fazer o *download* de aplicativos a partir de um local centralizado, a loja de aplicativos da Apple; o dinheiro poderia ser automaticamente deduzido de uma conta no iTunes se o aplicativo exigisse uma taxa, uma configuração já familiar para muitos usuários que baixaram músicas.

Muitas pessoas já estavam confortáveis usando e-mails e outras funcionalidades por terem smartphones da BlackBerry e outros aparelhos, mas o iPhone, e depois o Android, o sistema operacional do Google, abriram novos panoramas para o que poderia ser feito a partir de um telefone móvel.

E o uso da mobilidade, ou pelo menos das facilidades oferecidas por ela, está evoluindo. Por exemplo, o chamado telefone básico está desaparecendo na obscuridade. Da parcela de usuários de celulares que têm um telefone comum, três quartos deles planejam trocar para um telefone com características mais avançadas e um terço pretende adquirir smartphones.[32]

## GLOSSÁRIO

**aplicativos de marcas**. Aplicativos criados normalmente por marcas bem conhecidas para criar uma experiência para a pessoa baixar o aplicativo no seu smartphone. Um exemplo é o aplicativo do Audi A4 Driving Challenge, o que permite ao usuário correr em várias pistas de corrida, manobrando ao virar o telefone.

**app**. Diminutivo para aplicativo. Normalmente, o download é feito de uma loja de aplicativos para possibilitar que o usuário do telefone consiga realizar uma tarefa mais facilmente. A tarefa pode variar de checar a previsão do tempo a comparar produtos e serviços.

**geolocalização**. Método para determinar a localização física de uma pessoa e enviar conteúdo com base naquela localização. A localização geográfica permite que os profissionais de marketing enviem conteúdo mais relevante.

**gestos**. Os sensores embutidos nos telefones que facilitam as mudanças, como as telas que automaticamente mudam de formato para o modo de paisagem quando o telefone é virado lateralmente. Outros exemplos incluem *swiping* (correr os dedos para escrever), usar dois dedos para dar um zoom ou recolher uma página, colocar dois telefones juntos para transferir o conteúdo e chacoalhar.

**loja de aplicativos**. Um serviço do qual um usuário baixa um aplicativo; tais serviços incluem o Apple's App Stores, o Android Market do Google e o Research do Motion's App World (para Black-Berrys).

**NFC**: Um acrônimo para Near Field Communications, um padrão de comunicação de curto alcance que permite a transferência de dados entre aparelhos em uma distância curta (aproximadamente 8 cm); ele possibilita que o usuário do smartphone converta, entre outras coisas, seu telefone em uma carteira móvel.

**pontos cegos**. Aqueles clientes que não podem ser alcançados por causa dos limites de uma campanha específica. Por exemplo, uma campanha lançada através de um aplicativo que está disponível na Apple, mas não no Android, BlackBerry ou outros telefones com características plenas, poderia fazer o profissional de marketing deixar de atender parte de seu mercado alvo.

**Swipe**: Tecnologia que permite correr os dedos de letra em letra na tela de toque de um smartphone para soletrar uma palavra ou mensagem, em vez de digitar.

**UPT**: Abreviação para Using Phone Technology (Usar a Tecnologia do Telefone), o que significa usar o smartphone para fins de marketing, mas não capitalizar sobre os atributos dos smartphones.

**USPT**: Abreviação para Using Smartphone Technology (Usar a Tecnologia do Smartphone). Envolve utilizar os atributos dos smartphones, como áudio e vídeo, baixar aplicativos, alta interatividade, m--comércio, imagem e reconhecimento do código de barra e tecnologia baseada na localização.

**WAP**: Wireless Application Protocol (Protocolo de aplicativo sem fio). Geralmente considerado como sendo um site na Internet especificamente formatado para amostra em um telefone móvel (essencialmente, um site na Internet móvel).

## As Plataformas

Como profissional de marketing, uma das primeiras questões que provavelmente ouvirá no marketing móvel é a da plataforma. Como no marketing tradicional, tenha cuidado para não usar informações puramente

**60**   MOBILE MARKETING

anedóticas para selecionar uma estratégia móvel a respeito da plataforma. Embora isso possa parecer óbvio com base no que se vê e escuta localmente, que *todos* têm um iPhone, um Android ou um BlackBerry, a verdadeira questão é o que seus clientes estão usando. O primeiro passo é responder as dez perguntas sobre as características móveis dos clientes:

1. Quais telefones meus cliente usam?
2. Quais telefones meus melhores clientes usam?
3. Quais telefones meus cliente potenciais usam?
4. Quais serviços móveis meus clientes usam?
5. O que meus clientes estão fazendo com seus telefones?
6. O que meus clientes provavelmente farão com seus telefones no futuro?
7. Os clientes usam meu site na Internet em seus telefones?
8. Os clientes enviam e recebem mensagens de texto?
9. Qual porcentagem dos meus clientes tem smartphone?
10. Qual porcentagem dos meus clientes espera ter smartphones, e quando?

Existem várias plataformas móveis diferentes e, como dono de um telefone celular, você provavelmente está familiarizado com pelo menos uma delas. A plataforma é essencialmente o sistema operacional que faz o telefone funcionar. Assim como existem PCs de empresas como Dell e Hewlett-Packard que rodam um sistema operacional, existem outros da Apple que rodam outros sistemas. Os telefones celulares são similares, exceto por existir mais plataformas e muitos fornecedores de aparelhos móveis.

Quando falamos dos telefones móveis em si, centenas de milhões são vendidos todos os anos. Por exemplo, em um período de três meses no ano passado, 111 milhões de telefones foram vendidos pela Nokia apenas, o maior vendedor de telefones globalmente.[33] As próximas companhias líderes, com base em telefones vendidos ao redor do mundo por participação no mercado, são (em ordem) Samsung, LG, Research in Motion (fabricantes do BlackBerry), Apple, HTC e Motorola.

Uma consideração para alcançar as pessoas através de seus telefones móveis é a região na qual elas vivem. Por exemplo, embora a Nokia seja o fabricante líder na África, Ásia e Europa Oriental, a Apple lidera na América do Norte e na Europa Ocidental, com base em uma estimativa.[34] E este *mix* provavelmente mudará com o tempo, isto porque o crescimento da mobilidade é rápido e as dinâmicas do mercado são fluídas, com inovação contínua motivando a adoção.

Por plataforma, ou sistema operacional, os líderes ao redor do mundo são, em ordem de participação no mercado, Symbian (Nokia), Research in Motion (BlackBerry), Android (do Google), iOS (da Apple) e Microsoft.[35] Esse quadro também está evoluindo e é motivado por vários fatores, que vão de atributos e facilidades a preço e disponibilidade. E embora o sistema operacional Android do Google esteja disponível em uma série de telefones de empresas, como Motorola e HTC, há outro sistema operacional, conhecido como projeto MeeGo, encabeçado pela Nokia e a Intel.

Quando o uso da Internet explodiu globalmente, a variedade de tecnologias era, de certa maneira, mais fácil de ser tratada do que ela é no mercado de telefone móvel. A Internet operava via navegadores na rede, sendo que a maioria deles podia acessar todas as informações. A mobilidade tem mais peças em movimento, se você quiser. Há os telefones em si, as plataformas e as operadoras, como Verizon, AT&T e Sprint, as quais oferecem serviços. Mas um aplicativo criado para o sistema operacional Android do Google não necessariamente funciona no iPhone da Apple e vice-versa.

A boa notícia é que muitas empresas de *software* móvel criaram tecnologias que podem transportar o conteúdo entre várias plataformas. Assim, como profissional de marketing, a compatibilidade da plataforma definitivamente não será um obstáculo para você, embora seja uma questão da qual se deve estar ciente em curto prazo. Mais importante será sua estratégia de marketing móvel e seus objetivos; após tê-los estabelecido, será possível escolher as tecnologias que irão ajudá-lo a melhor alcançar esses objetivos. Veremos neste livro que existem tecnologias, estejam elas atualmente disponíveis ou em desenvolvimento, que podem solucionar quase qualquer necessidade do marketing móvel. E algumas empresas bem conhecidas estão forçando os desenvolvedores de *software* a fazerem até mais.

## Telefones Antigos *versus* Novos

Existem, essencialmente, duas maneiras de enxergar o mundo móvel como um profissional de marketing. Você pode alcançar apenas aqueles com smartphones, e existem maneiras específicas para fazê-lo, ou pode alcançar aqueles que usam telefone comum, e também existem maneiras para fazê-lo. Ao longo de todo este livro, mostramos exemplos de ambas as estratégias, como foram implementadas por uma variedade de empresas, marcas bem conhecidas e provedores de tecnologia. As perguntas--chave são como você, como profissional de marketing, quer alcançar seus clientes móveis e o que quer prover a eles. Existem duas maneiras para fazer isso, as quais chamamos de UPT e USPT.

O UPT (Using Phone Technology) simplesmente significa usar a tecnologia que permite a você, como profissional de marketing, alcançar os clientes por meio de telefones móveis. Com o UPT, não é necessário usar todos os atributos de um smartphone, como localização do telefone, por exemplo. Também é possível distribuir o UPT para ambos os tipos de telefone. Um exemplo do UPT é enviar mensagens de texto para um cliente que aderiu à sua lista de marketing, pois a maioria dos telefones podem receber tais mensagens.

O USPT (Usando Smartphone Technology) envolve utilizar os atributos dos smartphones, como a tecnologia baseada na localização ou escaneamento sofisticado do código de barras. Ele também poderia envolver a criação de um aplicativo, o qual seria útil apenas em um smartphone, mas poderia fornecer atributos impressionantes para esses usuários.

Para os smartphones, uma marca pode criar um site na Internet móvel, comumente referido no setor como WAP (Wireless Access Protocol – protocolo de acesso sem fio). Algumas empresas com sites móveis na Internet estão satisfeitas porque alcançam seus clientes com esta abordagem e estes recebem todos os serviços e atributos de que precisam e desejam com este método.

No entanto, os sites móveis na Internet não são a única maneira para alcançar os clientes de smartphones: as empresas também podem criar aplicativos, ou aplicativos de marca, que os clientes farão o *download* facilmente, permitindo que qualquer função proporcionada pelo aplicativo seja disponibilizada no telefone o tempo todo. Uma discussão comum nos círculos do marketing móvel é escolher entre o "wap ou app", o que significa configurar um site móvel na Internet ou criar um aplicativo customizado. Uma empresa pode, é claro, fazer ambos.

Os smartphones são bem mais sofisticados do que os telefones celulares tradicionais e têm atributos que podem ser alavancados para os esforços de marketing:

**Networking (rede social):** Conectado a uma rede o tempo todo, seja pela operadora do celular ou Wi-Fi, dependendo da localização.

**Localização:** O telefone pode ser localizado em qualquer local a qualquer hora.

**Câmera:** A resolução de fotos e vídeos é bastante próxima da resolução de câmeras sofisticadas. Pode enviar o vídeo ao vivo para a Internet ou para um amigo, ou armazenar na memória.

**Poder de computação:** Um computador pequeno, porém potente.

**Vídeo:** É possível assistir a vídeos com qualidade bastante alta.

**Movimento:** Diz para qual direção o telefone está apontado, se for chacoalhado, e o tipo de movimento feito pela pessoa que o move.

**Toque na tela:** Altamente sensível aos movimentos e outros gestos.

**Portátil:** Pode (e provavelmente irá) ir a todos os lugares que seu proprietário vai.

**Voz:** Ainda é usado para conversas, embora alguns se esqueçam disso, com todas as outras facilidades que os smartphones têm.

## Dinheiro do Velho Mercado Mobile

Embora os smartphones estejam claramente onde o mercado está se movimentando, ainda há, e continuará havendo, algumas oportunidades

**64**  MOBILE MARKETING

de marketing de massa para telefones ao redor do mundo que não são "*smart*".

Uma empresa que tem expandido sua marca globalmente por muitos anos é a Playboy Enterprises, Inc., com sede em Chicago. Fundada por Hugh Hefner, em 1953, a empresa de mídia publica a revista *Playboy* e cria conteúdo para distribuição nas redes televisivas, sites na Internet, rádios e plataformas móveis. Por causa de seus acordos de licença ao redor do mundo, a marca Playboy aparece em seus produtos para consumo em mais de 150 países.

A empresa compreende os modelos tradicionais impressos, e continua imprimindo 95 edições internacionais de sua revista impressa. Ela também entende a eficiência do mundo digital, móvel, em comparação com a edição e distribuição de sua propriedade principal impressa. "Talvez seja uma surpresa saber que nosso negócio móvel é, na média, apenas 12% do varejo ou gastos do usuário final", diz Greg Johnson, diretor de empreendimentos digitais para a Playboy.[36] "Uma vez que a operadora, o provedor dos serviços de cobrança, o agregador do conteúdo e os parceiros de distribuição tiram sua parte da transação geral, normalmente nos sobra uma fração do potencial de varejo. Espero continuar vendo a tendência dos donos de conteúdo derrubando a cadeia de valor e se mover para um modelo mais direto de distribuição para o consumidor."

Johnson, que trabalha na Playboy Enterprises há mais de 5 anos, liderou os esforços móveis da empresa até que sua função foi expandida para incluir todos os empreendimentos digitais. A divisão móvel da Playboy foi tratada tanto como uma extensão de seus canais de distribuição existentes quanto uma divisão vertical que gera receitas.

Nos primeiros anos da mobilidade, quando os toques dos telefones, papel de parede e protetores de tela eram vendidos pelas operadoras sem fio, o Rabbit Head Logo (coelhinho da Playboy), marca registrada da empresa, manteve um lugar no topo com a operadora North America Tier 1 por mais de um ano. Este era o início dos negócios de mobilidade, simplesmente comprar sons e imagens. "O desenho do Rabbit Head é um dos logotipos mais icônicos na história", diz Johnson. Em apenas um ano, a empresa vendeu mais de 5 milhões de *downloads* para papel de parede para os telefones móveis no mundo todo, geralmente a 95% do preço de tabela. "É impressionante pensar que não faz muito tempo as lojas das operadoras eram a fonte primária para a compra de conteúdo para seu telefone móvel", disse Johnson. "O antigo conceito de lojas foi dilacerado pelo iPhone e o Android. Será interessante assistir à reorganização de distribuição do conteúdo do produtor para o consumidor".

Com o passar do tempo, a Playboy modificou sua estratégia. "A Playboy está em meio à transição para uma empresa de gestão da marca, centrada no licenciamento de uma das marcas mais poderosas no mundo, em vez de assumir a responsabilidade de empresas operacionalmente focadas", diz Johnson. A empresa se alinhou com parceiros estratégicos importantes para garantir o sucesso em todas as facetas de seu negócio móvel.

"Estamos em meio à uma evolução na indústria de publicação; espero ver grandes mudanças na maneira como o conteúdo é criado, distribuído e consumido. A divisão móvel da Playboy está pronta para fazer uma transição bem-sucedida para a gestão da marca como resultado das fortes parcerias móveis que fizemos", diz o Johnson, que testou várias plataformas antes de se decidir pela Mobile IQ no Reino Unido. "É como um *flashback* para a rede em 1995", diz o Johnson. "As regras não foram completamente estabelecidas. Estamos desbravando novos terrenos e aprendendo à medida que seguimos em frente, em muitos aspectos [esta estratégia está relacionada ao conceito de testar e aprender, o qual discutimos mais adiante neste livro]."

"Recentemente, lançamos uma versão móvel integral da Playboy. com e o site tem a possibilidade de adaptar os aparelhos de seus visitantes em tempo real e apresentar a melhor experiência possível para cada aparelho. Estamos muito surpresos pelo crescimento no tráfego, pelo número de páginas visualizadas, pela média de tempo no site e pela receita", diz Johnson. "Claramente há um público exclusivamente móvel por aí, e esperamos proporcionar a eles uma experiência ótima ao mesmo tempo que apresentamos o conteúdo principal da Playboy".

## A Inteligência dos Smartphones

Muitas pessoas compram televisores de alta definição, mas não aproveitam todas as vantagens do poder recém-descoberto sentado em suas salas. Em muitos casos, os consumidores veem tanta melhora na imagem em comparação ao televisor antigo que eles acabam nunca se inscrevendo para receber os serviços de alta definição oferecidos pelas operadoras de TV ou via satélite. Assim, embora a imagem possa ser muito melhor do que antes, ela poderia ser exponencialmente melhor se eles aproveitassem a capacidade da TV para mostrar programas realmente em alta definição.

Uma situação similar está ocorrendo com os smartphones. Apenas porque eles existem, não significa que todos os indivíduos ou empresas aproveitam todas as suas facilidades. Por exemplo, embora uma em cada quatro pessoa use regularmente um smartphone, apenas uma em cada seis tem aplicativos no smartphone que usam.[37]

Assim como uma TV de alta definição, um novo smartphone pode representar tamanha melhoria em comparação ao telefone anterior que o novo proprietário acaba não explorando totalmente todos seus atributos e facilidades. A boa notícia para os profissionais de marketing é que isso mudará com o tempo por vários motivos:

- As empresas conduzirão pesquisas para determinar o que os consumidores da mobilidade mais querem.
- À medida que a velocidade da rede aumenta, os atributos serão mais facilmente acessados e usados.
- Os desenvolvedores de aplicativos continuarão a inovar.
- As pessoas verão outras usando funções que elas não têm e perguntarão sobre elas.
- Os clientes verão o valor agregado com o uso de aplicativos e atributos da Internet móvel para facilitar suas vidas.
- Mais empresas entrarão no mercado para acompanhar as ofertas de seus concorrentes.

Um dos principais motivadores de um aumento no uso do smartphone é a disponibilidade de mais e mais aplicativos que podem fazer um número ilimitado de coisas. Entretanto, existem atributos dos smartphones que as pessoas usam mais do que os aplicativos. Um estudo feito pela Knowledge Networks mostra que os aplicativos estão em uma posição secundária no uso geral dos smartphones, seguido de outros atributos como mensagens, uso da Internet, busca e fotografia. Aqui está uma lista dos atributos dos smartphones, em ordem de preferência, usados regularmente, compilada pela Knowledge Networks:

| | |
|---|---|
| Telefonemas | 91% |
| Mensagens | 80% |
| E-mail | 54% |
| Internet | 52% |
| Imagens/vídeos | 51% |
| Busca | 45% |
| Mídia social | 38% |
| Notícias/clima/trânsito | 31% |
| Aplicativos | 29% |
| Mapas/direções | 28% |
| MP3/música digital | 28% |
| Jogos | 27% |
| Vídeos de redes de TV | 7% |

Para uma perspectiva adicional, o mesmo estudo mostra que, quando os proprietários de smartphones estão procurando um novo telefone ou serviço, a variedade de aplicativos é significativamente menos importante dos que as facilidades gerais do provedor de serviços ou do aparelho de telefone.

Há, no entanto, uma diferença notável nos padrões de uso dependendo do smartphone específico. Por exemplo, os aplicativos são usados por 29% dos proprietários de smartphones no geral; entretanto, 77% dos proprietários de iPhone usam os aplicativos regularmente, um aumento significativo sobre os outros proprietários de smartphones. Embora 18% dos proprietários de smartphones no geral tenham classificado os aplicativos como muito importantes, 36% dos proprietários de iPhone os classificaram como muito importantes.[38] Esse é outro motivo pelo qual os profissionais de marketing precisam determinar quais telefones móveis seus clientes usam e o que eles fazem com os mesmos. Caso contrário, muito dinheiro será gasto em marketing móvel ineficiente.

Além de usar um grande número de aplicativos, os usuários de iPhones tendem a ter opiniões favoráveis sobre os anunciantes que usam aplicativos. Também, é mais provável que eles usem todos os atributos de seus telefones do que os proprietários de outros smartphones. Os usuários de BlackBerry, o maior segmento relatado no estudo da Knowledge Networks, são muitas vezes funcionário que podem ter uma facilidade limitada para baixar ou usar aplicativos por causa da política da empresa. Eles também têm menos escolhas de aplicativos, uma vez que existem significativamente mais aplicativos para iPhone e Android disponíveis.

Nem todos os aplicativos são grátis, embora alguns sejam. Enquanto 64% dos usuários de smartphones afirmam ter aplicativos em seus telefones, pouco menos de um terço tem aplicativos pagos. É mais comum para os donos de smartphones baixarem aplicativos grátis, uma vez que eles podem testá-los e se não estiverem satisfeitos poderão deletá-los sem custo. Uma vez que um aplicativo é pago, os fundos normalmente não são reembolsáveis, mesmo se o usuário não estiver satisfeito com o programa. (Os aplicativos pagos representam um quinto de todos os aplicativos.) Os proprietários de iPhones estão entre aqueles que pagam por aplicativos, em comparação com os donos de outros telefones. Quase três quartos dos donos de iPhone têm aplicativos pagos em comparação àqueles com telefones Android e 14% em comparação àqueles com smartphones BlackBerry.

Essa questão de padrão de uso é um dos elementos que os profissionais de marketing precisam ficar de olho, e é parcialmente baseada em como seus clientes usam no smartphone, se usam e com o quê. Claro que isto é apenas se você quiser se envolver na criação de aplicativos como parte do seu *mix* de marketing móvel.

As marcas e os profissionais de marketing conseguem potencialmente derivar receitas de aplicativos, se eles proporcionarem um valor significativo. Embora muitos aplicativos custem 99 centavos ou $1,99, mais da metade daqueles que compraram aplicativos pagaram $5 ou mais por pelo menos um aplicativo e quase um terço pagou $10 ou mais por pelo menos um. Um bom exemplo de um aplicativo de marca pago é o iFood Assistant da Kraft, o qual custa 99 centavos e permite que os clientes criem listas de compras e busquem cardápios. As vendas desse aplicativo mostraram que os clientes veem que ele vale seu preço.

## Divulgando os Aplicativos

Se, como profissional de marketing, você decidir que a criação de um aplicativo de marca é a abordagem a ser tomada, então deixe que as pessoas conheçam seu aplicativo. Isto é muito mais fácil para uma marca bem conhecida e bem financiada, a qual pode adicionar mensagens aos seus materiais tradicionais de marketing. No entanto, será o valor proporcionado que basicamente persuadirá o cliente a baixar e usar o aplicativo.

A maneira mais comum para os donos de smartphones ficarem sabendo sobre os novos aplicativos é pelo boca a boca, sendo que um terço fica sabendo do aplicativo dessa maneira.[39] O restante fica sabendo através de buscas, da mídia social ou, para os usuários de iPhone, pelo iTunes. O que não é eficaz nos aplicativos de marketing são propagandas na TV, na Internet ou no telefone em si. Já que o smartphone é um aparelho altamente interativo e pessoal, é apenas natural que a fama de aplicativos valiosos se espalhe de maneira orgânica, através daqueles que a usam. Se criar um aplicativo, lembre-se de que ele tem de ser bom para ser descoberto e usado.

Esta transmissão boca a boca é outro exemplo da mobilidade como uma mídia passiva em vez de ativa, com os consumidores sem limites se conectando entre si e compartilhando dicas sobre o que funciona para eles. O profissional de marketing ou a marca não são mais responsáveis pela transmissão de uma mensagem para as massas. Em um mundo que se tornou móvel, as massas estão conversando (e comercializando) entre si.

A boa notícia para os profissionais de marketing e as marcas é que os clientes com smartphones estão abertos às mensagens de marketing e são mais inclinados a comprarem de anunciantes de aplicativos em comparação aos anunciantes em várias outras mídias. Por exemplo, o estudo da Knowledge Networks descobriu que quatro de cinco usuários de aplicativos para smartphones estariam dispostos a ver uma mensagem publicitária na tela em troca de um aplicativo grátis.

Outra notícia boa para os profissionais de marketing móvel é que quase três quartos dos usuários de smartphones consideram a publicidade como um preço justo a ser pago pelo *download* e uso de aplicativos grátis, uma porcentagem mais alta do que aquela que assiste à TV no horário nobre, veem a mídia social ou assistem a vídeos *on demand*.

## O iPad: A Isca da Compra Por Vaidade

Quando a Apple lançou seu iPad em 2010, ele instantaneamente passou a ser o novo objeto de desejo. Qualquer um que tivesse certo *status* tinha de ter um. Aqueles que viajavam com um no avião tinham de mostrá-lo para aqueles que carregavam laptops antiquados e smartphones pequenos. Pelo fato de os iPads serem inicialmente raros, aqueles que tinham um se sentiam especiais. Eles *eram* especiais. Ele representava a compra por vaidade definitiva, o que não era nada mau.

Os anunciantes comprometeram quase $60 milhões para anúncios no iPad antes mesmo de muitos serem vendidos ou qualquer publicidade ser produzida. A Apple criou o iAd, um serviço de publicidade móvel voltado para revolucionar a publicidade no iPad (e iPhone). Em poucos meses, alguns milhões de iPads foram vendidos, um lançamento bem-sucedido.

O mesmo fenômeno ocorreu com a introdução do iPhone 4 da Apple, sendo que os usuários dos modelos iniciais do iPhone correram para serem os primeiros a comprarem o mais recente e maior produto nunca antes visto. O iPhone 4 pode ser outra compra por vaidade, mas, por que os produtos e a qualidade do produto eram inovadores, a abordagem funcionou.

Se uma empresa consegue traduzir seus atributos centrais em mobilidade, ela consegue potencialmente criar um produto que funcionará como uma compra por vaidade. A sugestão inicial para comprar pode ser introduzida pela publicidade tradicional, como anúncios de página inteira nos jornais ou comerciais na TV, mas o produto móvel definitivamente precisa fazer o que promete. Uma dica de que uma empresa está a caminho de um sucesso na compra por vaidade é quando um consumidor diz para o outro: "Ei, veja este novo aplicativo" ou "Dá uma olhada nisso", quando exibe seu smartphone para seus amigos.

Uma compra por vaidade, como um iPad, é um "você deve querer" em vez de "você deve ter". Ela pode não ser crítica para o sucesso ou avanço de carreira, mas as pessoas certamente querem um.

## O *Push* por trás dos Smartphones

Uma das muitas razões para o crescimento contínuo do uso de smartphones é o *push* dos mecanismos por trás deste e as plataformas abaixo deste, os quais discutiremos em maiores detalhes à medida que seguirmos adiante. Mas existem também dinâmicas de hardware da tecnologia que ajudam a alimentar a inovação que mantém a indústria da mobilidade se movimentando para frente. Por exemplo, uma geração anterior de smartphones pode ter espaço limitado para armazenamento dos aplicativos e velocidade de processamento limitada. Esta versão seria um trampolim para um smartphone mais novo com significativamente mais capacidade de armazenamento ou velocidade de processamento. As pessoas que estão procurando substituir seus smartphones com dois anos de idade, encontrarão melhorias sensíveis em comparação aos aparelhos que elas pretendem aposentar. Além da explosão dos aplicativos e das melhorias no *hardware*, que trazem avanços para os smartphones, há a comunidade de investimento, aqueles que financiam grande parte da inovação móvel inicial.

A Qualcomm Ventures formou e começou a financiar empresas em 2000, com um fundo de $500 milhões para fazer investimentos estratégicos nos estágios iniciais de empreendimentos de alta tecnologia. Desde então, a empresa tem financiado muitas organizações que se expandiram para a tecnologia sem fio, e tem estabelecido fundos adicionais na Coreia, Japão, China e Europa. O braço empreendedor da Qualcomm procura empresas que fornecem um forte retorno potencial sobre o investimento e que complementa os produtos e serviços existentes da Qualcomm.

"A Qualcomm é a Intel do mundo móvel", disse Nagraj Kashyap, vice-presidente e chefe da Qualcomm Ventures.[40] Uma grande porcentagem de smartphones – Android, iPhone, RIM, Sprint e Verizon – usam *chips* da Qualcomm. O *chip* usado no *netbook* de $500 é o mesmo chip usado no smartphone. O smartphone será o aparelho em destaque até o final do ano. O SMS (Short Message Services) diminuirá quando mais pessoas tiverem smartphones". Empresas como a Qualcomm estão financiando e rastreando o crescimento de segmentos da indústria móvel, em partes para que eles possam alavancar seus próprios interesses comerciais.

## 72 MOBILE MARKETING

Nesse meio tempo, organizações como a CTIA Wireless e a Mobile Marketing Association ajudam a agregar e suportar as empresas móveis que proporcionam infraestrutura, *hardware* e inovação de *software*, isto porque essas empresas de mobilidade abastecem as grandes marcas e as pequenas empresas que estão procurando se expandir em soluções móveis para seus clientes.

Empresas como a Qualcomm estão sempre enxergando à frente. "A indústria está se movendo rapidamente para dentro de prédios", acrescentou Jack Young, gerente sênior de investimentos na Qualcomm Ventures, referindo-se às empresas de mobilidade que digitalmente mapeiam os interiores dos prédios.[41] Tais empresas, as quais descreveremos mais adiante neste livro, permitem que os usuários de smartphones localizem lojas específicas em um shopping center ou aeroporto, por exemplo, em relação à posição do smartphone. "Quando dentro de prédios, os satélites conseguem vê-lo num raio de aproximadamente 90 metros de precisão."

"A Qualcomm está trabalhando na próxima geração de triangulação da banda Wi-Fi, para conseguir encontrá-lo num raio de 10 metros de precisão. Agora eu sei onde você está num raio de 10 metros. Então, há a localização geoespacial. É isso, aqui está o mapa. Neste caso, a publicidade passa a ser dólares por indivíduos. Eu sei precisamente onde você está na loja. O profissional de marketing pode agora fechar o círculo." As implicações disso seriam significativas para os profissionais de marketing, permitindo que eles determinassem mais precisamente a localização de clientes potenciais em relação às lojas ou mesmo produtos específicos. Pelo fato de muitos anunciantes quererem alcançar os clientes perto da decisão real de compra, esta tecnologia de alvo mais preciso, em conjunto com a privacidade apropriada e os modelos de negócios, poderiam potencialmente permitir que anunciantes e marcas trabalhassem dentro de novas estruturas de preço. Por exemplo, o preço para um anúncio pode ser baseado em quantas pessoas agem sobre a mensagem ao fazer uma compra na hora e local que a mensagem é entregue.

Young vê esse crescimento continuado no marketing móvel, isto porque as pessoas estarão gastando mais tempo visualizando seus smartphones. "A publicidade encontrará meios para entrar", ele disse. "Haverá mais relevância porque os anúncios mostrados podem ser mais almejados e mais pessoais".

Com a inovação na indústria da mobilidade e o fluxo constante de conteúdo, a mobilidade direciona os clientes e os profissionais de marketing para um ambiente mais em tempo real do que antes era possível, uma área que exploramos no próximo capítulo.

# CAPÍTULO 3
# O Tempo Real Passa a Ser o Tempo Todo

O consumidor móvel nunca dorme. Bem, pelo menos todos eles não dormem ao mesmo tempo. Os consumidores de televisão e computadores fazem um intervalo. Eles fisicamente se levantam e deixam o aparelho, ou os desligam. Isso não acontece com um telefone móvel. Em um mundo que se tornou móvel, todas as informações estão disponíveis para todos, o tempo todo, criando novos desafios comerciais, incluindo como comercializar em tempo real e como comercializar o tempo todo.

O conceito original de tempo real carregava consigo a sugestão de que uma transação poderia ser imediata, mas que ela era motivada pela empresa, de forma que o tempo real seria realmente o tempo em que as pessoas estão em seus computadores. Na revolução da terceira tela, o tempo real passa a ser o tempo todo, sendo que os consumidores sem limites esperam agir e interagir num verdadeiro ambiente 24 horas por dia, sete dias por semana; o telefone está sempre por perto. Com essas expectativas o tempo todo, os consumidores estão levando as empresas a modificarem os ciclos de desenvolvimento, criação, produção e entrega de produtos e serviços para que eles possam refletir mais de perto as necessidades do consumidor sempre ligado. E essas necessidades estão totalmente no intervalo de tempo do cliente.

## As Informações Residem na "Nuvem" dos Smartphones

Do mesmo modo que os jornais impressos tornam-se cada vez menos relevantes como fonte de notícias e informações por causa da Internet, a terceira tela transformará a maneira como as informações são reunidas e compartilhadas. Na revolução da mobilidade, as informações tornam-se dinâmicas e residem no ciberespaço. A tão falada *computação em nuvem*, em que as informações residem nas redes dinâmicas nos servidores amplamente espalhados de empresas, como Google, Microsoft e IBM, está rapidamente se tornando o motor da computação móvel.

Os consumidores sem limites armazenam informações, como calendários e contatos nessas redes, e esperam poder acessá-los de qualquer lugar. O desafio para as empresas é fazer com que as informações sobre seus produtos e serviços esteja disponível o tempo todo neste modelo de computação móvel, e manter as informações dinâmicas e constantemente atualizadas. Os consumidores sem limites que vão às compras esperam acessar os bancos de dados de inventários diretamente para ver quem tem quais produtos, a qual preço, a qualquer hora. Algumas empresas descobriram isso e estão começando a disponibilizar esses dados para os clientes móveis.

Os hábitos evoluíram com o tempo, assim como a tecnologia das atividades ditadas pelo tempo na mídia ou no consumo de conteúdo em tempos específicos. Nos primeiros anos do rádio, um programa seguia certo horário, e o consumidor, até mesmo famílias inteiras, escolhiam ouvir um programa específico no horário programado. Era um compromisso com o tempo por parte do consumidor, mas aquele período de tempo era selecionado por outros – os programadores ou operadores das estações de rádio.

Entra em cena a TV, e o modelo baseado no tempo permaneceu, em grande parte, intacto. As emissoras transmitiam os programas em certos horários, e foi determinado que os melhores passariam no horário nobre, as horas no começo da noite depois do jantar. Esse modelo foi aceito globalmente, com variações nos horários iniciais oficiais, dependendo do país. As grandes plateias que se reuniam em um horário proporcionavam a maior oportunidade para as empresas alcançarem seus clientes por meio de propagandas na rede, as quais permanecem sendo, até hoje, um negócio multibilionário. Os programas que são transmitidos globalmente (Copa do Mundo de Futebol, Super Bowl, etc.) atraiam plateias ainda maiores, comandando mais dólares em propaganda, pois os profissionais de marketing tinham a oportunidade de alcançar grandes massas de pessoas, todas de uma só vez.

A chave em todas essas atividades é que os transmissores, estações de radio e TV e anunciantes controlavam o tempo. Se perdeu a transmissão programada, você pode ter perdido a chance de ver o programa, ou tinha de esperar pacientemente que este passasse novamente em um horário que, muitas vezes, não era conveniente.

A introdução do gravador de vídeo (VCR) começou a lentamente transferir o controle do tempo para o consumidor, permitindo que ele mudasse o tempo ao gravar o programa ou filme e assisti-los quando quisesse, em vez de quando a emissora escolhe transmiti-los. Este foi seguido pelo gravador de vídeo digital (DVR), o qual fazia essencialmente a mesma coisa como o VCR, mas usava a tecnologia digital, facilitando para que as empresas de pesquisa, como a Nielsen e Arbitron, medissem os números reais de telespectadores e os horários.

Os profissionais de marketing e anunciantes queriam alcançar regiões demográficas específicas ou segmentos de mercados em certos horários, e esses serviços de medida deixam que eles saibam como estão fazendo isso. Os norte-americanos gastam mais do que nove horas e meia por mês assistindo à programa que trocam de horário, decidindo quando *eles* querem assistir aos shows.[42] A chave aqui é que o consumo do conteúdo transitou de modo a ficar mais sob o controle do indivíduo.

O TiVo adicionou um reviravolta levemente diferente ao DVR ao usar a tecnologia para prever quais programa um consumidor poderá gostar com base nos programas passados que ele assistia, e então automaticamente gravar aqueles que ainda não foram assistidos. Nesse meio tempo, o crescimento dos canais na TV a cabo no mercado norte-americano cada vez mais segmentava o público, desafiando ainda mais os profissionais de marketing para alcançarem os demográficos grandes e buscados em um local em uma hora.

**78** MOBILE MARKETING

A explosão do uso da Internet introduziu um novo componente de tempo dramático que permitia às pessoas que tinham computador e conexão com a rede não apenas interagir, como também buscar conteúdo para consumir ou visualizar no seu próprio horário, enquanto estão no computador. Embora os programas de TV populares ainda sejam transmitidos no horário nobre, os consumidores estavam gradualmente mudando, de forma a terem maior controle sobre o que assistiam. Eles estavam cada vez mais se inclinando para frente, à medida que o vídeo online continuava com um magnetismo próprio:

- Mais de 135 milhões de pessoas nos Estados Unidos assistirem a vídeos online em um mês em 2010.[43]
- O telespectador médio assiste a mais de 72 vídeos por mês.
- O telespectador médio gasta mais de 190 minutos assistindo a vídeos em um mês.
- Mais de 100 milhões de pessoas assistiram a um vídeo no YouTube em um mês.

O *pull* do vídeo levou a novos comportamentos e hábitos de consumo por meio do computador. A introdução do Hulu em 2007, cujos proprietários incluem a The Walt Disney Company, NBC Universal e News Corp., permitiram que os consumidores assistissem ainda mais a programação da TV em seus computadores. O serviço de vídeos online oferece os shows do momento, clipes e filmes de muitas empresas, como a MGM, National Geographic, Fox, PBS e Warner Bros. Em vez de ser um recipiente passivo do conteúdo, refém daquilo que as emissoras ditam, o consumidor agora pode alcançá-los e extrair o conteúdo deles, em seu *próprio tempo*.

O modelo começou a mudar de transmissão, controlada pelos transmissores de informações, para o que chamo de *pull-casting* (seleção atrativa), controlada pelo consumidor que atrai a informação. Mas ainda existia a restrição de local. Enquanto os consumidores conseguiam atrair o conteúdo e consumi-lo quando quisessem, eles conseguiam apenas fazê-lo quando estavam na frente da TV ou do PC.

A mobilidade completa a movimentação para com o controle de tempo pelo consumidor ao liberar o telespectador dos limites de local; o aparelho televisivo está literalmente nas mãos do consumidor, dando a ele acesso quase total ao conteúdo, a qualquer hora em qualquer lugar. A transmissão para os aparelhos móveis continuará ocorrendo, embora ela envolva dinâmicas diferentes das de transmissão tradicional, incluindo o marketing baseado no tempo e novos métodos para planejar e medir.

## Licitações em Tempo Real para as Mensagens de Marketing

Uma das empresas que ajudam a facilitar a movimentação do marketing em tempo real, pelo menos para os anunciantes, é a AdMeld. Fundada em 2007, a empresa atende mais de 300 dos principais anunciantes online do mundo, usando sua tecnologia para conectá-los com cada comprador principal e dando controle aos anunciantes sobre como eles vendem seus inventários, para quem e a qual preço. O foco da empresa, com sede em Nova York e escritórios em São Francisco, Londres e Toronto, é aumentar a receita com publicidade para os anunciantes.

O alcance agregado de todas os anunciantes usando a AdMeld é de mais de 400 milhões de usuários singulares ao redor do mundo, sendo que aproximadamente 200 milhões desses estão nos Estados Unidos. Seus clientes anunciantes incluem AccuWeather, Fox News, Discovery Communications, Hearst Television, IAC, *The New York Post*, Answers. com e World Wrestling Entertainment.

Consistente com a mudança de tempo real para o tempo todo, a Ad-Meld suporta a Real-time Bidding (RTB) (licitações em tempo real), de modo que seus anunciantes podem facilitar o alcance da pessoa certa, com a mensagem correta, na rede móvel correta e na hora certa pelos profissionais de marketing. A significância desta compra e venda em tempo real é uma mudança nas dinâmicas de preço da publicidade. As mensagens podem ser planejadas para certos consumidores sem limites no momento de valor mais alto, aumentando a eficácia – e, consequentemente, o preço – da mensagem de marketing. Os profissionais de marketing ganham porque suas mensagens são mais eficientes e os anunciantes

**80** MOBILE MARKETING

ganham porque eles conseguem obter taxas mais altas da publicidade. A mobilidade faz com que tudo isso seja possível.

A AdMeld reconhece a significância do papel da mobilidade, especialmente por causa de sua natureza de tempo real. "A publicidade baseada no local é possível apenas através da RTB", diz Marc Theermann, vice-presidente de mobilidade na AdMeld.[44] "O Google faz a RTB com pesquisa, essencialmente. A RTB será significante no ecossistema da mobilidade. As redes tradicionais de publicidade não estão fazendo isso."

A AdMeld registra mais de um bilhão de visualizações por mês de aparelhos móveis à medida que a publicidade é oferecida em tempo real, e a empresa vê a mobilidade crescer dramaticamente. "O consumidor já está lá na escala, os anunciantes não", diz Theermann. "As empresas em geral não estão tão engajadas como deveriam estar. A mobilidade não é fácil e é difícil para uma única empresa fazê-la. Elas precisam decidir: Quero estar no Android ou no iPhone? Qualquer empresa móvel precisa blindar a empresa contra a confusão."

Uma das áreas de crescimento acerca da mobilidade está centrada ao redor do varejo, onde os clientes, armados com telefones móveis, podem facilmente participar. "Os varejistas podem se engajar com os consumidores", diz Theermann. "Mas, existem algumas questões complexas. Elas envolvem pagamentos, pesquisa, lealdade e *check-in* manual ou automático, por exemplo."

A pergunta antiga que ainda continua na mente de muitos é se os clientes aceitarão ou não a publicidade em seus telefones. "Se perguntar aos consumidores, eles dirão não à publicidade", diz Theermann. "Este é o caso para todas as mídias. Mas o público norte-americano tem mostrado muita resistência a respeito da publicidade. A mobilidade nada mais é do que um meio para diálogo e resposta direta. Se você engaja os seus consumidores, e eles localizam seus amigos que são como eles, o lance em tempo real consegue proporcionar valor."

O sucesso de uma empresa na revolução móvel requer que ela forneça valor distinto para seus clientes móveis, onde quer que eles estejam e com base em suas necessidades no momento. Com a mobilidade, o modelo tradicional de transmissão não funcionará. No ambiente do consumidor movido pela mobilidade, os consumidores encontrarão e assistirão o que eles quiserem assistir, e isso poderá ser durante o curso de um dia, em vez de 30 a 60 minutos diretos. Quanto aos vídeos nos aparelhos móveis, os profissionais de marketing precisam pensar em termos de tamanho e duração. Isso significa vídeos mais curtos, mensagens mais rápidas, interatividade mais alta e valor para o cliente.

## Começando com Pesquisa

A Nielsen Company é uma empresa global de informações e mídia, reconhecida pela sua coleta de dados e pesquisa de marketing e de consumidores, serviços de medida de televisão e outras mídias e serviços de medida da mobilidade e online, assim como em feiras comerciais e publicações de negócios. A empresa de capital aberto tem sede em Nova York e é ativa em aproximadamente 100 países.

Paul Kultgen é o diretor da Mobile Media e Advertising para a Nielsen, onde ele lidera uma equipe que lida com os aspectos de negócios de mídia, como os anunciantes, as empresas de publicidade e as redes de publicidade. Seu grupo, o qual tem medido a mobilidade por mais de 10 anos, proporciona pesquisa e conselhos a respeito da estratégia, consultoria, recomendações, planejamento de mídia, ferramentas para compra e medidas da eficácia. Assim como muitos outros envolvidos na mobilidade, Kultgen recomenda que as empresas, que consideram a mobilidade cuidadosamente, pesquisem os hábitos de uso da mobilidade por seus clientes. "Em qualquer canal de mídia, tudo começa com a pergunta se há ou não uma pesquisa para ele", diz Kultgen.[45] "Com a mobilidade, não é como estar online, não é um canal de mídia. É uma canal de multimídia, multifacetado. O desafio com a mobilidade é garantir que ela seja representativa, uma vez que existem considerações sobre o aparelho, as operadoras e mais. A mídia emergente é difícil de medir. É como em 1995, quando as empresas estavam perguntando: 'Eu deveria colocar uma URL no meu anúncio?'"

Kultgen aconselha as empresas a fazerem várias perguntas específicas aos seus clientes.

- Há um consenso geral de que o uso da mobilidade está na massa crítica para nossos clientes?
- Qual é o potencial para alcançar nosso mercado? O que nosso mercado específico está fazendo com a mobilidade?
- Quais telefones nossos clientes estão usando? Os smartphones estão se tornando o aparelho predominante, mas nem todos os smartphones são iguais.

A ligação da sua estratégia às preferências de seus clientes específicos é crítica para o lançamento de uma atividade de marketing móvel. "Por exemplo, sua empresa poderá descobrir que a maioria de seus clientes usa um telefone específico, como iPhone ou BlackBerry", diz Kultgen. "Isto ajuda a determinar quais mensagens são criadas para qual plataforma, pelo menos no início, para garantir o alcance do maior número possível de clientes atuais ou potenciais. Estamos dizendo aos nossos clientes que eles precisam fazer suas apostas. O BlackBerry ainda tem uma base de usuários dominante ligada à Enterprise. Muitos dos profissionais de marketing carregam dois telefones, um para o trabalho e um para uso pessoal. Isso é um desafio para a BlackBerry".

No modelo tradicional de transmissão na TV, a propaganda é um componente-chave e os consumidores foram treinados durante muitos anos para aceitarem os comerciais e as várias mensagens publicitárias. Nas fases iniciais da mobilidade, os consumidores novamente estarão sujeitos a um processo de treinamento para aceitar as mensagens publicitárias, enquanto os profissionais de marketing trabalham para determinarem métodos mais eficazes para o marketing móvel.

"Apenas 10% das pessoas dizem que os anúncios nos aparelhos móveis são aceitáveis", diz Kultgen. "Se você olhar a mídia mais rica, eles são mais aceitáveis. Ninguém diz que quer propaganda, mas eles aceitam-na. A ideia da propaganda precisa estar ligada à experiência com a marca que se está criando. Qual utilidade ou enriquecimento será proporcionado? Com os smartphones, a chave é se mais das facilidades podem ser realizadas. O SBL (serviços baseados na localização) é um componente destas".

Parte da experiência móvel envolverá a transmissão, embora o processo de seleção do público seja bastante diferente daquela com o modelo

O Tempo Real Passa a Ser o Tempo Todo **83**

tradicional, no qual o indivíduo ligava a TV para assistir a um programa específico. O consumidor móvel está sempre em trânsito, e não está necessariamente predisposto a receber mensagens publicitárias simplesmente convertidas de outra mídia. Além disso, existem aspectos diferentes da mobilidade que precisam ser considerados, incluindo os aspectos tecnológicos e modos de interatividade. Kultgen diz:

> A mobilidade é complexa. Diferentemente de estar online, há um lado técnico real à mobilidade. Existem várias partes em movimento. Todos querem colocá-la em um cesto que eles conhecem. A mobilidade muda o jogo. É uma nova mídia e um novo canal. As pessoas precisam conhecê-la. Você não encontra muitos especialistas em marketing móvel por aí. Há uma luta constante.
>
> Na mobilidade o foco é: "Qual é a presença de minha marca e como eu uso o canal?" Todo mundo quer tudo medido. O maior desafio na medida é como medir a mobilidade na mídia. Há lealdade, decisão de compra e mais.
>
> Tem que ser sobre uma experiência maior da marca e sobre obter valor através da interação móvel. É sobre utilidade e enriquecimento. O aplicativo da Kraft (um aplicativo da Kraft Foods que mostra receitas, lista de compras e mais) é um bom exemplo. Não são muitas pessoas que levam um computador para a cozinha, mas se tiverem um aparelho móvel, elas o levarão. E o setor bancário fez um bom trabalho.
>
> Não é sobre cupons de oferta. A mobilidade morre se a única interação for descontos. A parte de cupons precisa ter uma função. Por que estão todos falando em cupons de papel quando você tem um telefone? Você deve fazer da mobilidade um chamado para ação. Basicamente, irá acontecer na atividade, mas o consumidor terá que confirmar. Você precisa de *push* para escala, mas o *pull* do consumidor precisa proporcionar o valor.
>
> É extremamente desafiador para uma marca fazer um aplicativo com algo como 300.000 aplicativos disponíveis. As Krafts pelo mundo afora foram recompensadas por terem começado cedo. Elas foram espertas em como comercializaram seus aplicativos.
>
> Os consumidores estão na frente da maioria dos profissionais de marketing. Os consumidores estão se movimentando mais rapidamente do que os profissionais de marketing. Na mobilidade, é sobre

publicidade *versus* a comercialização de uma experiência de marca do consumidor. A experiência da Kraft iFood é um bom exemplo. Não é apenas sobre publicidade, é sobre realçar a experiência da marca.

Aqueles que saem na frente ganham. Como no varejo, como você integra a mobilidade na loja? Se você fosse um grande anunciante e dissesse: "Colocarei 1% do meu orçamento em mobilidade", isso seria enorme.

A pesquisa sobre as atividades móveis pode ser uma ferramenta bastante poderosa para analisar qualquer segmento de mercado, e pode ajudá-lo a determinar os tipos mais eficazes de mensagens de marketing para a maioria desses clientes. Além de avançar a pesquisa, as empresas também precisam experimentar para ver o que funciona com seus clientes específicos em tempo real, isto porque as reações dos clientes continuam sendo a melhor medida da eficácia de marketing. O marketing móvel depende da filosofia de testar e aprender.

## Lidando com os Clientes em Tempo Real

A inovação móvel pode vir de quase qualquer lugar ou qualquer organização. Enquanto a indústria móvel robusta e crescente continua a abastecer o poder tecnológico por trás da revolução móvel, existem inovadores em empresas bem conhecidas que lideram a situação em suas respectivas empresas. Passando pelo coração da Queens, Nova York, em direção a uma fábrica e um prédio de escritórios em meio a uma área residencial na Cidade de Long Island, chegamos a esse tipo de empresa.

A Steve Madden Ltd., há 20 anos, desenha e comercializa calçados para mulheres, bolsas e acessórios. A empresa vende milhões de pares de sapato por ano por meio de suas próprias lojas, seu site na Internet focado no *m-commerce*, lojas especializadas e de departamento em todo os Estados Unidos, e vários distribuidores no Canadá, Europa, América Central e do Sul, Austrália e Ásia.

No final de um conjunto extenso de escritórios há uma sala grande onde os *designers* desenvolvem e criam as últimas tendências em calçados. Os desenhos e rascunhos de sapatos são abundantes. Os artesãos pegam as últimas ideias e as convertem em realidade. Logo em seguida há uma sala menor também muito movimentada, repleta de telas de computadores, quadros brancos e quadros de avisos cheios de ideias. Este é o centro de tecnologia inovadora que ajuda a pegar o valor criado na sala maior e conectá-lo diretamente ao consumidor sem limites. Esse é o caso da equipe de e-commerce, e o coração da Steve Madden caminha para a mobilidade. Nesses escritórios estão os artesãos propriamente ditos. "Eu imediatamente percebi como a mobilidade seria poderosa e transformadora", diz Andrew Koven, presidente de e-commerce e atendimento ao cliente na Steve Madden Ltd.[46] "Os varejistas espertos estão deixando a cultura de fazer negócios em vários silos ou canais para se tornarem empresas de multicanais totalmente integradas, onde os clientes estão no centro do modelo."

Koven não é novato no mundo digital interativo, tendo testemunhado o nascimento do *e-commerce*. Ele era vice-presidente de desenvolvimento de negócios e gestão de relacionamento com os clientes na ShopLink, um pioneiro no mundo de supermercados online, e diretor de marketing da Fresh Direct em 1999. Koven sabe que sua experiência anterior é um enorme benefício e facilmente vê as diferenças entre o marketing de então e o de agora. "Com o comércio móvel, a rampa é muito mais rápida porque ela é dirigida pelo cliente", ele disse. "Levou dez anos para o *e-commerce* se firmar e o *m-commerce* o fará em três. Há alguns executivos de varejo de jogos testados que cresceram no *e-commerce*, no marketing direto e no desenvolvimento da experiência do cliente de um para um. Sabemos onde focar nosso tempo e recursos para alcançar resultados."

A estratégia móvel da empresa é altamente focada e centrada no cliente, empregando uma abordagem tipo engatinhar, andar e correr. Uma vez que o mercado alvo é composto de garotas e mulheres, no final da adolescência até o início dos 40 anos, que curtem estar na moda e são voltadas para um estilo de vida, Koven percebeu que o cliente da Steve Madden era inerentemente móvel. "Nossos clientes são impressionantes, bastante leais, apaixonados, engajados e comunicadores ativos", diz Koven.

Koven abertamente admite que ele estava no lugar certo, na hora certa, com as pessoas internamente certas para aproveitar a oportunidade. No entanto, o desenvolvimento da estratégia móvel da empresa não era nem um pouco simples. Se a distribuição da mobilidade falhasse, ela refletiria negativamente a marca e potencialmente impactaria as vendas.

Ele dividiu a estratégia móvel da empresa em sete componentes separados:

- **Avaliação.** Definir os requisitos comerciais e as estatísticas.
- **Departamental.** Decidir quais departamentos precisam estar envolvidos. No mínimo, esses são o *e-commerce*, a TI, o marketing, o financeiro e o jurídico.
- **Processo.** Administração do projeto, incluindo: hospedagem, teste, segurança, calendário, estratégia de *go-live* (entrar no ar), métodos de coleta de dados, seleção dos fornecedores e contratos.
- **Teste**. Avaliar a análise e relatório, usabilidade e sistemas, assim como o teste de vulnerabilidade do *e-commerce*, o teste de carregamento, o teste do ambiente da mobilidade e o teste de *uptime*.
- **Lançamento Suave.** Introdução do site móvel para um público limitado e avaliação da gestão do site.
- **Lançamento Formal**. O lançamento com características que incluem o SMS, site da WAP, Códigos RR e facilidades, como *click--to-call* (clicar para chamar).
- **Marketing Móvel e Análise dos Dados.** A tecnologia e ferramentas para criar os sistemas de rastreamento para monitorar o sucesso móvel.

Quando pensar em como alavancar o poder dos consumidores sem limites, uma das questões principais é entender como seu cliente atualmente usa e futuramente usará a mobilidade, suas necessidades e como sua empresa consegue satisfazer essas necessidades por meio de seus telefones e aparelhos móveis, como o iPad e o iTouch. Embora isso possa parecer simples, existem vários aspectos que as organizações devem atender antes do lançamento, sendo que muitos deles são internos. No caso da Steve Madden Ltd., Koven identificou uma série de questões que tinham de ser resolvidas, incluindo:

- Como damos suporte a um processo novo e mais eficiente de pesquisa e compra?
- Quais canais de negócios são os beneficiários? As lojas, os sites de *e-commerce*, os parceiros atacadistas?

- Quais são as considerações para coleta de dados e sincronização?
- Quais atributos e funções o site do comércio móvel tem para fornecer?
- Como a mobilidade pode beneficiar a experiência do cliente?
- Qual nível de investimento deve ser feito para um lançamento bem-sucedido – e como medimos o sucesso e o ROI para uma iniciativa num estágio tão precoce?
- Qual suporte de TI é necessário?
- Como nos integramos em todos os canais de venda?
- Como seria o novo modelo para envolvimento dos clientes e serviços?
- Quais são as considerações de treinamento para os associados das lojas, os quais terão de auxiliar os clientes informados e habilitados?
- Como integramos o engajamento social com a mobilidade?

## Defendendo a Mobilidade Internamente

Koven tinha de justificar para ele mesmo, assim como para os outros líderes de empresas, os motivos para investir na mobilidade. Ao longo do caminho, ele aprendeu algumas lições que podem ser úteis para outras empresas. Como ele diz:

> Dê uma olhada nos minutos gastos com a mobilidade. Se você estiver obtendo engajamento, estará influenciando as vendas. Nem tudo pode ser quantificado em termos de ROI direto. Eu prefiro a atribuição de uma abordagem para toda a empresa.
>
> Apresento os casos práticos, históricos e competitivos. É como perguntar há 10 anos: "Por que precisamos de um site na Internet?". Eu vejo o que estou fazendo, o que a moçada de hoje está fazendo e provavelmente o que você está fazendo. De uma forma ou de outra, estamos todos fazendo algo através da mobilidade.
>
> A mobilidade, como nenhum outro canal antes, está aprumada para movimentar bilhões de dólares por ano em vendas no varejo como uma indústria. É minha responsabilidade garantir que a Steve Madden esteja posicionada para ter sucesso.

## 88 MOBILE MARKETING

Koven desenvolveu uma equipe de *e-commerce* com mais de 50 membros, incluindo especialistas em mercadorias, TI, atendimento ao cliente, marketing direto, fotografia e *web design*. Em vez de aumentar o tamanho do grupo de *e-commerce* para entrar na mobilidade, ele alavancou o pessoal por toda a organização e trabalha próximo de seus parceiros. Ele testa tudo na mobilidade internamente antes de rodá-los. "É uma mentalidade constante de teste e aprendizado quando falamos de mobilidade. E no caso da inovação móvel na Steve Madden, temos muitas ideias fortes. Ninguém está livre de receber uma chamada minha no meio da noite com uma ideia ou uma pergunta."

Uma inovação deu frutos quando um membro da equipe de marketing da Steve Madden sugeriu adicionar a opção "Curtir" no Facebook para o site do *e-commerce*. Koven imediatamente acatou essa estratégia para o site móvel. O atributo permite que qualquer comprador no site móvel toque ou clique em uma tecla para mostrar que eles gostam de um produto específico. A opção "Curtir" era, então, automaticamente postada no Facebook da pessoa de modo que todos seus amigos possam ver. Esse foi o primeiro uso do atributo "Curtir" do Facebook em aparelho móvel. O atributo "Curtir" foi então expandido para as recomendações de produto e a marca Steve Madden.

O resultado passou a ser conhecido como SoMo, ou social móvel. Os compradores móveis agora podiam deixar que seus amigos soubessem instantaneamente, no ponto de experiência, quais produtos eles gostaram. Por exemplo, se uma pessoa gostou de um calçado específico, ela pode fácil e rapidamente compartilhar essas informações com todos seus amigos. De acordo com Koven, "A mobilidade social cria energia viral e excitamento. Percebemos que muitas pessoas estavam atualizando sua página no Facebook por telefone, incluindo nós mesmos. Não tinha segredo. Mas o ganho real é o efeito transformador de longo prazo que a SoMo terá no nosso nível de receptividade como uma empresa. O comércio social permite que o consumidor nos diga onde estamos indo bem e onde estamos falhando. Depende de nós responder de acordo, e a Steve Madden tem uma cultura bastante receptiva".

Koven, validado pela resposta móvel, decidiu adicionar a opção "Curtir" ao site de *e-commerce* da empresa, seguindo a recomendação de seu parceiro de marketing. Quando a opção "Curtir" foi adicionada ao site de comércio móvel, a página no Facebook tinha 16.800 fãs. A empresa projeta mais de 100.000 fãs até o final do ano, com várias vezes mais "Curtir" nos produtos e o engajamento potente dos fãs.

Na página de fãs no Facebook, as equipes de *e-commerce* e marketing criam competições entre calçados diferentes, bolsas e acessórios; apresentam novos produtos, músicos da Steve Maddem, apresentações pessoais; e mais. No caso de uma competição, o primeiro sapato a receber 1.000 votos de "Curtir" no Facebook, o qual foi testado no aparelho móvel, receberia uma oferta especial por 24 horas. A promoção aumentou o tráfego no site móvel em 30% em um dia. A lógica era simples. Os amigos de uma pessoa veriam o que ela gostou, atraindo mais atenção para aquele produto e fazendo com que mais pessoas visualizassem e votassem. O mercado determina os calçados que são classificados no topo através de votos, e a empresa ganha o benefício da energia e *feedback* de nossos fãs.

Com o esforço nas redes sociais no ambiente móvel da Steve Madden Ltd., a empresa proporciona a melhor plataforma e fórum de comunicação e o cliente proporciona o conteúdo. Esse é um dos pontos-chave de alavancagem da mobilidade – facilitar o engajamento em tempo real, comunicação imediata e interação entre o cliente e a marca.

Koven também está testando os serviços de rede social baseado na localização, incluindo Foursquare (o qual discutiremos mais adiante neste livro); se o cliente faz o *check-in* ele recebe um código de cupom que pode ser usado para comprar calçados. Koven também fez parcerias com um serviço baseado na localização, Loopt, de modo que qualquer um que faça o *check-in* em qualquer uma das lojas da Steve Madden recebe um desconto de 20% em qualquer compra de $50 ou mais por um tempo limitado.

Depois de um estudo rigoroso, Koven selecionou a Branding Brand, de Pittsburgh, Pensilvânia, para colaborar e construir sua plataforma de comércio móvel. A empresa usou sua Echo Technology, a qual traduz o conteúdo e facilidades de comércio na Internet da Steve Madden em mobilidade, ao mesmo tempo que possibilita atributos customizados. Ao usar esta abordagem ressonante, ele eliminou quaisquer necessidades significantes de testes pelo seu departamento de TI, uma vez que uma mudança na Internet foi automaticamente transferida para o móvel. Um dos atributos customizados na mobilidade pelo qual ele está entusiasmado é a busca, em tempo real, por inventário na loja, onde os clientes conseguem instantaneamente ver se um produto está disponível com base na sua geolocalização.

Koven também reconhece que o mercado em geral está se movimentando para a adoção de smartphones. Ele descobriu que podiam servir os usuários de smartphones dentro de um ambiente WAP, fornecendo quase todas as funções necessárias dos clientes sem desenvolver um aplicativo de marca especial. Ao fazer isso, ele possibilita a experiência da mobilidade para um público mais amplo. O site móvel da Steve Madden inclui um número grande de atributos das melhores práticas, incluindo a busca por palavra-chave e visualmente auxiliada, ligação profunda, filtro de busca, menus *drop-down* e quadro de dimensões, imagens dos produtos e múltiplas visualizações, produtos alternativos, recomendações, características de "pular para", *breadcrumbs*, integração social, "enviar para um amigo" e busca pelo inventário da loja por geolocalização. Os comentários sobre os produtos virão logo mais.

A função de carrinho de compras foi integrada com o site do *e-commerce*, incluindo os atributos de login, código promocional e rastreamento do pedido. Se um cliente quer visualizar todo o site na Internet a partir de seu aparelho móvel, há também uma opção de um toque para isso. Todo o orçamento para o lançamento do *e-commerce* móvel encontrava-se na faixa de $150.000 a $200.000. Koven diz: "Com a mobilidade, você consegue, e deve, alavancar seus ativos existentes".

No primeiro mês depois do lançamento, o site otimizado pela mobilidade recebeu 55.000 visitantes, teve 340.000 visualizações móveis e recebeu 450 pedidos de mercadorias. No mês seguinte, o número de visitantes móveis mais do que dobrou, para 117.142, com 497.999 visualizações móveis e 908 pedidos. Koven também rastreia as estatísticas em virtualmente todos os aspectos da interação móvel, incluindo o tempo gasto e os produtos vendidos. Por exemplo, ele rotineiramente monitora dados como os seguintes:

- Média de tempo gasto no site móvel: 6,5 minutos por visitante.
- Tempo gasto no site móvel em um dia: 36.800 minutos entre todos os visitantes.
- Mais de um milhão de minutos por mês gastos no site móvel.

O Tempo Real Passa a Ser o Tempo Todo **91**

- Menos páginas móveis vistas, mas mais tempo gasto na mobilidade.
- Três milhões de minutos gastos nos primeiros 100 dias do site móvel.
- O principal motivador de receita é o iPhone; o BlackBerry é o número 4.
- Para o atendimento ao cliente, 7% usam *click-to-call* (clique para chamar).
- A conversão de vendas é de 1%.
- Cinquenta e seis por cento visitam o dispositivo de localização de lojas.

Koven lançou o site móvel da Steve Madden em meados de 2010, e tem algumas ideias e questões sobre as mudanças culturais necessárias para o sucesso do varejo no futuro:

> Uma das perguntas mais comuns que os varejistas precisam responder é o que fazer se o produto [da empresa] for mais barato em outros lugares. Como os vendedores serão treinados para lidar na hora com tais cenários causados pela mobilidade, na loja, com o cliente na frente deles? Aqui estão umas duas lições aprendidas ao longo do caminho: Os varejistas e as marcas devem reconhecer que a mobilidade quando bem feita aprimora as vendas para um varejista de vários canais. Ela alimenta toda a empresa. Não se trata de canibalização, e sim de melhoria no desempenho da empresa no total. Dito isso, se o varejista não estiver alinhado culturalmente e preparado sistematicamente, ele lutará para competir em longo prazo.
>
> Com a mobilidade, o período de tempo gasto navegando é mais curto e são menos páginas. Os consumidores estão mais focados com respeito às suas intenções. Nossa meta é garantir que o cliente consiga alcançar seus objetivos de reunião de informações e de compra, fácil e eficientemente. A relevância já não é mais um conceito, e as boas informações ditam o dia. O marketing móvel, o qual inclui o atendimento ao cliente, deve demonstrar que eu ouvi o que meu cliente me disse e respondi ao que ele pediu, de maneira oportuna. Com a mobilidade, o senso de urgência aumentou.
>
> Imagine a mobilidade substituindo a carteira dos consumidores, e isso acontecerá. Os consumidores olham suas fotos, fazem compras, verificam o tempo, administram seus calendários e finanças, atuali-

zam seus *status* no Facebook, fazem e recebem telefonemas, reservam passagens, e mais. Em termos de liderança voltada para a mobilidade, é essencial para nós estarmos onde nossos clientes estão hoje e levá--los para aonde querem ir.

Koven está seguindo o sucesso do lançamento da mobilidade da Steve Madden ao construir um banco de dados móvel; suportado por publicidade online e nas lojas, ele convida os clientes a se juntarem ao clube móvel da Steve Madden. Os incentivos para participar incluem conteúdo exclusivo, concursos e ofertas especiais enviadas diretamente para o telefone móvel. Quando alguém envia uma mensagem de texto para participar, recebe uma mensagem de volta dando-lhe as boas-vindas ao clube com um pedido para adicionar informações pessoais e preferências. Uma vez que as informações são submetidas, a pessoa recebe em seu telefone uma mensagem personalizada de agradecimento.

E porque a Steve Madden também é conhecida pela música, a empresa examinará o uso de seus monitores de vídeo na loja para enviar vídeos de artistas da Steve Madden para os telefones de seus clientes, uma vez que eles optem pela participação. O vídeo, é claro, inclui a oportunidade de comprar os sapatos apresentados nele.

Koven tem outras ideias sobre o futuro do marketing móvel. "O SMS e o MMS são perfeitos para a expansão móvel na loja", ele diz. "É uma engenharia reversa do modelo tradicional de marketing, onde o cliente agora direciona o nível e o tipo de engajamento que funcionam para eles."

Ao usar a mobilidade para pesquisa, os clientes da Steve Madden conseguirão votar nos *designs* futuros de calçados, bolsas e roupas ao enviar por texto a etiqueta A, B, C ou D para um número que será providenciado. Para estender a fidelidade à marca para a mobilidade, Koven concebeu a ideia, a qual ele espera implementar no futuro, de adicionar informações em mensagens de texto nas embalagens da Steve Madden, permitindo que os clientes registrem suas compras, independentemente de onde foi comprado. "As possibilidades são infinitas", ele disse. "Dito isso, iremos manter nosso foco móvel em direcionar os resultados ao garantir que seja divertido e fácil de fazer negócios conosco."

No final de seis meses, mais de 10% do tráfego total na Internet para a Steve Madden veio da mobilidade, a qual cresceu 250% durante os seis meses. Mais de meio milhão de dólares em mercadorias foram vendidos por meio da mobilidade durante aquele período.

De muitas maneiras, a abordagem da Steve Madden ao marketing móvel é um microcosmo do que está aqui hoje e o que virá no futuro da mobilidade:

- A abordagem inicial era pragmática, com atividades consistentes de teste e aprendizado.
- A empresa assumiu uma abordagem USPT, alavancando as facilidades de localização dos smartphones de forma que os clientes pudessem encontrar os produtos mais apropriados em relação às suas localizações.
- A empresa inclui chamados para ação por todas suas interações com os clientes.
- A empresa mede tudo, incluindo as vendas em geral, os produtos que vendem e quais clientes compram quais produtos em quais locais.
- O sistema permite que o cliente facilmente participe ou não de sua plataforma móvel.
- A empresa rastreia seus clientes em termos dos telefones e atributos que eles usam.
- Ela comercializa no local, onde o cliente está no momento.

## O Enigma da Mudança de Tempo na Mobilidade

Uma maneira para medir quanto tempo as pessoas estão conectadas por meio de seus smartphones é dar uma olhada ao seu redor no escritório e observar seus colegas de trabalho. Provavelmente perceberá que os executivos e os gerentes quase nunca estão sem seus telefones celulares. Verá pessoas tentando, discretamente, checar as mensagens em seus telefones durante as reuniões. Algumas vezes dão uma olhadinha para seus telefones enquanto você está falando com elas, apenas por uma fração de segundo. Elas acham que você nem perceberá se a olhadinha for bastante rápida. Talvez você mesmo já tenha feito isso, muitas vezes.

A chave é que elas estão fazendo essas tarefas em seu próprio tempo, quando querem. Não é quando estão sentados no computador. Pode ser quando estão subindo uma escada rolante ou andando pelo corredor. Não importa a localização, é na hora que eles querem. A pessoa que enviou a mensagem não consegue determinar quando o destinatário a receberá, embora esta possa chegar instantaneamente.

Por que o comportamento móvel de seus clientes seria diferente do de seus colegas? Provavelmente não é. As pessoas checam os telefones e o conteúdo continuamente. Essa mudança para o tempo real, o tempo todo, tem muitas implicações para o marketing. O cliente móvel agora direciona o tempo.

As pessoas no trabalho estão grudadas a seus telefones celulares (Veja a seguir nossa pesquisa: Tempo Sem o Celular). Em um dia típico, a maioria dos líderes de negócios (54%) passa menos de uma hora por dia sem seus telefones e mais de um terço deles (36%) fica com seus celulares ligados e próximo deles o tempo todo em que estão acordados.[47] Esses números não são motivados pelo tamanho da empresa, pois as pessoas que trabalham em empresas grandes e pequenas gastam quantias de tempo similares sem seus celulares.

"A dependência na tecnologia móvel passou a ser uma ferramenta para a sobrevivência, assim como um canivete suíço", disse um dos gerentes. "Para e-mails, serviços na Internet, direções e dicas sobre onde jantar, eu teria de reaprender como viver sem ele".

## PESQUISA: TEMPO SEM CELULAR

**Em um dia típico, durante as horas que está acordado, quanto tempo você passa sem seu celular (desligado, não está com você, etc.)?**

| | |
|---|---|
| Nenhum | 36% |
| Até 1 hora | 18% |
| Até 2 horas | 11% |
| Até 3 horas | 10% |
| Até 4 horas | 6% |
| Até 5 horas | 3% |
| Até 6 horas | 4% |
| 7 ou mais horas | 9% |
| Não usa um telefone celular | 3% |

**VOZES DAS EMPRESAS: COM CELULAR**

A seguir, alguns comentários das pessoas que responderam a pesquisa anterior.

"Eu tenho dois: um celular que a empresa forneceu e um pessoal, sendo que ambos estão sempre ligados."

"A maioria dos executivos seniores, especialmente aqueles que fazem operações globais, ficam com o telefone celular ligado 24 horas por dia, 7 dias da semana."

"Somos a Nação do Crackberry (trocadilho sobre o vício em *crack* com o vício do BlackBerry)."

"O telefone está sempre comigo, ou ao meu alcance, exceto durante as horas em que estou dormindo."

"A maioria dos meus contatos sabe que eu quase sempre acho uma maneira de checar meus e-mails. A Internet móvel é a segunda maneira preferida de me comunicar."

"Ter a habilidade de ser mais móvel (fora do escritório), mas ainda ser funcional e produtivo, é libertador, se você permitir que assim o seja. A alternativa é se tornar um escravo. A diferença é que você assume o controle de como usa o telefone."

"Eu uso meu celular para tudo. É o meu despertador, agenda, Internet, *pager*, lista telefônica. Ele tem o Windows, de forma que posso visualizar planilhas, enviar e-mails, checar o Outlook. Se ele não estiver por perto, estou perdido."

"A tecnologia do iPhone me permite constantemente monitorar as questões de trabalho e pessoais sem ser intrusiva no meu tempo valioso com a família e amigos. Tenho experimentado muito menos estresse como resultado para me manter atual e atualizado."

"O smartphone é a minha corda de salvação na empresa para e-mails, SMS e aplicativos. Ele está sempre ligado."

## Uso de Telefones Móveis

Assim, o que é que todas essas pessoas de negócios estão fazendo com seus telefones enquanto trabalham? Os principais usos dos telefones celulares para os líderes de negócios enquanto trabalham são falar (89%), receber e-mail (74%), enviar e-mail (70%) e enviar mensagem de texto (61%). O que eles menos fazem nos seus telefones, enquanto estão trabalhando, é assistir a vídeos ou acessar as redes sociais, incluindo Twitter, LinkedIn e Facebook.

Quando não estão trabalhando, esses líderes de negócios usam seus celulares quase da mesma maneira como os usam quando estão trabalhando. Os principais usos são falar (93%), receber e-mail (74%), enviar e-mail (74%) e enviar mensagem de texto (69%). De acordo com o título, uma porcentagem maior de executivos seniores do que gerentes usam seus telefones móveis para navegar na Internet e visualizar informações, como esportes e notícias.

Quando não estão trabalhando, esses mesmos executivos e gerentes usam seus telefones celulares um pouco diferentemente. Embora o uso principal seja falar, eles usam-no quase na mesma proporção para enviar mensagens de texto e e-mails.

Comparada à mesma pesquisa conduzida no ano anterior, a navegação na Internet enquanto no trabalho aumentou de 29% para 41%.

A seguir, estão as perguntas para os executivos seniores e gerentes por ordem de resultados.

**Enquanto no trabalho, uso meu celular para o seguinte (assinale todas que se aplicam):**

| | |
|---|---|
| Falar | 89% |
| Receber e-mail | 74 |
| Enviar e-mail | 70 |
| Enviar mensagem de texto | 61 |
| Navegar na Internet | 41 |
| Obter informações (notícias, esportes, etc.) | 39 |
| Fotos | 24 |
| Facebook | 16 |
| LinkedIn | 12 |
| Twitter | 9 |
| Vídeo | 9 |

**Quando NÃO estou trabalhando, uso o meu celular para o seguinte (assinale todas que se aplicam):**

| | |
|---|---|
| Falar | 93% |
| Receber e-mail | 74 |
| Enviar e-mail | 74 |
| Enviar mensagem de texto | 69 |
| Obter informações (notícias, esportes, etc.) | 52 |
| Navegar na Internet | 50 |
| Fotos | 45 |
| Facebook | 25 |
| Vídeo | 21 |
| LinkedIn | 16 |
| Twitter | 11 |

## VOZES DAS EMPRESAS: USO DE CELULARES NO TRABALHO

**A seguir, alguns comentários das pessoas que responderam a pesquisa anterior.**

"Com todas as oportunidades para ficar conectado, quando é que não estamos trabalhando no mundo de hoje? Quando não estou trabalhando, checo meus e-mails, etc., como normalmente faço na empresa."

"A empresa é bastante restrita sobre o uso do celular durante o trabalho. Nada de mensagens de texto, Twitter, chamadas para 0-800, navegar na Internet. Quando não estou trabalhando, uso meu telefone pessoal para fazer o que eu quiser."

"Eu não vivo e morro pelo meu celular. Eu o uso para acessar a previsão do tempo para o plano de voo, checar e-mails e fazer chamadas telefônicas."

"Meu celular apagou a linha divisória entre trabalho e lazer. No geral, se eu o checar, acabo trabalhando."

"É difícil me afastar do meu BalckBerry, mesmo à noite ou nos finais de semana."

"Ter acesso aos e-mails quando em trânsito ajuda a manter a fila de mensagens sob controle. Também é útil para ficar a par do que está acontecendo no escritório. Eu posso sempre usar esses 'minutos desperdiçados' quando estou esperando na fila, sentado na sala de espera, esperando uma reunião começar, etc."

"Eu ficaria totalmente perdido sem meu smartphone."

"Meu telefone é meu computador."

"Minha empresa não paga pelo meu telefone, assim eu o uso mais durante meu tempo pessoal, ou para contatar membros da família durante o horário de trabalho, se um dos pais estiver no hospital ou se algum convidado estiver chegando."

"O smartphone é uma ferramenta fantástica de produtividade. Ele me permite funcionar significativamente, não importando onde eu esteja no mundo. O fato de eu usar o telefone para fins pessoais e de trabalho é um benefício para o empregador porque eu misturo o tempo de trabalho com o pessoal, gastando, assim, mais tempo trabalhando do que, caso contrário, o faria."

"Eu costumava me lembrar quando existia uma diferença entre trabalho e lazer... ultimamente, é apenas mudar de lugar."

"Com a conexão constante eu consigo fazer muito, mas parece que há muito mais a fazer quanto mais eu faço e cometi o erro de usá-la durante as reuniões."

Não importa se os executivos usam os telefones celulares no trabalho ou as empresas vendem calçados via smartphones, eles podem se conectar na mobilidade a qualquer hora. A mobilidade facilita a atividade de fazer compras a se comunicar com outras pessoas a qualquer hora do dia ou da noite. Mais importante, os consumidores sem limites esperarão que as informações, os produtos e serviços estejam disponíveis quando *eles* os querem, não importa quando isso acontecerá.

**98** MOBILE MARKETING

Os clientes móveis consomem informações diferentemente em seus telefones móveis do que em outros aparelhos de mídia, e os profissionais de marketing astutos se adaptarão para participarem nessa interação de conteúdo alterada. O vídeo é uma mídia que mudará seu caráter para ser consoante com os pontos fortes da mobilidade; como uma força de marketing, o vídeo será mais significativo do que muitos acreditam, e sobre isso falaremos mais a respeito no próximo capítulo.

# CAPÍTULO 4
# Envolvimento do Cliente em um Mundo que se Tornou Móvel

Com o aumento de consumidores sem limites, o crescimento substancial e o uso de smartphones, e a liberdade sem limites de tempo e espaço adicionados a isso, o marketing móvel requer uma abordagem diferente dos métodos de marketing iniciais. O conceito não é tanto sobre o marketing móvel quanto é sobre o marketing em um mundo que se tornou móvel.

Quando se considera os smartphones apenas como outro canal de vendas ou de marketing, acaba-se perdendo o escopo da revolução móvel. A mobilidade não é incremental; ela é transformacional. Ela leva o conceito de envolvimento do cliente para um novo nível, em que o cliente está totalmente no controle e cada interação é singular na interação entre cliente e empresa ou marca.

A boa notícia para os profissionais de marketing em um mundo que se tornou móvel é que todas as empresas podem começar no mesmo ponto. Para que uma empresa seja eficaz e crie o envolvimento do cliente em um ambiente móvel, ela deve prover valor claro. Enquanto esse valor em curto prazo possa ser um desconto ou cupom, os clientes móveis definitivamente esperarão mais das empresas que oferecem serviços e produtos a eles.

## Alinhamento das Metas de Empresas Móveis

A estratégia de marketing para interagir com o consumidor sem limites deve estar alinhada às metas das empresas e deve se aproveitar das novas oportunidades apresentadas pelas facilidades móveis. O primeiro passo neste processo é avaliar o uso presente e futuro da mobilidade entre os clientes presentes e futuros.

Os grupos demográficos diferentes podem ser associados com telefones específicos ou plataformas, portanto, o primeiro passo é determinar o que seus clientes usam, isto é, os celulares que eles têm e as plataformas que usam, como Apple, Android ou Blackberry. Uma maneira de determinar os padrões de uso dos clientes é conduzir uma pesquisa que simplesmente pergunta quais tipos de celulares eles usam e se eles têm ou não smartphones. Outra abordagem é lançar um site móvel na Internet e rastrear a diferença no tráfego em comparação ao site regular. É provável que uma porcentagem de qualquer plateia tenha smartphones; a questão é se essa porcentagem representa uma fatia grande ou pequena de seu grupo específico de clientes. É também possível que os melhores clientes de sua empresa usem uma categoria dominante de telefones, como os smartphones. Deve-se, então, pesquisar o que os clientes estão realmente fazendo com seus telefones móveis. Eles estão enviando torpedos, e-mails, comparando produtos, fazendo compras ou assistindo a vídeos? Os tipos de ações que eles realizam proporcionam uma indicação da maneira como se sentem confortáveis interagindo.

Quando falávamos com as empresas a respeito de suas abordagens à mobilidade, um fato comum era o instinto inicial delas em criar um aplicativo móvel. Embora esta possa ser definitivamente uma abordagem lógica, nem sempre é o melhor lugar para começar, pelo menos em curto prazo. A criação de aplicativos limita o uso para smartphones e embora exista um número significativo de pessoas que os possuem, existem milhões de outras que não têm um smartphone.

Isso nos leva de volta à pergunta inicial: Qual tipo de celular a maioria dos clientes usa? Para algumas empresas, especialmente as marcas bem conhecidas, *espera-se* que elas tenham, no mínimo, um aplicativo excelente e útil para smartphones, e muitas têm.

Com o tempo, a maioria do mercado migrará para os smartphones, dependendo das considerações de preço e vários outros fatores. E são os smartphones que motivam a revolução móvel. Isso é por causa da sua proposta de valor: o poder de computação e sofisticação da tecnologia dos smartphones consegue proporcionar aos clientes habilidades singulares para reunir informações personalizadas sobre a localização, facilitando e melhorando suas vidas. Essa melhoria está relacionada à economia de tempo e dinheiro, aos processos de automação ou até mesmo por manter a pessoa conectada com amigos e familiares pelas comunicações em vídeo em tempo real.

## Siga Seus Clientes

O uso da mobilidade evolui à medida que mais características são introduzidas e mais pessoas descobrem-nas. Na realidade, um dos desafios da indústria móvel é que as empresas ainda estão aprendendo sobre as facilidades oferecidas por muitas empresas de aparelhos móveis. Com tantas empresas estabelecidas e *start-ups* na recém-nascida indústria da mobilidade, é difícil para as empresas dominarem as facilidades atuais dos telefones móveis e as possibilidades futuras.

Pelo fato de os indivíduos naturalmente estarem mais familiarizados com as características e facilidades de seus próprios celulares, eles tendem a ver o mercado através desse prisma. Sem a pesquisa apropriada sobre o espectro das características móveis disponíveis e sobre o que seus clientes específicos usam, os líderes de negócios arriscam perder oportunidades de mercado potenciais.

Como será visto por todo este livro, muitas empresas descobriram exatamente o que seus clientes fazem com seus telefones, e elas rastreiam detalhadamente as interações móveis específicas entre o cliente e a empresa. Esse é um daqueles momentos na história em que os clientes estão à frente das empresas. Pelo fato de existir centenas de milhares de aplicativos móveis diferentes e bilhões de pessoas que usam telefones celulares, os consumidores estão descobrindo e utilizando as características e aplicativos dos celulares mais rapidamente do que as empresas conseguem produzir. À medida que o comportamento do consumidor evolui em conjunto com

## MOBILE MARKETING

as facilidades móveis emergentes, as empresas que não monitoram nem rastreiam esses comportamentos se arriscam a ficar para trás.

É essencial que as empresas sigam os padrões de uso e preferências de mobilidade de seus clientes. Caso contrário, poderão criar um produto ou serviço móvel que não satisfaz as características comportamentais de seus consumidores sem limites.

## Envolvimento na Mobilidade

O marketing em um mundo que se tornou móvel significa virar de ponta cabeça o antigo conceito AIDA de marketing. AIDA, que significa Atenção, Interesse, Desejo e Ação, descreve os estágios tradicionais do processo de vendas. Os profissionais de marketing devem obter a atenção do cliente antes de convencê-los sobre algo. Aí então eles precisam fazer o cliente se interessar, normalmente ao mostrar os benefícios do produto que oferecem. Em seguida, precisam aumentar o desejo pelo produto ao mostrar como este satisfaz as necessidades dos clientes. A etapa final, a etapa principal para fazer com que o cliente tome uma ação, exige um pouco mais de persuasão, essencialmente para fechar o negócio.

Com o passar do tempo, o conceito foi mudado para AIDAS, para incluir satisfação, com as empresas focando na satisfação dos clientes após a venda. Nos últimos anos, o marketing se expandiu para englobar o que é conhecido como a Voz do Consumidor (com seu próprio acrônimo: VOC), um processo elaborado para determinar as necessidades e desejos dos clientes. Esse processo envolve o agrupamento de informações sobre os clientes para melhor entender suas necessidades e envolve também a condução de grupos focais, reuniões com os clientes, observação dos comportamentos dos clientes e o convite para que eles participem no processo de criação do produto.

No modelo AIDA, a empresa ou vendedor está direta e ativamente envolvida na direção do processo de venda com o cliente. Vendedores experientes procuram nos clientes sinais que indiquem a eficácia do diálogo de vendas; por exemplo, eles escutam as perguntas específicas que os clientes poderão fazer durante o processo de vendas. A empresa dirige o processo AIDA tradicional. Com a mobilidade, é diferente.

O consumidor sem limites poderá nunca dar ao vendedor a chance de usar qualquer um dos processos da AIDA. Isto porque é o consumidor que direciona o processo, o que passa a ser mais rápido e mais íntimo. O cliente usa informações de seu telefone móvel para auxiliá-lo no processo de compra. A diferença com a mobilidade é que o cliente interage com algo ou alguém na outra extremidade de seu telefone móvel e quaisquer perguntas podem ser endereçadas àquele contato por meio do celular. Uma das melhores notícias para os profissionais de marketing é que com a mobilidade a habilidade de interagir com um cliente durante o processo real de compra aumenta quando os profissionais de marketing ou vendedores percebem que eles podem fazer ambos, no local e quando estiverem na outra extremidade da comunicação móvel. As empresas precisam se realinhar para lidar com os clientes móveis que chegam, que procuram uma empresa em busca de informações ou serviços, em vez de ser procurado pela empresa em si. Esse é um cliente que, ou no local ou no momento da compra, quer interagir imediatamente com a marca ou empresa. Ele desejará informações ou assistência com base em seu estágio no ciclo de compras, ou mesmo com base na sua localização em relação à empresa em si. No nível de varejo, isso significa treinar os associados de vendas da linha de frente a reconhecerem um comprador móvel e equipá-los para interagirem de forma inteligente e eficaz com esta nova espécie de compradores motivados pela mobilidade. Esse é o novo modelo de envolvimento. Significa considerar no processo as informações que os consumidores sem limites obtiveram de várias fontes com seus telefones para tomar uma decisão de compra.

## Encontre Soluções que Motivem o Engajamento

A estrada que leva à matriz da PepsiCo em Purchase, Nova York, tem em suas margens mansões majestosas, afastadas da rodovia. Um pouco à frente, há um jardim extremamente bem cuidado, de 168 acres, conhecido como o Jardim de Esculturas de Donald M. Kendall. Ele faz parte da Matriz Mundial da PepsiCo, nomeado em homenagem ao ex-presidente da diretoria e CEO, que iniciou os jardins que levam seu nome. Kendall havia imaginado uma atmosfera de "estabilidade, criatividade e experimento" que refletiria sua visão da empresa.[48]

A coleção de esculturas foi iniciada em 1965 e engloba 45 obras dos principais artistas do século 20. A matriz da PepsiCo, a qual consiste de sete blocos quadrados, ligados nos cantos por torres, fica no centro do jardim. O prédio foi inaugurado em 1970 sobre o que costumava ser um campo de polo. Nos anos 1980, os jardins foram expandidos, incorporando características relacionadas às esculturas ao seu redor.

Dentro deste prédio, muitas mentes praticam criatividade e experimentos com a mobilidade de maneira que, sem dúvida alguma, deixariam Kendall orgulhoso. "A mobilidade é extremamente importante", diz Bob Bonin Bough, diretor de mídia digital e social na PepsiCo.[49] "É o único dispositivo que você carrega 24 horas por dia, 7 dias da semana. Da noite para o dia, ele pode se tornar um meio para você desenvolver aplicativos."

A PepsiCo não muda sua rota pela simples criação de aplicativos móveis, mas sim assume uma abordagem holística a todas as coisas digitais. "Estamos tentando olhar mais o portfólio; não basta vê-lo como uma mensagem de texto ou aplicativo, precisamos de um portfólio de aplicativos", diz Bough. "Você precisa encontrar lugares onde as pessoas querem a sua marca. A mobilidade passou a ser esse novo espaço na plataforma do seu produto. Como trazemos utilidade valiosa por meio desses dispositivos?"

Bough e sua equipe agem como um departamento de pesquisa e desenvolvimento digital interno para a empresa, mantendo um foco constante no envolvimento dos clientes. "Nosso negócio é construir relacionamentos e envolvimentos", diz Bough. "Isso é envolvimento digital." Em sua mesa encontram-se reflexões sobre todas as coisas relacionadas com o mundo da mobilidade: três controles remotos de TV, um PC e uma impressora, um *pen drive*, um iPhone e um iPad, todos bem à mão.

A PepsiCo tem sido uma das grandes marcas mais ativas na inovação móvel. Um exemplo é o programa de fidelidade móvel que a equipe de Bough elaborou em colaboração com a PepsiCo Foodservice chamado de Pepsi Loot. "O pessoal da Foodservice disse que queria explorar as oportunidades baseadas na localização", diz Bough. "Nós dissemos: 'Por que não recompensamos nossos parceiros no varejo?'"

Para fazer isso, a empresa se concentrou na criação de um aplicativo móvel para mostrar aos clientes onde se localizavam os produtos da Pepsi mais próximos. Após o download, o aplicativo do iPhone usa a localização do cliente para mapear os restaurantes mais próximos e outros estabelecimentos que servem os produtos da Pepsi. A intenção do aplicativo é criar experiências envolventes ao ligar os clientes aos locais que vendem produtos da Pepsi e convidá-los a interagir nesses estabelecimentos.

Por causa do envolvimento ativo da PepsiCo na mobilidade, a equipe já sabia de um desenvolvedor que poderia criar tal aplicativo. "Tínhamos um relacionamento com a Zumobi, de modo que encaminhamos o pessoal da Foodservice para eles", diz John Vail, diretor do grupo de marketing interativo da Pepsi Cola Beverages.[50] A Zumobi Network publica aplicativos para smartphones grátis, por meio de patrocínios especiais. A Zumobi usa uma plataforma de alta qualidade de publicidade na mídia e tem entre seus clientes a Mercedes-Benz, a Unilever, a Southwest Airlines, a Hewlett-Packard e a Best Buy.

O aplicativo da Pepsi Loot primeiramente cria a conscientização e direciona o tráfego para os restaurantes que servem Pepsi. Como um incentivo, os clientes no local (identificados pela tecnologia de geolocalização do iPhone) podem fazer o *check-in* e receber pontos na forma de "dinheiro" da Pepsi. Depois do primeiro *check-in* e depois de cada três *check-in*s subsequentes, o cliente acumula Pepsi Loot suficientes para fazer o download digital grátis de músicas da Loja de Pepsi Loot online, a qual tem mais de 250 mil músicas de um amplo catálogo de artistas bem conhecidos.

Com 285 mil funcionários e receitas anuais de aproximadamente US$ 60 bilhões, a PepsiCo é a segunda maior empresa de bebidas e alimentos do mundo. Uma empresa grande e que se espalha não é um bom candidato para uma estratégia móvel centralizada. Em vez disso, ela faz experiências ao redor do mundo, seja na Copa do Mundo na África do Sul ou no Super Bowl nos Estados Unidos. "A ideia não é sobrepor uma estratégia gigantesca", diz Bough. "Procuramos as melhores práticas. A inovação vem de todos os lugares. Como um modelo, as organizações não sabem como equipar essas coisas com pessoas. Precisamos ter disciplinas cruzadas na sala".

"Não tentamos usar nossa vantagem como algo negativo", diz Bough. "Temos muito mais marcas e clientes do que muitas empresas. Nossos parceiros se espelham em nós e tentamos trazer até eles (fornecedores) novas mentalidades. Vemos como podemos ajudar, já que temos muitos especialistas em fidelidade na casa."

Por causa do tamanho e escopo transparente da PepsiCo, a ideia de inovação digital vindo de quase todos os lugares parece fazer parte do DNA. Mas em vez de as empresas de mobilidade abordarem a PepsiCo e tentarem lhes vender algo, é mais provável que as inovações surjam do pessoal na PepsiCo em busca de oportunidades e ideias frescas. Alguém internamente disse que queria explorar o marketing baseado na localização e a empresa acabou criando, de forma colaborativa, o Pepsi Loot, por exemplo.

Em outro caso, a PepsiCo lançou um programa de marketing com a Stickybits, uma empresa *start-up* de Nova York, ao colocar no mercado um aplicativo móvel que permite a qualquer pessoa com um smartphone escanear um código de barras e ver mensagens singulares associadas a este código. Os usuários conseguem participar de desafios e concursos divertidos ao decodificar as mensagens com seus aplicativos. Foi a PepsiCo que descobriu a Stickybits, não o contrário. "Eu estava em um evento na Califórnia, onde a Stickybits estava fazendo uma apresentação", diz Bough.

A chave para o sucesso da PepsiCo com a mobilidade é que ela está disposta a experimentar. "Gostamos de testar as coisas", diz Vail, que começou com o grupo interativo na PepsiCo em 1996. "Em 2003 nos sentamos todos em uma sala e naquela época o SMS era o que definia a mobilidade". A Pepsi lançou sua primeira campanha móvel no ano seguinte. As atividades de mobilidade da empresa evoluíram de simples mensagens de texto, "em vez de as pessoas andarem por aí com tampinhas de garrafas", a deixarem que as pessoas votem através de textos, a aplicativos móveis sofisticados. "O SMS hoje é como o e-mail nos anos 1980", diz Vail.

"Desde o início, nos movimentamos para soluções digitais", diz Vail. "Fomos de uma experiência com SMS e continuamos a evoluir". Por volta de 2007, a Pepsi havia entrado no mercado de vídeos móveis. Naquela época, a Sprint era o patrocinador oficial da NFL (National Football League). "Nós estávamos em South Beach, e eles estavam fazendo um vídeo móvel", diz Vail. "Os primeiros anúncios móveis foram pré e pós-rodados para usuários da Sprint que tinham um plano de dados. Esta foi a primeira vez em que inserimos o vídeo como parte do planejamento. Fosse por SMS, iPhone ou Android, estávamos procurando saber o que os clientes estavam fazendo e buscávamos a adoção inicial e a personalização de nossos programas. O mercado se movimentou muito rapidamente."

Para suportar as inúmeras atividades móveis e digitais ao redor da empresa, a PepsiCo criou um recurso para auxiliá-la. "Construímos aqui um centro de excelência", diz Vail. "A meta é encontrar soluções que motivarão o envolvimento, uma experiência". O foco da PepsiCo no envolvimento se estende para fora da mobilidade, mais notavelmente através de seu Pepsi Refresh Project, no qual a empresa concede apoio financeiro para projetos que valham a pena. As ideias de projetos podem ser submetidas por qualquer pessoa e o público vota em quais ideias financiar. "Concedemos dólares de marketing a causas", diz Shiv Singh, diretor digital, América do Norte, na PepsiCo.[51] "Concedemos US$ 1,3 milhões por mês por um ano e recebemos 120 mil ideias, 50 milhões de votos e 400 ideias foram financiadas. Quando um consumidor é estimulado a fazer algo, ele se envolve e compartilha."

Para garantir que a empresa se mantenha em dia com a inovação digital, a PepsiCo criou o PepsiCo 10, um processo que encoraja os funcionários a buscarem fora as ideias direcionadas pelas empresas *start-ups* promissoras. A PepsiCo convida essas empresas a submeterem aplicativos online em uma das quatro categorias: marketing móvel, marketing experimental baseado no local e de varejo, mídias sociais ou vídeo e jogos digitais. As propostas são avaliadas com base em sua habilidade de causar impacto nas marcas.

"Para serem consideradas, as *start-ups* precisam estar no setor de tecnologia há menos de dois anos, ter arrecadado até US$ 2 milhões ou ter receitas de US$ 250.000", diz o diretor digital e de mídia social, B. Bonin Bough. A empresa começou com 500 mil candidatos, diminuiu para 70 e depois para 20 finalistas. Durante o período de dois dias, essas 20 empresas apresentaram suas soluções numa reunião de cúpula na matriz da PepsiCo. Os gerentes de marca da Pepsi-Cola, Frito-Lay, Tropicana, Aveia Quaker e Gatorade, juntamente com os parceiros nas agências de mídia, selecionaram o PepsiCo 10.

Em seguida, a PepsiCo fez uma parceria com cada uma das 10 empresas de tecnologia, ajudando-as a executar os programas pilotos com marcas da PepsiCo e pondo-as em contato com os mentores das principais empresas de consultoria da mídia e digital. Desses PepsiCo 10, cinco focaram no uso da mobilidade. Os 10 vencedores da PepsiCo que alavancaram um mundo que se tornou móvel são:

**AisleBuyer**. Esta plataforma de compras móveis tem por objetivo melhorar a experiência de um comprador na loja ao usar a tecnologia do smartphones para unir as melhores características dos sistemas do varejista. A ideia é permitir que um cliente escaneie itens na loja e, em seguida, use o *auto-checkout* móvel.

**MyCypher**. Uma plataforma móvel dinâmica, o MyCypher permite que os artistas do mundo todo criem novas músicas em tempo real ao transformar cada telefone móvel em microfone.

**Zazu**. Um despertador e calendário com avisos móveis, o Zazu fornece às pessoas detalhes dos calendários, e-mails, a previsão do tempo e o noticiário verbalmente, permitindo que elas comecem seus dias com todas as informações de que precisam.

**Evil Genius Design.** Esta empresa de tecnologia interativa desenvolve jogos e entretenimento móveis para as pessoas enquanto elas esperam nas filas, como nos parques de diversão, em conferências e em arenas esportivas.

**MotiveCast.** A MotiveCast oferece fidelização e recompensas em *mobile games* usando a realidade aumentada e serviços baseados na localização (ambos serão discutidos mais adiante neste livro) para permitir que as marcas descubram e se envolvam com os consumidores em jogos de marca, divertidos e interativos.

Não há dúvidas de que a PepsiCo continuará inovando na mobilidade, com a abordagem de Bough ditando as regras: "Pisar no acelerador e não soltar". Parte da explicação para o sucesso que a PepsiCo tem com a mobilidade é a disposição da empresa em experimentar coisas novas. "Trata-se de criar espaço para falhas", diz Bough. "De testar e crescer. Você precisa de estratégia e *insights*."

Muitas empresas grandes e substantivas, como a PepsiCo, estão considerando como melhor suportar as atividades de mobilidade por toda sua organização, as quais, em muitos casos, são empresas globais. Uma das abordagens é definitivamente a criação de um centro de excelência para ajudar a identificar ou desenvolver as melhores práticas.

Por exemplo, a Intel, uma empresa com mais de 75 mil funcionários ao redor do mundo, encontra a inovação em vários lugares dentro da organização. Para tratar da mobilidade, a empresa busca a capacitação digital, basicamente criando uma função de suporte técnico e infraestrutura ao redor da mobilidade, para auxiliar nos esforços por toda a empresa. Um ponto de partida foi criar uma estratégia coesa na Internet móvel.

"A Internet móvel se resume em buscar algumas informações", diz Matthew Roth, estrategista sênior de marketing, que supervisiona a estratégia móvel da Intel."[52] O site revisado da Intel na Internet móvel foi lançado no início de 2011 e enfatiza o atendimento aos clientes que precisam de algumas informações durante o processo de compras. "O conteúdo na Intel.com não está na mobilidade", diz Roth. A Internet móvel consegue detectar a localização dos clientes, de modo que a informação pode ser customizada para aquele local específico. Assim como faz a PepsiCo, a Intel almeja seus esforços móveis em melhor servir e envolver os clientes em um mundo que se tornou móvel.

## Proporcione Valor e um Chamado para Ação

O aspecto mais significativo para lidar com o consumidor sem limites é a ideia de proporcionar valor. Os comerciais e as mensagens publicitárias enviadas para os telefones móveis serão rapidamente ignorados pelos clientes. Em seu lugar, os profissionais de marketing móveis devem determinar o que os clientes querem e encontrar valor. O que seu serviço ou produto faz

**110**  MOBILE MARKETING

para eles, e como você consegue encapsular este valor num site móvel ou num aplicativo de marca? Há uma extensão lógica de marca que os clientes podem usar? Algumas empresas bem conhecidas lançaram extensões eficazes de marcas que proporcionam serviços para os clientes. Por exemplo, a Jeep criou o aplicativo Tripcast, o qual permite que uma viagem seja rastreada e que as informações sejam compartilhadas com amigos, de forma que eles possam monitorar suas localizações ao longo da rota. "Este era um novo canal estratégico para desenvolver relacionamentos", diz Lucas Frank, gerente de marca da Jeep. "Nosso negócio central é o desenvolvimento do melhor veículo utilitário esportivo do mundo e esta é outra maneira para eles explorarem este estilo de vida."[53]

Um aplicativo precisa ser útil para um cliente; caso contrário, ele poderá baixá-lo uma vez e raramente usá-lo. As empresas talvez também tenham de oferecer versões diferentes do mesmo utilitário, como os aplicativos diferentes para rastreamento do clima no The Weather Channel, os quais são customizados para o tipo de telefone usado.

A mobilidade também proporciona a oportunidade para que o consumidor sem limites faça algo: agir, comprar, buscar informações, interagir. É aí que entra o chamado para ação. Depois de estabelecer algo de valor para os clientes, é preciso fazer com que eles deem o passo seguinte e ajam com base na sua atração em relação àquele valor. Como você facilita a ação e reação do cliente? Quão fácil está a ação da compra para ele? Como você facilita o processo de compra para ele? Quais incentivos estão incluídos para fazê-lo agir agora? Na mobilidade, a chave é incluir um chamado para ação.

## Mobilidade Hiperlocal

Um dos desafios da mobilidade é que ela representa a maior massa de clientes encontrada em qualquer mídia, mas também é o que é conhecido na indústria como *hiperlocal*, lidando com as localizações geográficas específicas. Embora existam bilhões de telefones celulares, os padrões de uso são diferentes com cada proprietário. Cada telefone também é usado muito localmente, para reunir informações relacionadas a onde o proprietário está fisicamente a qualquer hora.

Isso representa um dilema para as grandes empresas que querem alcançar milhões de clientes com mensagens de marketing, isto porque com a mobilidade cada cliente poderá estar fazendo algo diferente, em uma hora diferente, em um local diferente. Para envolver esses clientes é preciso muito planejamento e poderá envolver promoções de marketing em larga escala com o componente móvel ligado à propaganda na TV.

A chave para o marketing *hiperlocal* é levar em consideração o tempo e o local. Qual provavelmente seria a receptividade do cliente durante a interação móvel, e onde provavelmente seria o local físico? Discutiremos essas questões com mais detalhes quando abordarmos os serviços baseados na localização.

---

### GLOSSÁRIO

**Síndrome do objeto brilhante e luminoso.** Tendência de uma empresa em correr para a próxima inovação móvel que parece ser legal.

**Modelo *freemium*.** Um aplicativo básico que proporciona certas funções para todos os clientes, e são grátis. No entanto, uma versão prêmio também está disponível para os clientes mediante o pagamento de uma taxa.

**Monetizar.** Converter em dinheiro. Por exemplo, os profissionais de marketing na Internet exploram meios para converter o tráfego na Internet em fontes de rendas; os profissionais de marketing móveis procuram fazer o mesmo.

---

## Teste e Aprendizado

A interação com os consumidores sem limites é uma proposta relativamente nova, uma vez que a tecnologia móvel, a qual desligava os consumidores de suas telas estacionárias, é bastante recente. Por causa deste fato, todas as empresas, de todos os tamanhos, devem assumir uma abordagem de *teste e aprendizado*. Com a Internet em meados dos anos 1990, a abordagem era chamada de *lançamento e aprendizado*, isto porque não havia uma base estabelecida que pudesse ser testada.

Diferentemente dos primeiros dias da Internet, há uma base bem estabelecida de clientes móveis; quase todo o mundo tem um telefone celular. Com a mobilidade, no entanto, o cliente movido pela mobilidade, e não o profissional de marketing, decide como quer se relacionar com uma empresa. A melhor maneira de permitir que este processo de deci-

112  MOBILE MARKETING

são ocorra é tentar coisas novas e obter *feedback* dos clientes. Em vez de um processo prolongado de criação de produtos e um grande evento para o lançamento do produto, a mobilidade requer uma abordagem de teste e aprendizado, seguida por um escalonamento do que funciona.

No início de seu esforço de marketing móvel, o Vocalpoint, um programa de uma divisão da Procter & Gamble, acabou de assumir a abordagem de *teste e aprendizado*. O Vocalpoint montou um painel de pesquisa com aproximadamente 400 mil mulheres, o qual ele usa para testar novos atributos de produtos. Em seguida, ele cria mensagens de marketing baseadas nos resultados da pesquisa. As mensagens são especificamente destinadas a serem espalhadas pelo boca a boca.

Quando a Crest criou uma nova pasta de dentes chamada Crest Weekly Clean, a equipe do Vocalpoint pesquisou seu painel e descobriu que havia um sentimento forte entre os consumidores de que os resultados da escovação diária não se comparavam ao sentimento de limpeza profunda de uma limpeza profissional feita no consultório do dentista. Eles também descobriram que uma limpeza de pele no salão era uma experiência singular, entendida quase exclusivamente por mulheres.

Com base nesses dois *feedbacks* valiosos, o grupo criou uma mensagem de marca: "A pasta de dentes para limpeza intensiva, Crest Weekly Clean, proporciona uma sensação suave e de limpeza entre as visitas ao dentista", uma mensagem que ela espalhou pelo boca a boca através de seu painel de mulheres. Aquela campanha provou ser a parte mais eficaz da publicidade na mídia em geral, três vezes mais eficaz do que outras mídias em direcionar a experiência dos produtos.

Existem custos significativos associados com o teste de painéis grandes, incluindo custos como impressão, mala direta e amostras de produtos. "Adoraríamos descobrir como envolver nossos clientes através da mobilidade, dessa forma poderíamos alcançar um grupo mais amplo", diz Stephen Surman, gerente de marketing de relacionamento do Vocalpoint.[54] "Assim que a tecnologia móvel permitir que o consumidor forneça *feedbacks* mais facilmente, esperamos seguir nessa direção."

O Vocalpoint testou a mobilidade para um projeto da Procter & Gamble Productions, uma divisão de produção de mídia que criou, entre outros programas, filmes feitos para a TV em parceria com o Walmart.

Antes de um programa na sexta-feira à noite, o Vocalpoint envia lembretes e sugestões para convidar os amigos e familiares para que também o assistam. "Estamos apenas tentando provar as águas da mobilidade", diz Surman. "Queremos sentir a mobilidade opcional e o *feedback* nas mensagens móveis. Foi uma experiência de aprendizado para nós ver como os clientes reagiram às mensagens móveis."

Através de sua abordagem para teste e aprendizado, o Vocalpoint descobriu que o *feedback* era de neutro para positivo. Eles fizeram o *follow-up* do *feedback* sobre o filme e descobriram que as pessoas haviam gostado do lembrete para assistirem ao programa.

Como é comum para as divisões da P&G, o Vocalpoint continuará testando e aprendendo. "Estamos prosseguindo cautelosamente, não queremos infringir nossa recepção", diz Surman. "Nossa estratégia com a mobilidade é proporcionar experiências de valor quando e onde as mulheres quiserem."

## Testar, Aprender, Evoluir

O conceito de teste e aprendizado é um excelente ponto de partida para todos os aspectos do marketing móvel: é onde se descobre o que funciona, o que não funciona e o que os clientes querem. Um dos primeiros aplicativos do USPT foi o iFood Assistant da Kraft. O aplicativo permitia que os clientes navegassem por centenas de receitas, determinassem o que fazer para o jantar e criassem listas de compras que mais tarde poderiam ser acessadas por telefone.

O aplicativo do iFood Assistant é um bom exemplo de como uma empresa consegue proporcionar valor para os clientes pela mobilidade. Embora a Kraft tenha um aplicativo grátis chamado iFood Assistant Lite, seus clientes tendem a ir para a versão paga uma vez que experimentam seus atributos e o valor que este proporciona a eles.

Embora o aplicativo tenha sido introduzido relativamente logo no início da história de aplicativos para smartphones, o processo evoluiu por meio de uma abordagem para teste e aprendizado. "Houve três fases", diz Howard Hunt, vice-presidente de desenvolvimento de novos negócios da The Hyperfactory, a agência de publicidade móvel com sede na Austrália e

**114** MOBILE MARKETING

em Nova York que criou o aplicativo para a Kraft.[55] "A primeira fase foi focar em receitas e criar alcance, escala e uso", diz Hunt. A segunda foi adicionar mais plataformas móveis, de modo que o aplicativo foi disponibilizado em mais smartphones. Essa fase adicionou novas seções, incluiu receitas num orçamento, realçou as características da lista de compras, melhorou a busca e localizadores de lojas e, no geral, expandiu o número de características. A terceira fase incluiu as facilidades de escaneamento do código de barra UPC, de maneira que os consumidores possam escanear as compras em suas dispensas, ou ver o que seus amigos estão cozinhando ou mesmo obter cupons através de um acordo com o Coupons.com.

A Kraft e a Hyperfactory rastrearam as respostas dos consumidores à medida que eles passavam de fase, adaptando as características do aplicativo enquanto aprendiam o que seus clientes acham útil ou, inversamente, não gostaram. Pelo fato de a Kraft ter começado com uma abordagem para teste e aprendizado, ela conseguiu determinar as características que atraiam seus clientes e fez crescer o negócio de mobilidade a partir daí.

## Evite a Síndrome do Objeto Brilhante e Luminoso

À medida que a indústria da mobilidade continua a inovar e as empresas testam e aprendem, é difícil distinguir as estratégias e desenvolvimentos sólidos de longo prazo daqueles que são instigantes, porém efêmeros. Na mobilidade, existem anúncios regulares sobre coisas novas, variando de plataformas publicitárias a facilidades de pagamentos usando a mobilidade.

Uma inovação muitas vezes é referida na indústria de mobilidade como o próximo *objeto brilhante e luminoso* porque ele atrai toda a atenção no momento. A síndrome do objeto brilhante e luminoso pode fazer com que um profissional de marketing perca o foco dos objetivos básicos da empresa.

Poderá haver uma nova plataforma móvel, por exemplo, que tenha facilidades extraordinárias. Ou pode ser que a inovação do momento seja uma nova maneira de mostrar vídeos ou interagir individualmente. A tentação pode ser imediatamente divergir os recursos para aquela nova tecnologia específica. O problema em seguir o objeto brilhante e luminoso é que seus clientes podem não estar equipados ou inclinados a usarem tal inovação. Sempre que se sentir tentado a pular para o próximo objeto brilhante e luminoso da mobilidade, volte para a abordagem de teste e aprendizado. Peça o *feedback* de seus clientes ou implemente a nova tecnologia de maneira limitada para ver como ela funciona antes de se comprometer com uma direção que pode ser ineficaz para alcançar seus clientes.

A natureza altamente interativa e pessoal do telefone móvel leva ao desenvolvimento de novos formatos para conteúdo, gerando maneiras novas de criar e consumir textos e imagens, o que discutiremos no próximo capítulo.

# CAPÍTULO 5

# Há Um Aplicativo para Isso: A Nova Transmissão

Diferentemente da Internet, a mobilidade não tem a ver com visitar e interagir em sites na Internet, embora essa seja uma das atividades dos consumidores sem limites. Mobilidade é explorar as plataformas baseadas em tecnologia enquanto em movimento; é fazer o download e usar características específicas e customizadas que realçam a produtividade, o desempenho e mesmo os momentos de entretenimento do consumidor de mobilidade, enquanto ao mesmo tempo levanta informações como as localizações e o tempo como nunca feito antes.

## Conteúdo e Contexto da Mobilidade como Rei

O smartphone é inerentemente um dispositivo para consumo de conteúdo. Ele tem muitos outros atributos, é claro, mas o consumo de conteúdo é a chave, e o material é consumido diferentemente, dependendo da mídia. No cinema, o conteúdo está na forma de um filme que é transmitido para a plateia, e é assistido num ambiente relaxante. O que os cineastas produziram é o que é transmitido. A escolha do conteúdo é feita bem antes da transmissão, quando o cinéfilo seleciona o filme, compra o ingresso e assiste ao filme. O consumo do conteúdo do rádio é similar, sendo que as seleções variáveis são transmitidas e o consumidor faz sua escolha ao selecionar um canal. Em ambos os casos, o consumidor faz uma escolha de antemão e seleciona o conteúdo que deseja, seja um filme específico ou categoria de música ou tipo de rádio, como notícias, esportes ou programas de bate-papos. A televisão é similar, embora os canais pagos ofereçam escolhas de programas mais específicos para assistir.

Em todos esses casos, o consumidor faz uma seleção a partir das ofertas disponíveis e relaxa para consumir o conteúdo. Mas em muitos desses casos, o consumidor está parado. Parte da magia do Walkman da Sony, introduzido em 1979, foi que ele não apenas fez que a música fosse portátil – os rádios portáteis já faziam isso – ele o tornou pessoal. Os indivíduos andavam por aí escutando as músicas de suas escolhas privadamente, ao mesmo tempo em que eram blindados dos barulhos ou distrações ao seu redor. A Sony não apenas vendeu centenas de milhares de aparelhos, mas em 2009, trinta anos depois, ele vendia muito mais do que o iPod da Apple no Japão.

A migração em massa para a Internet em meados dos anos 1990 virou de ponta cabeça muito desse modelo de recipiente passivo. Agora os consumidores podiam encontrar conteúdo de praticamente qualquer lugar, a qualquer hora. Eles descobriam o que queriam e consumiam-no quando queriam. Mas, assim como com a mídia anterior, na maioria das vezes eles tinham de consumir o conteúdo enquanto acorrentados a um dispositivo, tal como o computador em que faziam uma busca. Qualquer coisa podia ser impressa para ser lida mais tarde em um local diferente, mas ainda era um modo de consumo de conteúdo relativamente estacionário. Mesmo assim, a quantidade de conteúdo disponível aumentava exponencialmente.

## Assistir à TV e Ler no Telefone

Toda mídia nova tem a tendência de inicialmente replicar algumas características da mídia passada, e a mobilidade não é uma exceção. Quando a facilidade de áudio se espalhou, os livros foram convertidos para que as pessoas pudessem *escutá-los gravados*. Mesmo conteúdo, mecanismo de entrega diferente. Uma manobra similar está ocorrendo com a mobilidade, quando tanto a mídia em vídeo quanto impressa – incluindo shows televisivos, notícias, livros, revistas e materiais promocionais – são convertidos para consumo nos telefones. A migração de texto e vídeo para a mobilidade é uma das mudanças menos perturbadoras para o comportamento das pessoas, isto porque elas já estão condicionadas a olharem as telas de seus telefones por vários motivos, como regularmente checando o recebimento de e-mails, mensagens de texto ou a previsão do tempo.

Os consumidores em muitas partes dos Estados Unidos conseguem assistir a programas da TV regular com qualidade de transmissão em seus telefones via o FloTV, um serviço proporcionado pela AT&T, mediante o pagamento de uma taxa mensal adicional. Outro serviço, da MobiTV, oferece programas de TV grátis, assim como muitos shows ao vivo, como eventos esportivos na ESPN, com várias cobranças adicionais baseadas em assinaturas de um mês, três meses ou seis meses. Os programas normalmente são os mesmos que podem ser assistidos numa televisão normal ou de alta definição, na qual a maioria das transmissões de TV ocorreria, como é de se esperar. Essa é uma progressão típica de uma mídia para outra, mas com o tempo, vídeos diferentes serão criados para aproveitar os aspectos singulares dos smartphones. Por exemplo, poderá ser criada uma programação de vídeos em formato curto de episódios rápidos de um novo programa, ou os mecanismos para os fluxos móveis, ao vivo, com um processo de seleção fácil para escolher um e assistir a qualquer momento.

Os textos estão passando por uma transformação similar. Ao usar a tela do telefone para enviar textos, ler, enviar e-mails ou navegar pela Internet, temos consumidores que estão acostumados a ler em um telefone. E da mesma maneira que as empresas começaram a converter os livros impressos para livros de áudio e jornais para sites de notícias na Internet, elas convertem materiais impressos para que possam ser facilmente lidos nos telefones móveis.

A Zmags Corporation foi fundada em 2006 na Dinamarca, embora sua matriz agora seja em Boston, Massachusetts, com funções centrais como o desenvolvimento de produtos e atendimento aos clientes em Copenhagen e escritórios de vendas no Canadá, Grã-Bretanha e Dinamarca. A missão original da empresa era publicar uma revista eletrônica, a qual incluía vídeo, áudio e outras formas de mídia de alta qualidade. Quando

**120** MOBILE MARKETING

a revista foi lançada, outras editoras abordaram a empresa em busca de ajuda para suas publicações.

A empresa, no final das contas, lançou uma plataforma para publicação digital e a Zmags Mobile, a qual compreende ferramentas técnicas e um método para as empresas e criadores de conteúdo traduzirem seus materiais impressos para smartphones. "Fazemos revistas interativas e catálogos para criar experiências interativas", diz Peter Velikin, vice-presidente de marketing da Zmags.[56] "Os leitores conseguem ampliar a visualização do conteúdo (dar zoom) e os editores conseguem ver o conteúdo no maior número possível de plataformas, e em seguida rastrear e extrair os dados."

A plataforma móvel permite que o editor de um conteúdo transfira-o para as telefones móveis e rastreie quem viu o que, quanto tempo os consumidores gastaram em cada conteúdo e quais partes atraíram mais os leitores. Uma das atrações para os editores foi a tecnologia de folhear as páginas, o que deu às publicações móveis a mesma percepção como nas versões impressas. Além dos editores tradicionais, os profissionais de marketing que queriam disponibilizar seus materiais promocionais e de marketing nos smartphones foram atraídos para a plataforma Zmags.

A conversão do conteúdo de modo que seja facilmente consumido nos smartphones não é apenas para os editores. As empresas com materiais de marketing que normalmente são impressos, como as brochuras promocionais e relatórios mensais, podem convertê-los para lê-los nos telefones móveis, dando aos clientes uma maneira fácil de interagir com o conteúdo. Os novos processos de criação de conteúdo móvel, como aqueles da Zmags, permitem que os profissionais de marketing refinem seu conteúdo futuro, isto porque eles recebem os relatórios estatísticos sobre os materiais específicos que são mais ou menos vendidos.

Com o tempo, uma empresa que proporciona conteúdo através da mobilidade consegue determinar os materiais que têm mais valor para seus clientes, e consegue medir a melhor hora do dia para os consumidores receberem esse material. Embora parte disso possa ser feito na Internet, os smartphones adicionam o insight da localização. A mobilidade permite que uma empresa veja como seus materiais de marketing são li-

## Transformando a Experiência do Livro

Cada nova mídia é geralmente adotada em duas etapas. Na primeira etapa, os princípios e práticas da mídia anterior são transferidos para a nova mídia. Por exemplo, um jornal local faz com que suas páginas online se pareçam às suas edições impressas ou um episódio de TV de meia hora é postado online.

Na segunda etapa de transformação da mídia, as empresas experimentam e exploram as características da nova mídia. Eles reinventam a maneira como as coisas são feitas, reinterpretando-as para a nova mídia. Um grande exemplo de tal transformação na Internet é o YouTube, o qual apresenta milhões de horas de conteúdo em vídeo gerado pelos usuários numa plataforma que não existia antes da Internet.

A ScrollMotion em Nova York é uma dessas organizações de segunda etapa e é dedicada à mudança na maneira como os livros são consumidos em um mundo que se tornou global. Desde 2008, os desenvolvedores de software na ScrollMotion têm planejado maneiras para usar os smartphones para publicar e consumir livros de todos os tipos.

Os leitores de livros eletrônicos como o Kindle da Amazon e o Nook da Barnes & Noble reproduzem o conteúdo impresso em telas de fácil leitura que imitam o *lay-out* de uma página impressa. O usuário compra e baixa o livro ou outro material para leitura e consegue acessá-lo para ler quando quiser.

A ScrollMotion assumiu uma abordagem diferente para customizar o conteúdo do livro, integrando áudio, vídeo e outras características possibilitadas pelos smartphones e foca em fazer dos textos e gráficos uma parte integral da leitura em uma tela pequena ao introduzir um alto grau de interatividade.

A empresa inicialmente criou conteúdo na forma de mais do que 11 mil aplicativos de livros eletrônicos para o iPhone, os quais foram distribuídos pela Loja de Aplicativos da Apple. Através de parcerias com mais de 75 empresas globais que publicam livros, revistas, revistas em quadrinhos, novelas gráficas e livros didáticos, o ScrollMotion criou o Iceberg Reader, permitindo que os editores usem uma plataforma comum que qualificava os leitores. Além de manter uma paginação consistente por todo o livro, o ScrollMotion incluía características como tamanho ajustável do texto, a habilidade de adicionar notas, pesquisa de texto, a ferramenta de copiar e colar com a habilidade de enviar o texto por e-mail ou copiar para o Facebook e várias maneiras de navegar pelo livro, tudo no smartphone.

Com o tempo, a ScrollMotion expandiu seu conceito para disponibilizar seu conteúdo para outras plataformas de smartphones. "Na transformação de páginas para pixels, precisamos ajudar os editores a converterem seus conteúdos de modo que eles possam ser portáteis para o maior número possível de plataformas", diz Josh Koppel, cofundador da ScrollMotion.[57] "O conteúdo tem de ser dinâmico pelo maior número possível de lojas de aplicativos. Ele tem de ser portátil nos dispositivos da Nokia, do Android ou na próxima plataforma que ainda não foi inventada. A única maneira de fazer isso é acatar os padrões abertos como a HTML5."

Assim como muitas empresas *start-ups* que entrevistamos quando fazíamos pesquisa para este livro, a ScrollMotion tinha um modelo de negócios que evoluía com o passar do tempo, à medida que ela ia da conversão de livros didáticos tradicionais para outras oportunidades. "O ramo de livros não é nosso foco agora; a Apple e a Amazon realmente *comoditizaram* este negócio", diz Koppel. "Estamos focados na construção de conteúdo que não possa ser *comoditizado*, como livros para crianças, livros didáticos e revistas."

Quando a empresa começou, a estratégia era reformular as maneiras como os livros podiam ser lidos nos telefones móveis. "Nosso desafio era imaginar todos os tipos diferentes de conteúdo para uma tela pequena", diz Koppel. "O iPhone representava a primeira chance real de criar algo que poderia ser melhor do que o papel."

Em vez de simplesmente copiar o texto da versão impressa, os livros da ScrollMotion para os smartphones incluem multimídia, vídeo, áudio, *slides show* de fotos, tabelas, gráficos, rotações em 3D, testes ao vivo, buscas baseadas no texto e na Internet, facilidades de compartilhamento nas redes sociais, integração de publicidade, facilidades de assinaturas dentro do aplicativo e rastreamento de analíticos e de uso. Ele incorpora muitas outras características que os livros impressos tradicionalmente não podem oferecer.

Nos livros para crianças, a ScrollMotion criou a facilidade para os pais gravarem suas próprias vozes, de modo que seus filhos ouvirão sua voz enquanto passam pelas páginas de livros como *Vila Sésamo* ou *George, o Curioso*. A criança também consegue aumentar as imagens e ver os menus dos capítulos virtuais. A empresa foca na recriação de livros para a mídia móvel. Koppel diz:

> O que mais assusta sobre o progresso é que algumas vezes ele passa como um rolo compressor por cima das coisas que amamos. Por exemplo, os discos de vinil. A transformação do CD para o MP3 passou como um rolo compressor sobre a arte da embalagem de música. Por anos, quando você fazia o download de músicas no iTunes, tudo que conseguia era um pequeno jpeg pixilizado da capa de um álbum, mas a maior perda era todo o lado visual da música, a arte da capa, os pôsteres, a letra das músicas e os encartes. Tenho certeza de que esta não foi uma decisão consciente, mas perdemos toda essa forma de arte. Vejo nosso trabalho como a construção de plataformas para salvar os tipos de mídia impressa que serão ignorados nessa transformação de páginas para pixels, coisa como figurinhas, revistas em quadrinhos, livros de atividades e todas as outras plataformas impressas menores correm o risco de desaparecer.
>
> Estamos ajudando a reinventar a maneira como os livros vivem em um ambiente acadêmico. Criamos o primeiro programa piloto para livros didáticos no iPad que é usado nas escolas públicas da Califórnia com Houghton Mifflin Harcourt. É aí que a revolução impressa está realmente acontecendo. Os livros eletrônicos serão a ponta do iceberg nas escolas públicas. Tem tudo a ver com economia. Por que imprimir, armazenar, distribuir e destruir os livros? Dê para a criança um *tablet* de US$ 200, coloque bastante conteúdo dinâmico nele, vídeos, testes interativos e ferramentas para aprendizado digital e, em seguida, conecte-o a um sistema de rastreamento no terminal do professor, o qual permite que os educadores vejam toda a classe de forma agregada – isso mudará o jogo da educação nos Estados Unidos.

**124**    MOBILE MARKETING

A mídia física está ficando muito velha. A evolução é um processo rápido, não é lento. O Tower Records? Não existe mais. A Virgin Megastore? Não existe mais. Os locais físicos que vendem mídia estão desaparecendo.

Quando jovem, eu costumava ir até a Virgin Megastore no Times Square, em Nova York, para ter ideias, isto porque lá era o único lugar que você podia ir e ver as manifestações físicas de uma marca pelas várias mídias. Eu podia ver o livro, o DVD, o CD, a camiseta, o boneco e como a marca funcionava nos formatos diferentes.

Quando a Virgin Megastore estava fechando suas portas, com avisos em suas vitrines de que tudo seria vendido, eu passava na frente e tirava fotos do que um dia havia sido meu lugar favorito em Nova York. Na última semana que ela esteve aberta, eles pegaram os últimos livros, os quais ficavam lá em cima, e os empilharam, rasgados e judiados, naquelas prateleiras enormes no piso inferior. E quando eu olhava essa mercadoria surrada, simplesmente jogada nas prateleiras, eu pensava: "É por isso que os livros não podem mais ser físicos". Até os carregarem para cima, para que fosse dado baixa no cadastro antes de serem enviados para serem transformados em adubo. É por isso que o digital vencerá.

Os livros impressos fisicamente não desaparecerão. Há uma possibilidade real de que os livros de alta qualidade e as editoras de alta qualidade ficarão bem.

Ler um livro no celular? As crianças o farão. Eles não conhecerão um mundo onde se sairá para comprar um livro. Uma tela pequena é uma maneira bastante íntima de ler. E você tem sempre a opção de lê-lo porque o tem consigo o tempo todo.

Em relação à aceitação do mercado sobre a abordagem da ScrollMotion, milhões de clientes fizeram o download do leitor da empresa e centenas de milhares compraram os livros para crianças. Depois que a revista *Esquire* foi publicada com a ScrollMotion, houve centenas de milhares de downloads pagos da revista nos primeiros três meses.

Os editores e os profissionais de marketing licenciam a plataforma da ScrollMotion anualmente e usam as ferramentas para criar sua versão de seus conteúdos para dispositivos móveis, sendo que grande parte do processo agora é automatizado. "Os editores precisam ter o processo criativo", diz Koppel. "Somos uma empresa de software e construímos ferramentas que continuam deixando que os editores façam o processo da confecção de livros."

A mudança do consumidor de livros impressos para livros eletrônicos ocorreu mais rapidamente do que o esperado. Por exemplo, a Amazon relatou ter vendido mais livros eletrônicos do que livros físicos até meados de 2010, com o crescimento projetado para continuar. Nesse meio tempo, a Barnes & Noble está considerando a venda de sua cadeia de lojas físicas.

"O mercado se movimenta muito rapidamente", diz Koppel. "Como empresa, a ScrollMotion está focada numa das principais categorias em que não tem havido grandes transformações nos formatos. A publicação de música começou com a impressão de partituras, depois, à medida que a tecnologia de gravação evoluía, vieram os álbuns, as fitas cassete, os *eight-tracks*, os CDs e o MP3. A respeito de filmes, havia os filmes em 8MM, Beta, VHS, laser, DVD, Blu-ray Disc e download digital. A impressão nunca conseguiu fazer isso. Ela sempre viveu no papel. A nova classe de dispositivos começou quando o iPhone ofereceu a primeira nova plataforma para a mídia impressa. A grande questão é como o conteúdo sobrevive e quem o possui."

A mobilidade tem o potencial de transformar qualquer coisa que ela toca. Com o USPT, os profissionais de marketing têm a oportunidade de repensarem totalmente sobre como utilizar melhor as novas facilidades para melhor servir os clientes.

---

### GLOSSÁRIO

**OVP**. Plataformas de vídeo online, normalmente proporcionada pelas empresas na indústria móvel e disponibilizada para aqueles que queiram distribuir seu conteúdo de vídeo.

**Pre-roll**. Vídeos de marketing online que as pessoas têm que assistir por mais ou menos 15 segundos antes de assistirem ao que elas querem de fato. Você sabe que alguém tentará fazer isso no telefone móvel.

**RTB**. Licitações em tempo real. A ideia de licitações para as mensagens publicitárias aparecerem num dispositivo móvel com base no tempo, local ou outros atributos.

**UGC**. Conteúdo gerado pelo usuário, isto é, o conteúdo criado pelos usuários finais em vez de por empresas de mídia. Eles podem ser altamente valiosos, isto porque os consumidores poderão percebê-los como autênticos e, portanto, mais valiosos.

## Conteúdo Constante

Um filme é como uma refeição completa, navegar na Internet é como um almoço e a mobilidade é como um lanche – constantemente repetido. O consumo do conteúdo móvel é contínuo. Não há começo, meio ou fim. Um filme tem um começo e um fim. Um jornal pode ser lido de capa a capa e pronto, acabou. Uma música é tocada do começo ao fim. A Internet tem algumas analogias para a mobilidade em que milhões de pedaços de informações estão a apenas um clique de distância, mas diferentemente da mobilidade, a pessoa basicamente deixa o computador. E com as telas de telefones móveis, diferentemente das páginas na Internet, há menos espaço para informações além do material que os consumidores sem limites estão tentando ler.

Algumas empresas observaram esta necessidade pela produção de conteúdo relevante para os consumidores móveis e criaram soluções tecnológicas para satisfazer essa necessidade. Algumas empresas que fornecem tais soluções móveis podem ter começado com aplicativos baseados na Internet, mas seguiram a onda do mercado para a mobilidade.

A Outbrain, uma dessas empresas, foi fundada em 2006 para ajudar as pessoas a encontrarem conteúdos novos e relevantes para ler online e servir os editores ao distribuir seus conteúdos mais amplamente. A matriz da empresa é em Nova York e ela tem escritórios de pesquisa e desenvolvimento em Netanya, Israel.

A Outbrain desenvolve tecnologias que preveem o conteúdo que uma pessoa gostará; a empresa então apresenta um link para aquele conteúdo, similar à maneira como outros varejistas sugerem certos produtos para os clientes quando eles fazem suas compras.

Muitos estão familiarizados com o mecanismo de recomendações do Amazon.com, o qual sugere um livro ao comparar o que você comprou anteriormente às compras de outras pessoas que escolheram o mesmo livro; o mecanismo localiza outros livros que esses leitores compraram e você ainda não. A empresa usa a tecnologia de modelagem previsível para prever o comportamento ou padrão de compra de uma pessoa com base na comparação das compras passadas ou comportamentos daquele indivíduo com o de milhões de outras pessoas que apresentaram um comportamento similar ou fizeram compras similares. A empresa de locação de filmes, a Netflix, usa métodos similares para recomendar filmes e preveem com certa precisão um filme de que você gostará com base no que assistiu no passado.

O fundador e CEO da Outbrain, Yaron Galai, diz: "Queremos oferecer aos leitores os links com conteúdos mais interessantes".[58] O problema que Galai viu era que o bom conteúdo tem de ser criado, mas ele ou não era amplamente distribuído ou não era distribuído para as pessoas que mais gostariam. "Os editores queriam levar seus links de conteúdo para os leitores fora de seu público tradicional", diz Galai.

A ideia para a Outbrain veio da experiência própria de Galai com a leitura online. "Eu adoro ler blogues", ele disse, "eu adoro ler jornais. Na Internet eu ficava louco quando tinha de selecionar em meio a tantas informações. Eu tinha de descobrir por conta própria que um artigo específico não era interessante para mim. Aí, pensei: tem de haver uma maneira melhor". Ele havia trabalhado em duas empresas anteriores que desenvolviam aplicativos, de forma que estava familiarizado com o processo no geral. Uma dessas empresas lidava com publicidade. "Os anúncios que servíamos eram aqueles que, como leitor, eu nunca clicaria neles", ele diz, "mas quando li a revista *Wired*, eu, na realidade, gostei de muitos dos anúncios ali. Eu pensei que precisava haver uma maneira de oferecer um conteúdo para o leitor que fosse interessante e relevante".

A Outbrain construiu um banco de dados de 10 milhões de artigos ao usar a tecnologia que constantemente "fareja", ou busca, sites de conteúdo na Internet. A Outbrain então cria links simples na Internet para essas estórias e os links são automaticamente inseridos no final de um artigo no site móvel do editor assinante. "A moeda que usamos é um link simples", ele diz. Quando a pessoa clica no link, ela é levada ao artigo no site no qual este foi publicado.

Além dos 10 milhões de artigos que a Outbrain cataloga, existem estórias ou pedaços de conteúdo que são links patrocinados, pagos pelos editores assinantes procurando atrair mais leitores para seu conteúdo. Normalmente não existem anúncios ou mensagens de marketing nesses links e geralmente em nenhuma das páginas móveis que mostram os links, os quais aparecem no final dos artigos. Se uma pessoa assiste a um

# 128   MOBILE MARKETING

vídeo, ela recebe um link para um vídeo relevante no final de sua exibição. Dependendo do conteúdo que ela acabou de assistir, o link pode ser patrocinado por um dos editores pagantes ou ser um entre os 10 milhões de links compilados de buscas na Internet.

Muitos editores tradicionais viram o valor ao estender o alcance de seus conteúdos, e a lista de clientes da Outbrain reflete esse ponto. As empresas de mídia, incluindo o *USA Today, Slate,* o *Chicago Tribune, National Geographic, The Seattle Times,* Golf.com e o Discovery Channel usam seus serviços. Os algoritmos criados pela Outbrain proporcionam os links mais relevantes da história, sejam patrocinados ou não. "Com a mobilidade, em muitos casos os leitores acham que links pagos são mais interessantes", diz Galai. "É mais um serviço para o leitor, ao passo que os anúncios tradicionais são mais uma interrupção. Na Internet existem muitas opções na tela, mas na mobilidade o conteúdo é muito despojado de tudo. O consumo de conteúdo aumentará com os dispositivos móveis, isto porque eles são naturalmente direcionados para o consumo e não para a criação. As pessoas consumirão grandes quantias de conteúdo nos dispositivos móveis, os quais podem ser maiores do que na Internet no final do jogo."

Um dos desafios da revolução móvel é que, assim como outras transições para uma nova mídia, o mercado normalmente pega o que ele usava anteriormente e tenta converter para a nova mídia. Durante a revolução da Internet, por exemplo, os primeiros anúncios na Internet eram normalmente convertidos da tradicional propaganda impressa. A boa notícia é que, com o passar do tempo, os profissionais de marketing se aproveitaram das facilidades inerentes da nova mídia, uma evolução que acontecerá também com a mobilidade.

De muitas maneiras, esta dinâmica de mercado serviu para a vantagem da Outbrain na mobilidade. "Os editores nos pediram para integrar o serviço em seus sites móveis", diz Galai, "porque, diferentemente dos anúncios tradicionais na Internet, que não são bem adaptados para uma tela móvel, nossos links pagos são simplesmente isso – um simples hiperlink que pode ser colocado em qualquer tela que consiga mostrar um link".

A vantagem para o editor é o aumento no tráfego de consumidores para seu site na Internet, para o qual ele normalmente vende publicidade baseado no número de pessoas que visualizam aquela página, e supostamente o anúncio, durante certo tempo. Uma das métricas de medida tradicionais na publicidade é chamada CPM, ou custo por milhares, a qual liga o pagamento ao número de pessoas que visualizaram a página ou anúncio. Um dos resultados do uso da Outbrain é um aumento no tráfego do site na Internet e, portanto, receitas para o editor.

## O Papel do Vídeo na Mobilidade: O Paradigma da Reinvenção

Pensávamos que a televisão faria com que os cinemas fechassem suas portas. A realidade é que os dois coexistem em harmonia, mesmo que os filmes sejam mostrados em ambas as mídias. Depois de assistir a filmes nas grandes telas de cinemas, quem iria imaginar que alguém iria querer assisti-los na tela relativamente pequena de uma TV? Bem, as pessoas assistem. E com o passar do tempo, a programação da TV evoluiu para se aproveitar da mídia: ela passou a apresentar as comédias, as séries de drama, shows *on-demand*, e sim, até mesmo os filmes que já haviam concluído sua temporada nos cinemas. A atração de assistir a um filme na tela menor? Você pode assisti-lo no conforto de sua própria casa. E quando o uso da Internet explodiu, quantos previram que as pessoas iriam querer assistir a vídeos numa tela de computador? O resultado foi que em um mês apenas em 2010, os usuários da Internet nos Estados Unidos assistiram a 34 bilhões de vídeos.[59]

Em cada mídia, o conteúdo visual evoluía em algo novo para se aproveitar dos pontos fortes da mídia. Para a televisão, a programação cresceu para englobar de tudo, desde comédias de meia hora a eventos esportivos a *reality shows*; ela incluía notícias, especiais de entretenimento, documentários e algumas vezes cobertura ao vivo de eventos.

Os vídeos na Internet também evoluíram para se adequarem ao caráter da mídia, com conteúdo variando de retransmissão de programas a vídeos gerados pelos usuários. Em dezembro de 2005, o YouTube foi oficialmente lançado, permitindo que os vídeos fossem mostrados ao redor do mundo pela Internet. Um ano depois de seu lançamento, a empresa

## 130 MOBILE MARKETING

foi adquirida pelo Google, numa manobra que combinava as forças da plataforma de mídia potente do YouTube com a paixão do Google por organizar informações e criar novos modelos para anúncios na Internet. O YouTube fechou contratos com muitas empresas de mídia, incluindo a CBS, a BBC e a Sony Music Group, adicionando uma profusão de conteúdo de vídeo para o catálogo de vídeos gerados pelos usuários.

Embora as pessoas pudessem usar as telas de seus computadores para simplesmente assistirem aos vídeos, elas começaram a fazer muito mais. Elas descobriram maneiras inovadoras de usar a tecnologia em vídeo, capitalizando sobre novas possibilidades animadoras que existiam na Internet.

A mobilidade é a próxima plataforma de vídeo. Assim como as telas dos cinemas, das TVs e dos computadores, as telas dos smartphones acomodarão filmes. Isso não significa que os filmes são o formato ideal para um celular, mas, como discutimos, as transições para uma nova mídia normalmente começam com importações da mídia anterior. O estudo de rastreamento da InsightExpress Mobile Consumer Research descobriu que aqueles que assistem a vídeos em seus telefones móveis estão mais frequentemente assistindo a programas mais longos na TV, *trailer* de filmes e séries de TV e vídeos de música. Eles assistem com menos frequência a *trailers* de filmes e vídeos gerados pelos usuários, e raramente assistem aos filmes mais longos.

A empresa de pesquisa também descobriu que embora a maioria das pessoas assista aos vídeos nos telefones móveis em casa, o escritório também é um lugar popular para se assistir a vídeos. Os horários mais comuns para assistir a vídeos móveis em casa são das 19 às 22 horas, e depois das 23 horas às 5 da manhã. No trabalho, os horários mais populares para se assistir aos vídeos nos telefones móveis são das 12 às 17 horas, e depois das 8 às 12 horas.

É importante para os profissionais de marketing saberem que aqueles que assistem aos vídeos nos telefones móveis não são necessariamente representantes do público espectador em geral. Por exemplo, quase metade dos proprietários de smartphones que assistem aos vídeos no celular diz que assistem a vídeos ou programações que não veriam na TV.

Assim como outros aspectos comportamentais dos consumidores sem limites, assistir a algo enquanto em movimento é uma atividade mais ativa do que passiva. Mais de um quarto dos usuários de smartphones dizem que eles provavelmente clicarão em um conteúdo com vídeo do que em um conteúdo sem vídeo, e 37% daqueles que assistem aos vídeos nos celulares buscam vídeos em seus aparelhos. A mobilidade é inerentemente um ambiente de incentivo, e oferece uma experiência qualitativamente diferente daquela de estar no lado receptor de um canal de transmissão.

## Novo Conteúdo para uma Nova Mídia

O novo conteúdo de vídeo será originado para uma nova mídia para celular, assim como o novo conteúdo de vídeo foi criado para cada nova mídia antes dele. Os usuários estão começando a assistir aos vídeos em seus celulares em números mais significantes, e as pesquisas mostram que aqueles que assistem aos vídeos em seus celulares são consumidores intensos de vídeos no geral. Por exemplo, 86% deles são espectadores regulares de TV, mais da metade assiste a sites de vídeos grátis em seus computadores e 40% assistem a canais de TV no computador.[60]

Até mais significativamente, a visualização de vídeos em celulares mudou o comportamento, substituindo a visualização de vídeos em outros aparelhos, uma mudança que tem implicações enormes para aqueles que criam, transmitem e comercializam por meio de vídeos. Aproximadamente três quartos dos usuários de smartphones que assistem aos vídeos em seus telefones, dizem que eles substituíram outro conteúdo em vídeo, sendo que 20% relatou que o vídeo substituiu a TV para eles. Assim como existem pessoas que assistem a programas na TV, em seus PCs, há um número crescente de pessoas que assistem a programação da TV e vídeos do YouTube em seus smartphones.

E embora o uso da rede social seja significativo nos aparelhos móveis, 15% também disseram que os vídeos em seus telefones móveis estão substituindo os sites grátis na Internet ou os sites de rede social no computador. Mais de um em cada dez dizem que assistir a vídeos nos celulares substitui assistir aos shows da TV no computador, outra indicação de não ser apenas uma mudança de comportamento, mas um perturbador

## 132 MOBILE MARKETING

de mercado potencialmente significante, caso mais usuários de smartphones assistirem à TV em seus telefones, com uma potencial diferenciação dos comerciais habituais.

As fontes de vídeo nos telefones móveis também são um tanto variadas; a maior porcentagem de espectadores assistem aos vídeos da Internet móvel e a próxima porcentagem maior assiste via aplicativos, seguidos de perto por aqueles que assistem tanto da Internet móvel quanto dos aplicativos. Isso significa que os profissionais de marketing que planejam anunciar ou comercializar usando vídeos nos telefones móveis precisam determinar quais dos mecanismos – a Internet móvel, os aplicativos ou uma combinação – é melhor para eles.

Em qualquer um dos casos, o conteúdo relacionado à TV no telefone móvel será significante, uma vez que quase um terço dos proprietários de smartphones baixaram aplicativos relacionados às redes de TV ou aos programas de TV em seus telefones.[61] Novamente, os usuários de iPhones estão acima da média; metade deles baixou um aplicativo relacionado à TV. As redes com os aplicativos mais comumente baixados são a ESPN e o The Weather Channel. Aqueles que não baixaram os aplicativos relacionados à TV dizem que eles não se interessam nem pelo conceito de aplicativos relacionados à TV no geral nem pelos aplicativos específicos disponíveis.

A avaliação da sua base de clientes, para saber se ela está ou não interessada em aplicativos relacionados à sua empresa, é tanto o desafio quanto a oportunidade para os profissionais de marketing, pois os clientes móveis criteriosos procuram os aplicativos que proporcionam valor pessoal a eles e descartam os outros. Se sua empresa está considerando o desenvolvimento de um aplicativo, será necessário determinar o melhor valor que o aplicativo poderá proporcionar aos seus clientes atuais ou potenciais, ou estará se arriscando a perder tempo e recursos no processo de desenvolvimento. A American Airlines, por exemplo, produziu um aplicativo que fornece os horários de voos e o status dos voos, e que dá aos clientes a habilidade de reservar seus voos, checar suas contas dos programas de milhas e fazer o *check-in*. O American Express criou um aplicativo para que os portadores de cartões chequem seu saldo atual, revisem as cobranças recentes e recebam alertas de contas via mensagens de texto.

Embora o uso de um aplicativo relacionado à TV enquanto assiste à transmissão de uma rede de TV ainda não seja comum, muitos profissionais de marketing e transmissores rastreiam esse comportamento de perto para ver como ele evolui. É claro que existe potencial para permitir que os consumidores de mobilidade interajam ao vivo através de seus telefones enquanto assistem a um vídeo. No entanto, as atividades como votação e participação em concursos não estão no topo da lista do que os consumidores sem limites atualmente fazem, de acordo com uma pesquisa conduzida pela Knowledge Networks. Com base nos dados da Knowledge Networks, as atividades que os clientes realizam com mais frequência usando os aplicativos dos smartphones relacionados à TV incluem:

| | |
|---|---|
| Assistir a vídeo clipes | 53% |
| Checar a programação da TV | 41% |
| Baixar o conteúdo para o telefone | 38% |
| Escutar música | 37% |
| Jogar um jogo | 34% |
| Ler artigos sobre atores | 31% |
| Assistir a episódio inteiros | 31% |
| Procurar receitas / instruções | 21% |
| Votar em algum concurso | 20% |
| Participar de um concurso | 17% |

Curiosamente, entre aqueles que assistem aos vídeos usando os aplicativos relacionados à TV, a maioria assiste em seus smartphones além de assistirem em seus televisores normais. A Knowledge Network também descobriu indicações de que os indivíduos com aplicativos relacionados à TV prefeririam usar a Internet para o conteúdo na TV, seguido por um aplicativo e, por último, um site na Internet móvel.

## Era das Plataformas Móveis de Vídeos

O aumento dramático na quantidade de vídeos disponíveis e o número crescente de locais em que os vídeos podem ser vistos originam as em-

MOBILE MARKETING

presas conhecidas como plataformas de vídeos online (OVPs), sendo que algumas delas têm redes de distribuição sofisticadas. A era das redes de transmissão de vídeo grandes e centralizadas, para espectadores que ansiosamente esperam pela programação em frente de uma tela principal, está acabando.

As pessoas assistirão aos vídeos na tela de um telefone no futuro? A resposta curta é: absolutamente. Estes apenas não serão filmes tradicionais, de longa metragem, mas sim novas formas de vídeos mais adequadas para os telefones celulares. Entre esses consumidores com aplicativos relacionados à TV, a maioria assiste a fragmentos e aproximadamente um terço assiste a episódios inteiros.[62] Outras atividades comuns são checar o horário do programa ou da rede, baixar o conteúdo como papel de parede e toques de celulares e escutar as músicas de um programa.

A Kyte, uma empresa privada, com matriz em São Francisco e escritórios em Nova York, Londres e Hamburgo, foi fundada em 2006 e fornece serviços de vídeo para a Internet, conexões de televisão e plataformas móveis. Os clientes da empresa incluem alguns dos nomes mais conhecidos na mídia, incluindo ABC, Clear Channel, ESPN, Fox News, MTV e Universal Music Group. A Kyte também serve clientes corporativos globalmente, incluindo a Nokia Alemanha, a Swatch, a Armani Exchange e a Monster Energy Drink.

A Kyte antecipou a movimentação para o vídeo nas plataformas com base na sua experiência na indústria da música, onde ela atendia os artistas em gravações, os quais usavam o serviço para distribuir vídeos de música. "Começamos como um serviço aos consumidores para as pessoas que compartilham vídeos entre si", diz Gannon Hall, diretor de operações da Kyte.[63] "Ele era análogo à explosão dos blogues. Hoje, todos os grandes editores têm blogues. A mesma tendência está acontecendo no vídeo. Começamos dando suporte aos formatos de vídeo de alta definição e vídeos profissionais, os quais, com o tempo, passaram a ser mais atraentes para as empresas de mídia. As empresas de mídia adotaram a plataforma como uma maneira de facilmente produzir vídeos ao vivo e *on-demand* para o público na Internet, nas redes sociais e nos celulares".

A Kyte criou um console baseado na Internet, de forma que ela conseguia fazer o upload e administrar vídeos e listas de músicas, criar e administrar canais de vídeos e administrar o conteúdo de vídeos gerados pelos usuários. Ela também criou ferramentas analíticas para rastrear a produção, distribuição e visualização de vídeos. A estrutura técnica da empresa facilita a criação rápida e fácil e a transferência de aplicativos de vídeos para iPhone, Android, BlackBerry e Nokia. A plataforma da Kyte permitia que uma empresa essencialmente criasse um vídeo e instantaneamente o disponibilizasse através de todos seus canais, incluindo seu site na Internet, página no Facebook, conta no Twitter e, mais importante, em todas as plataformas de telefones celulares. Hall disse:

> O impacto da mobilidade é realmente profundo. Não é simplesmente sobre os dispositivos móveis. Ela introduziu um novo modelo de computação. Inicialmente tínhamos os telefones com características plenas, depois o BlackBerry e, em seguida, o iPhone e a Loja de Aplicativos iTunes, a qual fundamentalmente mudou toda a natureza da computação móvel e desintermedia os provedores do jogo de distribuição do conteúdo.
>
> Ela também introduziu uma interface humana baseada no toque e gesto, o que essencialmente muda a maneira como as pessoas interagem com os computadores. As práticas móveis sendo adotadas hoje são uma amostra da direção para aonde tudo isso está indo. Há uma convergência da tecnologia móvel, da mídia e da tecnologia de computadores no geral.
>
> As TVs também estão se tornando dispositivos conectados na Internet, com *start-ups* como Roku e Boxes lançando aparelhos *set-top* conectados na Internet e grandes empresas, como a Apple e o Google, pondo toda sua força por trás de seus próprios produtos para TVs.
>
> A Kyte está pronta para produzir mídia para públicos em aparelhos diferentes em tempos diferentes. Estamos prontos para distribuir mídia pela tecnologia da Internet, seguindo a movimentação de toda mídia sendo produzida através de tecnologias da Internet. No fim das contas, tem a ver com a facilitação da entrega do conteúdo, incluindo vídeo para telefone. Tem tudo a ver com conteúdo.
>
> Por exemplo, num iPhone certos conteúdos são perfeitos, como, por exemplo, enquanto você espera seu carro ser lavado. Os vídeos em formato curto são excelentes para essa hora. No entanto, para aparelhos maiores, o conteúdo mais longo é melhor para uma experiência mais relaxada. Não tenho certeza se a televisão linear (como, um episódio de *Lost*) é o formato correto para um telefone móvel.

MOBILE MARKETING

Os aparelhos diferentes são contextuais. Se você está conectado a uma TV, o contexto deve ser diferente do móvel, de modo que é preciso haver adequação para as plataformas. Pegue, por exemplo, a publicidade em vídeo móvel. Ela começou com chamadas de 30 segundos, depois passou para 15 e agora estão surgindo formatos novos e interativos de anúncios.

No início da TV, as falas dos rádios eram lidas em frente a uma câmera. Por fim, os produtores de TV perceberam que podiam fazer mais com a tecnologia e criaram novos conteúdos especificamente para o público televisivo. A mobilidade não é diferente, e os editores estão apenas começando a criar conteúdo especificamente para o público móvel.

Um dos exemplos dos novos usos para as plataformas móveis foi desenvolvido depois do terremoto no Haiti. A MTV queria ajudar, assim ela pediu para a Kyte desenvolver um aplicativo para iPhone, Hope for Haiti (Esperança para o Haiti). A MTV então transmitiu o "Hope for Haiti Now", uma maratona televisiva de duas horas para arrecadar dinheiro para as atividades de ajuda. Os telespectadores com telefones móveis podiam baixar o aplicativo do iTunes, assistir à transmissão ao vivo e fazer doações em tempo real de seus telefones. O aplicativo foi criado em menos de um dia.

A cadeia internacional de lojas de móveis, IKEA, usou a plataforma da Kyte para apresentar conteúdo de vídeo autêntico em um site especial na Internet, dedicado a uma visita promocional na Alemanha, a qual visitou 22 lojas da IKEA em 12 dias. O varejista transmite ao vivo o conteúdo nas lojas provenientes dos telefones móveis para o canal da Kyte.

As plataformas de vídeos online facilitam a distribuição de conteúdo móvel instantânea e globalmente. Os profissionais de marketing podem usar essas plataformas não apenas para alcançarem seus clientes onde eles estiverem a qualquer hora, mas também se conectarem com novos clientes potenciais, à medida que a distribuição de vídeo móvel cresce cada vez mais.

## Anunciando nas Plataformas Móveis de Vídeos

Era apenas natural que, com os avanços tecnológicos que enviam vídeos eficientemente para o mundo móvel em crescimento, os profissionais de marketing começariam a procurar meios de levar suas mensagens de vídeo para as mãos de seus clientes. Com a televisão, o marketing foi relativamente fácil: o comercial era produzido e depois transmitido para milhões de pessoas. O aspecto negativo era que, embora milhões de pessoas pudessem ser alcançadas de uma só vez, não havia garantias de que todas elas eram as pessoas certas. O antigo clichê publicitário "Metade do dinheiro que eu gasto com publicidade é desperdiçado, só não sei qual metade"[64] parecia apropriado para muitas das propagandas no início da televisão. O monitoramento dos espectadores é rastreado cientificamente, considerando os limites inerentes na medida de uma mídia de massa, como a televisão. A mobilidade está na outra extremidade do espectro. Com a mobilidade, cada chamado para ação pode ser monitorado de forma que a eficácia das mensagens de marketing ou publicidade possa ser monitorada de perto, em tempo real. E em muitos casos, a ação de um cliente baseada na localização pode ser monitorada pela eficácia. A mobilidade, de fato, apresenta um desafio que é quase o oposto do que aconteceu com a televisão: em vez de visualizar uma única transmissão, o consumidor sem limites absorve conteúdo de tantos locais diferentes que é um desafio alcançar muitos deles quando você quiser. Parte disso é por causa da segmentação de mercado, mas um aspecto significativo disso é também motivado pela diferença em tecnologia.

Na transmissão, por exemplo, os executivos e anunciantes da rede sabem de antemão aproximadamente quantas pessoas provavelmente assistirão a um show específico. Os editores de revistas e jornais também sabem de antemão quantas pessoas provavelmente verão uma edição, isto porque as empresas de mídia sabem qual é a sua circulação total ou o tamanho do seu público. Os planejadores de mídia e compradores descobriram com o tempo as combinações de mídia que eles devem comprar para qualquer marca ou comerciante, como também medir quantas pessoas viram a mensagem.

Por exemplo, uma empresa que quer que sua mensagem de marketing alcance os fãs de esportes poderia anunciar na *Sport Illustrated*, na ESPN ou em outras publicações ou canais esportivos. O anúncio ou comercial seria produzido e colocado na mídia designada. Essa estratégia é relativamente direta e bem estabelecida; as marcas, os anunciantes, os

**138** MOBILE MARKETING

compradores de mídia e as empresas de mídia todos sabem como funciona. A mobilidade vira este modelo de ponta cabeça ao adicionar as dimensões de tempo e local ao *mix* de consumo de mídia. Com a mobilidade, os compradores de mídia conseguem alcançar pessoas específicas com base em sua localização e o que elas provavelmente estão fazendo. Estejam os clientes num jogo de futebol, no shopping center ou em casa, os profissionais de marketing conseguem facilmente medir a disposição de um cliente com base na hora do dia e na localização específica.

Os consumidores sem limites ainda recebem conteúdo de empresas de mídia tradicional, assim como uma pletora de novas fontes de informações. O desafio inicial para os profissionais de marketing tem sido como alcançar os clientes móveis, como alcançar muitos deles e como ser atraente para eles. Em comparação com a mídia tradicional, a mobilidade apresenta os desafios e as oportunidades para os profissionais de marketing e os provedores de conteúdo:

- Os consumidores não absorvem conteúdo com a mobilidade da mesma maneira como a mídia tradicional.
- A capacidade de concentração na mobilidade é mais curta.
- O número elevado de aplicativos móveis pode causar confusão no mercado, sendo que muitos têm facilidades similares, ou as pessoas não as encontram porque ficam perdidas no pacote.
- Os inovadores no conteúdo móvel continuam aumentando o padrão para a criação de conteúdo.
- Os smartphones permitem que as pessoas mudem rapidamente de uma tela para outra.
- Um número quase infinito de consumidores sem limites pode ser alcançado em vários horários.
- A mobilidade facilita a interatividade extrema.
- A mobilidade permite chamados para ação imediata.
- Os consumidores sem limites podem ser alcançados no local.

As dinâmicas da mobilidade dramaticamente alteram as métricas de alcance e frequência tradicionais da publicidade, isto é, quantas pessoas recebem uma mensagem de marketing e com que frequência. Em uma publicação impressa tradicional, o alcance e a frequência são óbvios. Na Internet, este também se tornou relativamente direto, isso por causa das plataformas tecnológicas que ajudam a padronizar as maneiras como os anúncios são transmitidos. Por exemplo, a Pointroll, uma subsidiária da Gannett Co., Inc., desenvolveu facilidades de publicidade em vídeo on-line, interativos e voltados para a ação, na Internet. Muitas das empresas da *Fortune 500* têm usado a plataforma da Pointroll para transmitir seus anúncios em vídeo e rastrear as visualizações; no total, esses anúncios foram vistos centenas de bilhões de vezes.

## Onde Gastar no Marketing Móvel

Quando falamos sobre anunciar na mobilidade, o mantra é: "Sei que todo o dinheiro que gasto com publicidade móvel é útil; só não sei onde gastá-lo". Com a mobilidade, é possível alcançar o maior número de pessoas que quiser, onde quiser, quando quiser, mas você não consegue alcançá-las de maneira tradicional. A publicidade será diferente e as medidas serão diferentes. As expectativas e os resultados serão diferentes.

A Crisp Wireless tem sua matriz no vigésimo andar de um prédio modesto na Oitava Avenida, a algumas quadras do Madison Square Garden, em Nova York. Dentro desses escritórios, os desenvolvedores trabalham nos mecanismos tecnológicos que permitem que os profissionais de marketing enviem mensagens comerciais sofisticadas para milhões de clientes em seus telefones móveis, com base em suas localizações e rastreiem quem agiu a partir dessas mensagens.

A empresa começou em 2006, e inicialmente focou na criação de sites móveis para empresas, principalmente no setor de mídia. Dois anos depois, a Crisp Wireless mudou de direção e começou a criar uma plataforma de tecnologia comum que permite aos editores aceitarem mais facilmente os tipos avançados de publicidade móvel. A plataforma também dá aos anunciantes a habilidade de criar anúncios altamente envolventes e mais facilmente alcançarem números maiores de clientes entre os vários editores naquela plataforma. "No final de 2009, lançamos a plataforma e mudamos o foco para a publicidade e a nossa base de clientes", diz Boris Fridman, diretor executivo da Crisp Wireless.[65] "Com a mobilidade, os

**140** MOBILE MARKETING

editores tinham de ser capazes de aceitarem os anúncios e existem poucos fornecedores deste tipo de tecnologia, uma vez que há uma ampla variedade de plataformas. Esta era uma venda fácil para os editores". A Crisp Wireless assinou com mais de 700 editores e empresas de mídia, incluindo CBS, The Wall Street Journal, *Esquire*, *BloombergBusinessWeek*, *GoodHousekeeping*, Lifetime, *FastCompany*, Hearst e TBS, entre outras.

A Crisp Wireless criou vários formatos de publicidade móvel para os editores, e, em seguida, trabalhou com eles para capacitá-los e certificá-los a usarem qualquer combinação de formatos. Os formatos dos anúncios para os telefones móveis incluem:

- Tela cheia, o que ocupa toda a tela do telefone.
- Expansível, o que começa pequeno, mas permite que o receptor o aumente.
- Baseado na localização, determinado pela localização geográfica do telefone (uma vez que o usuário concorde em ser rastreado); pode direcionar o usuário da mobilidade para a concessionária ou varejista de um produto mais próximo.
- Toque leve para vídeo, um componente adicional que leva diretamente para um vídeo com uma batida leve ou toque na tela.
- Toque leve para redes sociais, um componente adicional que leva diretamente para uma rede social, como Facebook ou Twitter, com uma batida leve ou toque na tela.
- Habilitado para o comércio, o que permite que o usuário compre instantaneamente de um varejista designado, por exemplo, da loja do iTunes quando usa um iPhone.
- Toque leve para chamadas, um componente adicional que fornece o número de telefone em que o usuário bate de leve ou toca para ligar para esse número imediatamente.

A plataforma de tecnologia da Crisp Wireless permitia que esses formatos de anúncios rodassem numa variedade de dispositivos móveis, de forma que os anunciantes ou editores não precisem customizar cada tipo de telefone móvel. Este é um exemplo de uma plataforma sendo criada para servir uma nova necessidade de mercado, a de criar anúncios prontos para os smartphones em vez de simplesmente tentar dar novo propósito ao conteúdo e abordagem da Internet.

Muitas empresas e agências publicitárias estão experimentando componentes diferentes da plataforma da Crisp Wireless, para ver o que funciona melhor para seus clientes. Por exemplo:

- Para promover sua campanha de Echo Zulu, a Força Aérea dos Estados Unidos criou um anúncio animado na página inicial do site móvel da MTV que incluía o gráfico de um avião que parecia "bater" na tela do telefone. A "batida" era seguida por um anúncio expansível que o usuário podia tocar para levá-lo diretamente para um vídeo. O mercado alvo eram pessoas de 16 a 24 anos de idade.
- A campanha do Lexus para a *Fast Company* envolvia o patrocínio completo de um site que permitia que o Lexus promovesse seu conversível IS para os profissionais hábeis em informática por meio de seus iPhones. A página inicial da *Fast Company* carregava um *banner* que dizia "Trazido até você pelo Lexus" e mostrava um anúncio que, quando clicado ou tocado, levava a pessoa diretamente para uma das concessionárias.
- O Museu Americano de História Natural queria promover duas exibições específicas, "Jornada nas Estrelas" e "Lagartos e Cobras"; assim sendo, ele criou anúncios autoexpansíveis que se fechavam depois de três segundos e incluíam anúncios em *banner* expansível e dois *banners* de "toque leve para vídeo". O museu almejava os consumidores sem limites ao rodar os anúncios no Accu.Weather.com, na cidade de Nova York.
- A Paramount Pictures usou os anúncios *takeover* de tela cheia na página inicial do site da Fandango, otimizado pelo iPhone, para promover o lançamento nos cinemas do filme *G.I.Joe: the Rise of the Cobra*. O anúncio era customizado para rodar apenas uma vez por dia por pessoa e clicado para ser testado entre os fãs, o qual podia ser fechado para poder continuar no site da Fandango. A campanha passou por duas semanas antes do lançamento do filme e a empresa rastreou altas taxas de cliques.

**142** MOBILE MARKETING

Esses tipos de inovações se tornarão comuns quando as empresas começarem a capitalizar nos pontos fortes tecnológicos do ambiente móvel, ao mesmo tempo em que melhor atendem as necessidades das pessoas que migram para esses dispositivos em grande número.

"Os editores veem o crescimento da mobilidade", diz Fridman. "A mobilidade para alguns editores é agora de 30 a 40% de seu tráfego." Fridman, que, em 2001 escreveu um livro sobre dados sem fio para empresas, está entusiasmado com o potencial para a mobilidade. Ao se referir à diferença no processo de desenvolvimento tecnológico para os sites na Internet em comparação aos *smartphones*, Fridman diz: "A mobilidade é diferente. É mais fácil ir do móvel, mas mais difícil é ir de online para móvel. O futuro da mobilidade é um círculo vicioso. Para que a publicidade seja um negócio, você precisa de público. E precisa de conteúdo para o público. Os anúncios geram receitas e as receitas geram mais conteúdo. Para o comércio, é necessário anunciar".

As empresas que têm usado a plataforma da Crisp Wireless incluem a Volkswagen, Ford, Sprint, Skittles, Intel, Coca-Cola, Estée Lauder, Lexus, Infiniti e Toyota, entre outras. Além de seu leque de formatos de anúncios, a plataforma da Crisp Wireless tem várias outras características USPT que as empresas globais acham atraentes: "Ela tem informações sobre a localização embutida na plataforma", diz Fridman. "Mas é preciso permissão para isso. A característica de 'pressionar para ligar', também é embutida."

Um dos aspectos mais significantes das características da USPT é a responsabilidade. A promessa do verdadeiro marketing de um para um, o que cada vez mais se aproxima da realidade com cada nova mídia, aproxima-se ainda mais com a mobilidade. A plataforma da Crisp Wireless, por exemplo, proporciona aos profissionais de marketing dados altamente detalhados a respeito das respostas aos seus anúncios, incluindo:

- Número de segundos que uma pessoa fica em uma página inicial.
- Hora do dia em que cada elemento de anúncio é visto.
- Número de interações com cada anúncio.
- Número de vezes em que um vídeo é mostrado.
- Porcentagem de vídeos assistidos inteiramente.
- Porcentagem de pessoas que tocam no *banner* de "assistir ao vídeo".

Cada anunciante fica sabendo em tempo real como cada mensagem de marketing específica está sendo recebida. "As agências conseguem mostrar cada um dos anúncios realizados em cada site e depois otimizar para a próxima campanha", diz Fridman. "Os editores apresentam dois lados. Há os consumidores, que são alcançados com conteúdo e os profissionais de marketing, que querem alcançar os consumidores. Isso faz que o mercado seja mais transparente. Por um lado, é possível criar anúncios maravilhosos e por outro, pode-se distribuí-los e então entender o comportamento dos clientes".

Ao usar este tipo de tecnologia e plataforma, você como profissional de marketing consegue criar e enviar uma mensagem para um grupo bastante grande de clientes móveis potenciais. Você poderá, então, ver o que funciona, baseado na hora e local. E conseguirá fazer isso em tempo real, o que lhe permite modificar as mensagens no panfleto com base nos resultados atuais.

## Mobilidade Fechada: Há um Mapa para Isso

As fontes de conteúdo e os conceitos dos aplicativos variam amplamente: em alguns casos, os aplicativos móveis derivam de funções e características previamente existentes, embora outros sejam novos para qualquer mídia. Um dos melhores exemplos de uma fonte "emprestada" são os mapas digitais. Esses ganharam popularidade através de empresas como a Garmin, que fica em Kansas, a qual, desde 1989, cria aparelhos para navegação e comunicação. Muitos motoristas cresceram acostumados a essas instruções passo a passo, claramente faladas no idioma selecionado, de dispositivos instalados na fábrica ou presos com ventosas no para-brisa. Os proprietários podem baixar os mapas atualizados anualmente. A necessidade do mercado era aparente, assim, tão logo as facilidades tornaram-se disponíveis, as empresas como Verizon e Google ofereceram direções passo a passo por meio dos telefones móveis. Embora as telas podem não ser tão grandes como aquelas nos aparelhos da Garmin, elas são suficientemente grandes e detalhadas para ajudar os motoristas a encontrarem seu caminho do ponto A ao ponto B, com opções variáveis incluindo a rota mais rápida, a rota com a vista mais bonita, e assim por diante.

**144** MOBILE MARKETING

Uma mudança no jogo de mapas móveis ocorreu em abril de 2005, quando o Google adicionou fotos de satélites e direções ao Google Maps, o qual havia sido lançado no início daquele ano. Em fevereiro de 2007, o Google adicionou aos mapas informações sobre o trânsito em mais de 30 cidades e em junho de 2008 uma nova versão do Google Maps, projetada para telefones móveis, adicionou informações sobre o trânsito para 50 cidades ao redor do mundo. A diferença entre o rastreamento do GPS tradicional e os aplicativos móveis, como o Google Maps, é que os aplicativos do Google Maps mapeiam as condições do trânsito ao longo de uma rota e proporcionam um tempo estimado de chegada com base nessas condições do trânsito. Mesmo se o motorista não souber de um congestionamento logo à frente, por exemplo, o aplicativo do Google fatora esta situação no tempo final de chegada.

Mas nem todos os aplicativos evoluem de criações ou serviços oferecidos através de mídias passadas. Por exemplo, em 7 de agosto de 2007, em Salt Lake City, Utah, a Spot Inc. introduziu o Spot Satellite Messenger, um produto que a empresa chamou de o primeiro rastreador por satélite global para consumidores.[66] O Spot Satellite Messenger, um aparelho móvel fechado, foi o primeiro de seu tipo a usar mensagens de satélite combinadas com a tecnologia de localização do GPS e era, na época, bastante avançado para um produto para consumo. O aparelho portátil era do tamanho de um pequeno *walkie-talkie* e usava tecnologia de satélite para GPS para determinar a localização de um usuário sem cobertura pelo celular. A unidade foi inicialmente vendida por aproximadamente US$ 150 nos Estados Unidos, com uma taxa de assinatura adicional de US$ 99. Com o tempo, o custo inicial da unidade caiu para US$ 95.

O produto almejava pessoas que gostam de passar tempo ao ar livre, como barqueiros, caminhantes, campistas, pilotos e afins. Com o toque em uma tecla, a Spot consegue transmitir as coordenadas de localização por GPS do usuário e enviar uma mensagem para um centro de emergências ou para amigos, familiares ou colegas de trabalho para pedir ajuda, rastrear a localização do usuário ou apenas deixar que os amigos saibam que está tudo bem. Havia várias configurações de mensagens pré--selecionadas que chegavam a certas autoridades; se fosse um barqueiro, por exemplo, e pressionasse a tecla de emergência, a Guarda Costeira seria notificada. Os serviços da Spot funcionavam ao redor do mundo, incluindo todo o continente dos Estados Unidos, Canadá, México, Europa e Austrália e porções da América do Sul, o Norte da África e o Nordeste da Ásia, e mais de milhares de milhas da costa dessas áreas.

Em 30 de setembro de 2008, a Spot Inc. recebeu o prestigioso Prêmio de Inovação em Tecnologia do *The Wall Street Journal* pelo seu Spot Satellite Messenger. Em meados de 2010, a Spot havia iniciado mais de 600 resgates em 51 países, em terra e no mar.

A Spot é uma subsidiária da Globalstar, a qual foi estabelecida em 1991 e começou os serviços comerciais em 1999, e oferece serviços por mais de 120 países, assim como para a maior parte das águas territoriais e várias regiões no meio do oceano. Usando a constelação de low-earth--orbit (LEO – satélites em órbita baixa) de satélites em órbita e uma rede de estações terrestres, a Globalstar oferece serviços de comunicações por voz e dados via satélite para agências governamentais, empresas e outros clientes em mais de 120 países. As estações terrestres são operadas por subsidiárias na América do Norte, na França, na Venezuela, no Brasil e na Nicarágua e em outros locais por empresas não afiliadas ou operadores independentes de portais de entrada.

Este é um exemplo de um aparelho móvel fechado e específico que, embora não seja um telefone, serve um propósito distinto e algumas vezes singular: enviar uma mensagem ou sinal para notificar outras pessoas de que se está ou não em necessidade de assistência, incluindo sua localização atual. A chave é que ele funciona fora da extensão de celulares normais, como várias milhas em alto mar, além do alcance das torres para celulares. Existem alguns casos em que este tipo de tecnologia pode ser mais eficaz do que um *smartphone*, embora ela envolva uma porcentagem relativamente pequena do mercado. O que serviços como a Spot mostram é que continuará a haver aparelhos móveis além dos smartphones, os quais servem propósitos distintos.

## Computadores Móveis

Existem aparelhos móveis portáteis que não se encaixam na categoria de smartphones, os quais algumas vezes são conhecidos como telefones com

**146** MOBILE MARKETING

aplicativos, uma vez que eles rodam aplicativos. Esses outros aparelhos móveis possibilitam o fluxo bilateral de informações entre uma empresa e qualquer um de seus funcionários, como os vendedores e agentes de entrega. Eles normalmente são aparelhos maiores do que os smartphones comuns e permitem funções variáveis, dependendo do uso comercial específico.

A Foster Farms Dairy foi criada em 1939 quando Max e Verda Foster compraram uma fazenda de oito acres ao sul de Modesto, no Vale São Joaquim, na Califórnia. A operação começou com alguns frangos, mas em dois anos ela incluía um rebanho inteiro de vacas leiteiras Jersey, distribuindo leite em garrafas resfriadas nas portas dos residentes locais. Em meados dos anos 1950, os Fosters adicionaram uma fábrica de laticínios, e dez anos depois começaram a produzir queijo tipo *cottage,* creme azedo, iogurte, sorvete e manteiga. A Foster Farms Dairy cresceu para hoje ser o maior laticínio de propriedade privada na Califórnia. A cada semana, a Foster Farms Dairy ordenha mais de 5 mil vacas em seus laticínios localizados por todo o Condado de Stanislaus. A fazenda processa mais de 2 milhões de galões de leite por semana, leite que é distribuído ao longo de oito instalações adicionais localizadas em todo o Estado.

A fazenda tem uma equipe de motoristas que faz entregas e também age como vendedores em lojas individuais que compram leite e outros produtos laticínios da Foster Farms Dairy. Na segunda metade de 2010, a Foster Farms Dairy equipou esses motoristas com o MC9500 da Motorola, essencialmente um aparelho móvel portátil resistente que permitia que os motoristas se conectassem, remotamente, aos bancos de dados da empresa, os quais proporcionavam detalhes de quais produtos deveriam estar em cada balcão frigorífico. A fazenda conseguia assim administrar e rastrear o inventário, desde a remessa até a entrega no local, através de reconciliações no final do dia.

Esse é um exemplo de um aparelho móvel específico usado para uma necessidade específica, neste caso, o rastreamento de produtos, do inventário e das interações com os clientes. Esse tipo de aparelho é muitas vezes considerado para "fins corporativos", embora ele use redes sem fio tradicionais. Esse tipo de aparelho seria mais comum em uma organização para um fim específico, como o controle e rastreamento dos produtos e inventário da Foster Farms Dairy. Normalmente, esses aparelhos móveis são maiores do que os smartphones – algumas vezes substancialmente maiores – e embora tenham telas de toque e sensores internos de movimento, eles não se encaixam na categoria de smartphones, sendo dedicados a um fim específico, em vez de poder rodar o número ilimitado de características e aplicativos dos smartphones tradicionais.

## Usando Telefones com Aplicativos

Em 25 de julho de 2009, uma estudante do ensino médio de Los Angeles, de 17 anos de idade, saiu de casa para fazer algumas coisas na rua. Mais tarde, ela ligou para cada um dos seus pais para perguntar como sacar dinheiro usando seu cartão de crédito num caixa eletrônico. Além do pedido incomum, não havia nada que indicasse que alguma coisa estava errada ou que a garota estava sendo coagida a fazer os telefonemas. Como ela não voltou para casa, seus pais chamaram a polícia. O corpo da estudante foi encontrado na manhã seguinte no banco do passageiro de seu carro. Um criminoso condenado se confessou culpado pela morte da garota e foi sentenciado à prisão perpétua.

Pouco tempo depois da tragédia, uma equipe de desenvolvedores de software se dedicou a ajudar a prevenir tais crimes no futuro. Eles queriam criar um mecanismo que aumentaria a segurança ao redor de um indivíduo, permitindo que a pessoa silenciosamente ligasse pedindo ajuda quando necessário. Os desenvolvedores criaram o Silent Bodyguard, um aplicativo grátis para iPhone que, quando ativado, envia e-mails de emergência para sete contatos a cada 60 segundos e inclui a localização da pessoa.

"Estamos estudando a criação de aplicativos customizados para as escolas, para que eles possam monitorar as comunicações", diz Justin Leader, presidente da Fun At Work, com sede em Los Angeles, desenvolvedor do Silent Bodyguard. O aplicativo pode ser usado por qualquer pessoa, mas um de seus principais mercados são as pessoas com acesso ao seu próprio serviço de segurança, como estudantes universitários, cuja equipe de segurança no *campus* normalmente tem uma instalação de monitoramento central bem equipada. Mediante o pagamento de uma

**148** MOBILE MARKETING

taxa nominal, as mensagens emergenciais podem ser enviadas para todos os seguidores da pessoa no Twitter ou para vários telefones celulares, diz Leader. Uma mensagem de texto padrão poderá dizer: "Por favor, me ajude. Minha localização é...", seguido por um link para um mapa do Google identificando a localização da pessoa. Os estudantes podem incluir as informações de seus colegas de quarto e o Silent Bodyguard também os notificaria.

Dez mil pessoas já fizeram o download e ativaram o Silent Bodyguard e este foi usado 300 mil vezes, sendo que muitas eram mensagens de teste para amigos. "Os e-mails vão para as pessoas que você confia e os melhores e-mails vão para os amigos que você mais confia", diz Leader. Além dos estudantes universitários, existem várias outras categorias potenciais de usuários para o aplicativo, como os corretores de imóveis que mostram uma residência quando estão sozinhos.

O Silent Bodyguard é um exemplo de um aplicativo prontamente disponível, sendo que qualquer um pode fazer o download rapidamente para seu telefone e usar imediatamente. Aplicativos como este podem ser criados por quase qualquer pessoa que identifique uma necessidade e tem a facilidades de programar ou contratar programadores para desenvolver e lançar aplicativos relevantes.

A chave para criar um aplicativo de sucesso é apelar para os consumidores sem limites em pelo menos uma das três maneiras:

- **Facilitar a vida**. As pessoas hoje em dia são muito ocupadas e muitas delas são sobrecarregadas pela quantidade de coisas que precisam realizar no curso de um dia. Qualquer aplicativo que facilite um pouco da carga de atividades diárias, fazendo com que as tarefas regulares sejam mais simples ou mais eficientes, ganha. Isso pode ser tão simples quanto ajudar uma pessoa a criar uma lista de compras ou notificá-la quando um item desejado é disponibilizado com base em sua localização no momento.
- **Tornar a vida mais barata**. Proporcionar valor na forma de descontos ou ofertas especiais é algo bastante atraente para o cliente móvel, isto porque as negociações são altamente relevantes com base no tempo e na localização do indivíduo. Ao permitir que os

clientes usem seus telefones móveis para encontrarem os melhores preços para um item específico nas lojas ao seu redor ou online, os clientes farão verdadeiras economias.

- **Tornar a vida mais divertida.** Com a conectividade constante e a natureza do local de trabalho de manter a pessoa sempre ligada, elas gostam de uma folga. Esta folga da vida diária pode assumir a forma de um aplicativo de jogos ou um quebra-cabeça desafiador. (Um dos muitos exemplos é o aplicativo Angry Birds, o qual foi baixado mais de 50 milhões de vezes.)

Os aplicativos são limitados apenas pela criatividade. Existem centenas de milhares de aplicativos, sendo que alguns são apresentados neste livro. A seguir, alguns exemplos:

**Isqueiro Virtual Zippo.** Perfeito para concertos, este aplicativo para iPhone proporciona desenhos diferentes de isqueiros Zippo, o qual a pessoa pode selecionar e escrever uma mensagem. Com uma virada do pulso, o isqueiro se abre e ao passar o dedo pela rodinha de acendimento, ele acende, tudo isso com som. Os desenhos especiais customizados estão disponíveis por 99 centavos de dólar. Este aplicativo foi baixado mais de 10 milhões de vezes.

**Vídeos Repercutidos ao Vivo.** Este aplicativo permite que uma pessoa insira o nome de usuário de um amigo e toque no nome para "repercutir"; quando a outra pessoa responde o som de repercussão no seu próprio telefone, ela pode ver o que o telefone da primeira pessoa vê, em vídeo ao vivo. Isto pode ser feito enquanto as duas partes estão no telefone, de forma que uma pessoa pode mostrar a outra pessoa o que ela vê ao vivo enquanto discutem a respeito. O aplicativo requer velocidade de rede de 3G, mas funciona para iPhones e Androids.

**Grupo InterContinental Hotels.** Com este aplicativo, os clientes têm a habilidade de encontrar e reservar quartos de hotéis, pesquisar as taxas de *check-in*, clicar para ligar para a recepção de um hotel, visualizar ou cancelar reservas para todas as sete marcas da rede (Intercontinetal, Hotel Indigo, Crowne Plaza, Holiday Inn, Holyday Inn

Express, Staybridge Suites e Candlewood Suites). O aplicativo do Priority Club Rewards foi baixado mais de 75 mil vezes; a mobilidade gera receitas de mais de US$2,5 milhões por mês para a Inter-Continental.

**Key Ring.** O Key Ring permite que os clientes insiram os números de contas dos programas de fidelidade e informações sobre outros programas de fidelidade, assim como escanear códigos de barra de cartões de supermercados ou outros cartões de fidelidade; o aplicativo armazena digitalmente as informações para uso posterior, permitindo que os varejistas simplesmente escaneiem os códigos de barras da tela.

**ChaCha.** Este aplicativo usa o reconhecimento de voz da AT&T, permitindo que a pessoa faça perguntas, tais como a localização de um restaurante ou loja; as opções são apresentadas via mensagens de texto, com links para a Internet.

**Brookstone.** O aplicativo da loja com o mesmo nome apresenta a facilidade de encontrar lojas com base na localização atual do telefone, assim como a facilidade de compras diretamente do aplicativo. Muitos grandes varejistas, como o Walmart, têm aplicativos com características similares.

**Leve-me para Meu Carro.** Este aplicativo faz basicamente o que ele diz. Quando você estaciona seu carro, simplesmente toque em "Park" no aplicativo e ele se lembrará da localização. Mais tarde, quando chegar a hora de encontrar seu carro, toque em "Get Directions" e receberá as direções e o tempo de chegada estimado ao local.

**Centro de Jogos da NFL.** O aplicativo da Liga Nacional de Futebol (NFL) fornece notícias sobre cada time, a colocação e, mais importante, os placares atuais e as descrições de jogada em jogada em tempo real. Uma versão prêmio fornece características adicionais, como o acesso com um toque à sua equipe favorita, a qual é selecionada assim que o jogo começa e narra as grandes jogadas. A ESPN tem um aplicativo que fornece mais informações sobre cada time esportivo com base no mercado.

**DirectTV.** Este aplicativo útil permite programar um DVR caseiro remotamente com até 14 dias de antecedência. Viajando? Sem problemas. O aplicativo mostra quais canais você recebe. Você pode procurar shows, filmes ou programas na televisão de acordo com o horário e o dia, selecionar a sala onde o DVR está localizado e colocar para gravar a partir de seu smartphone. Os assinantes da Comcast usam um aplicativo similar chamado Xfinity TV.

**OnTheFly**. O aplicativo da ITA Software permite que você faça compras de passagens aéreas para qualquer lugar do mundo. Ele fornece cálculos exatos de passagens aéreas com seleções rápidas com base na empresa aérea, nas passagens e nos horários de saídas e oferece a facilidade de em um toque para enviar por e-mail um itinerário selecionado. Os aplicativos TripIT Travel Organizer e Orbitz fornecem características similares.

**iHeart Radio.** Este aplicativo toca estações de rádio do país todo. O usuário pode selecionar por música ou por categoria de programa, e consegue ouvir os eventos esportivos de seu time enquanto está na estrada. Outro é a Tunin.FM iCar Radio Lite para o iPhone.

**Descontos da AAA**. Este aplicativo mostra descontos para os membros do AAA com base em sua localização atual. A localização do desconto pode ser selecionada por categoria, listada por distância e localizada em mapas em tempo real. O aplicativo também fornece instruções passo a passo para a localização de desconto selecionada. Um aplicativo similar, a AAA Roadside, oferece localizações de aluguel de carros e oficinas automotivas e fornece uma conexão direta por texto ou telefone para auxílio na estrada.

**Dragon Dictation**. Este aplicativo transcreve (bastante precisamente) o que é falado e cria mensagens que podem ser postadas nas redes sociais, como Twitter ou Facebook, ou enviadas por e-mail. Ele transcreve vários idiomas, incluindo inglês, francês e italiano.

**iSpain Cities**. Este aplicativo proporciona um guia para as principais cidades na Espanha. Ele contém características encontradas em muitos aplicativos de viagens, incluindo um conversor de moeda, informações sobre hotéis, restaurantes próximos com direções e informações para contato e listas de endereços úteis.

O número de aplicativos móveis é projetado para ultrapassar as centenas de milhares que já existem. Parte deste crescimento é motivado pelas grandes marcas, as quais acham motivos comerciais lógicos para criar aplicativos funcionais e relevantes e a outra parte é motivada pela criatividade de desenvolvedores veteranos e novos que têm grandes ideias para aplicativos divertidos e úteis. Como parte de sua fabricação central, um número grande desses aplicativos inclui facilidades de localização, uma área que exploraremos no próximo capítulo.

# Localização, Localização, Localização: MBL

À s vezes, o consumidor motivado pela mobilidade está em um local e uma empresa consegue proporcionar valor na forma de informações úteis, mesmo se o cliente não estiver disposto a fazer uma compra imediata. As facilidades baseadas na localização embutidas nos smartphones permitem que as empresas forneçam informações relevantes para um cliente potencial imediatamente ou mesmo permite que o cliente armazene várias localizações de lojas para poder acessar mais tarde. Por exemplo, um cliente com um smartphone poderá fazer o *check-in* num local por meio de um aplicativo que inclui rastreamento baseado na localização. Se o cliente concordar, sua localização irá gerar mensagens de marketing sobre os produtos ou serviços relevantes com base naquele local específico, as quais aparecem dentro de certo período de tempo. Os profissionais de marketing podem usar os detalhes deste cliente como informações gerais, de forma que, quando ele contatar a empresa, ela já está preparada para servi-lo. É possível automaticamente puxar informações armazenadas, como a localização do cliente em relação a uma loja ou mesmo em termos de proximidade de um imóvel para venda.

## Marketing no Local

Chamamos esta abordagem, de usar as informações de localização antes do contato de um cliente, de *marketing no local*. As informações de loca-

**154** MOBILE MARKETING

lização do telefone do consumidor sem limites são usadas para melhor equipar uma empresa com dados úteis, mesmo antes de ela ser contatada pelo cliente, fazendo com que a interação posterior entre a empresa e o cliente seja mais eficiente e eficaz.

Como exemplo, a ING Direct, o maior banco direto dos Estados Unidos, busca captar informações de localização e usá-las para facilitar as interações dos clientes com eles, um bom exemplo de marketing no local. A tecnologia baseada na localização consegue identificar a localização de um cliente potencial em relação a uma casa específica para venda, quando a localização de tal casa já é conhecida. "Para nós, a localização é crucial", diz J.J. Beh, líder de estratégia hipotecária e planejamento da ING Direct.[67] "Com o alcance, você obtém reconhecimento, mas quando falamos sobre considerar ou rentabilizar, o alvo importa mais. O que importa é se posicionar na frente deste consumidor na hora certa".

Com o aplicativo para smartphone da ING, a pessoa que esteja em frente a uma casa que ela está considerando comprar consegue automaticamente notificar o ING da localização da propriedade, isto porque o smartphone transmitiria aquela localização e ela seria comparada com as informações de localização das propriedades para venda. O cliente, com um toque, também salvaria as informações para serem usadas mais tarde. "Isso leva a conversas completas, avançadas", diz Beh. "Quando os usuários querem mais informações sobre a propriedade que eles estão considerando, o aplicativo móvel puxaria os dados do MBS daquela propriedade específica e os mostraria, e se o usuário decidir contatar a imobiliária ou o corretor, ele clica em *chamar* o agente e o aplicativo envia os dados da listagem da propriedade para o agente, uma cortesia da ING Direct", diz Beh. "Existe aqui uma oportunidade para a ING Direct semear ou melhorar os relacionamentos entre o credor e o corretor imobiliário." Quando os usuários estão interessados em falar sobre hipotecas, ao clicarem em "chamar" eles são levados diretamente para um *callcenter* da ING Direct, começando a conversa e pulando perguntas preliminares, como você está comprando ou refinanciando, onde você está procurando, os quais descobrimos quando o usuário navega pelo aplicativo. Com mais dados em mãos, a conversa é mais proveitosa, como "Sr. Borges, parece-

-me que está procurando financiamento de uma propriedade no Sunset Way 5, e seus cálculos mostram que está interessado em X".

Ao usar as informações de localização dessa maneira, o cliente consegue contatar uma empresa e já estar a alguns passos adiante. Em vez de ter de começar do início, explicando quem são eles e qual propriedade estão procurando, e começar a fazer perguntas sobre um empréstimo, por exemplo, a conversa poderá começar já em nível de detalhes.

À medida que mais empresas fazem o marketing no local, mais clientes passarão a esperar tais serviços, levando mais empresas a fazerem o mesmo. Os clientes movidos pela mobilidade decidirão quando e onde eles querem ser atendidos pelas empresas dessa maneira. Quando querem o serviço, eles configurarão seus telefones para "localizar-me" e esperarão que suas informações sobre a localização sejam usadas para lhes proporcionar valor agregado.

O marketing no local também envolve informações automatizadas. Por exemplo, um cliente poderia baixar um aplicativo que é lançado quando dentro da área imediata de certa empresa e esta empresa poderia então enviar mensagens de serviços, como as ofertas do dia, informações sobre a localização de produtos ou mesmo o *layout* da loja. Com o tempo, o consumidor sem limites passa a esperar tais serviços baseados na localização. E quando alguns serviços relacionados baseados na localização forem criados e fornecidos por outros desenvolvedores, será de interesse da marca facilitar e manter sua própria conexão direta com seus clientes no local.

## Lojas Físicas como um Ativo

No início da Internet, as empresas com lojas físicas foram desafiadas, pois se tornou mais fácil e mais barato para os clientes comprarem online. As empresas online não tinham estruturas de vendas físicas com as quais lidar e, por conseguinte, não tinham custos associados. As Amazons do mundo ajudaram a reformatar o comportamento dos consumidores, de modo que fazer compras e comprar online passou a ser um estilo de vida. Por que ir a uma loja física para pagar US$ 95 por um item quando você pode comprá-lo online por US$ 75 e recebê-lo em sua casa em poucos

**156** MOBILE MARKETING

dias? A proposta de valor passou a ficar clara para os clientes. As lojas físicas eram um déficit. É claro que essas empresas responderam com o tempo, e qualquer empresa com uma loja física também começou a vender na internet, para acompanhar os concorrentes online.

A mobilidade foi programada para transformar mais uma vez o valor desses locais físicos, desta vez em seu favor, para aqueles que a obtém. Os consumidores motivados pela mobilidade procurarão itens nas lojas e usarão seus telefones para determinar se eles estão ou não obtendo o melhor negócio. Eles conseguirão escanear itens e conduzir comparações de preços facilmente e na hora.

Este conhecimento do cliente no local mudará a maneira como os vendedores interagirão com os clientes. As empresas hábeis em termos de mobilidade treinarão seus vendedores para que eles fiquem cientes das informações que podem ser obtidas com a mobilidade e os armarão com táticas para servir os clientes que estão usando a mobilidade como um auxiliar nas compras. Os vendedores necessitarão ter a autorização para igualar os preços ou se arriscam a perder a venda.

As empresas que não entendem as novas dinâmicas criadas pela mobilidade perderão clientes e nem mesmo saberão por quê. Se um cliente escaneia um item e descobre que ele poderá comprá-lo numa loja ali perto por 20% a menos, ele provavelmente irá para o outro local. A venda perdida (e o cliente perdido) será invisível para a primeira loja.

Por exemplo, andando pela Sears no final do ano passado, passei perto de um casal que estava checando um *mixer* da Kitchen Aid, o qual tinha um preço de US$ 199. O homem pegou seu *smartphone*, leu o código de barras e disse para a esposa: "É mais barato comprar no Best Buy. Vamos lá". E eles saíram da Sears, supostamente indo para o Best Buy.

Eu cliquei num aplicativo de leitor do código de barras (neste caso, ShopSavvy) e chequei o preço. Batata! O item no Best Buy custava US$ 179, uma economia de US$ 20, ou 10%. Isso pode não parecer grande coisa para uma empresa com o tamanho da Sears, a qual tem aproximadamente 2.500 lojas nos Estados Unidos e Canadá. Mas, se considerarmos a magnitude das pessoas armadas com smartphones e leitores de códigos de barras, o impacto pode ser profundo. Se apenas uma pessoa por dia se comportasse como o casal que vi – isto é, eles escanearam um item de US$ 200 e deixaram a loja para comprarem em outro local – a perda de receita bruta no geral para a Sears seria de US$ 200. Possivelmente, não é grande coisa.

No entanto, se a venda perdida ocorresse uma vez por dia em cada uma das 2.500 lojas da Sears nos Estados Unidos e no Canadá, esta seria uma perda de US$ 500.000. Novamente, a quantia não é significante no esquema de receitas da Sears Holdings Corp de US$ 44 bilhões. Mas se uma pessoa por dia deixasse a loja por causa de um negócio melhor em outro local em cada uma das 3.921 lojas da Sears Holdings, a qual inclui a Sears e o Kmart, o total somaria US$ 784.200 em vendas perdidas. Se isto acontecesse cada dia dos 28 dias de compras antes do Natal, a perda somaria US$ 21.957.600. Mais uma vez, US$ 22 milhões não é uma parte significante de US$ 44 bilhões. Mas, se isso ocorresse quase todos os dias, por 360 dias, apenas uma pessoa com um smartphone por loja poderia levar a uma perda de US$ 282 milhões em receitas brutas.

E se dez pessoas por dia usassem seus smartphones para ler os códigos de barra em um produto de US$ 200 em cada loja da Sears e do Kmart, e o encontrasse em outro lugar por menos, e deixasse a loja? A perda daquela receita bruta anualizada seria de US$ 2,8 bilhões. E se uma pessoa estiver fazendo o escaneamento para comparação de compra de mais de um item? Este comprador voltará à loja que tinha o preço mais alto? A questão é que isso não será feito por apenas uma pessoa por dia. Isso será feito por milhares de pessoas. A mobilidade mudará para sempre o varejo.

Mas se elas forem administradas com políticas e práticas corretas em vigor, as lojas físicas passam a ser um ativo. A empresa tem uma oportunidade valiosa quando o cliente está ali na sua loja, e precisará aprender como capitalizar sobre essa oportunidade no novo mundo do comércio móvel. Algumas das perguntas que as empresas precisam considerar para se prepararem para os clientes motivados pela mobilidade são:

- Como os vendedores serão treinados para reconhecer os compradores móveis?
- Qual é a política de igualação de preços quando um cliente mostra a oferta de um concorrente físico no seu telefone móvel?

- Qual é a política para igualar preços quando um cliente mostra a oferta de um concorrente online no seu telefone?
- Quais informações são mostradas quando os códigos de barras dos produtos são escaneados pelos telefones móveis nas lojas?

Existem práticas adicionais de treinamento que as organizações de vendas no varejo podem implementar para satisfazerem seus clientes ainda mais. Por exemplo, os vendedores podem aprender a mostrar aos clientes com smartphones como os aplicativos da loja (se ela tiver um) facilitam a experiência de fazer compras. Eles também podem mostrar aos clientes como fazer comparações de preço através dos telefones móveis. Pelo fato de muitos consumidores sem limites estarem usando os serviços baseados na localização, os clientes regulares e ativos conseguem ser identificados, como discutiremos em detalhe mais adiante. A vantagem de ligar a mobilidade às operações em lojas físicas é que a empresa consegue finalmente saber que um cliente específico está na loja e consegue ver os fatores que ele está considerando mais próximo do momento da compra.

## Pesquisa em Movimento

Com o marketing móvel, não é apenas a localização precisa do cliente que pode ser útil, mas também seus movimentos. O movimento ajuda a determinar a intenção. Por exemplo, alguém que se movimenta em direção a um aeroporto provavelmente estará embarcando, pegando ou se encontrando com alguém que estava viajando. Alguém que esteja se movimentando vagarosamente e num passo constante provavelmente está andando e não dirigindo.

Com a mobilidade, existem maneiras de analisar os movimentos dos clientes ainda mais, usando o que chamo de *pesquisa em movimento*. Com a pesquisa em movimento, você consegue observar os padrões de movimentos de seus clientes, incluindo aonde eles vão e o que eles provavelmente farão; essas informações ajudam a determinar como melhor servi-los. "Pense na localização de maneira diferente e use-a como uma ferramenta de pesquisa", diz Phuc Truong, diretor administrativo do

U.S. Mobile Marketing for Mobext, uma agência de marketing móvel que é parte do grupo de agências da Havas Digital.[68] "Ele pode servir como uma lente mostrando como a pessoa média vive sua vida."

A Mobext tem escritórios nas Américas e na Europa e se especializou no marketing móvel para marcas como Sears, Amtrak, McDonald's, Volvo, Nike, Coca-Cola, BBC e Dell. A empresa fez uma parceria com a Locately, uma empresa de analíticos de localização dos consumidores que nasceu no MIT, para determinar os padrões de movimentos dos consumidores sem limites no curso de um dia.

Como todos os pesquisadores sabem, fazer perguntas em uma pesquisa é a melhor maneira de fornecer o que talvez seja a melhor lembrança de eventos passados da pessoa. Por exemplo, uma pesquisa que pergunta às pessoas quantas horas ou minutos elas assistiram à televisão na noite anterior poderá fornecer respostas que não são exatas. Isso não é necessariamente porque o respondente mentiu, mas sim porque ele honestamente acredita que assistiu à TV por duas horas quando, na realidade, era mais perto de três, ou vice-versa.

Muitas empresas usam o que elas conhecem como painéis baseados em pesquisas, os quais compreendem um grupo de pessoas com a intenção de representar certa categoria. Muito raramente os painéis representam o universo total de pessoas. (Uma exceção notável é a Knowledge Networks, a qual recrutou um painel de mais de 50 mil pessoas que são representantes da população americana como um todo. Para tais painéis representativos, os resultados podem ser projetados na população.)

Em um painel típico baseado em pesquisas, pergunta-se aos clientes quantas vezes por semana eles jantam em um restaurante específico ou com que frequência eles compram em tais lojas de departamento. Ao usar o movimento e localização reais dos telefones celulares desses consumidores, os pesquisadores ou profissionais de marketing conseguem comparar todos os movimentos e determinar os padrões reais de movimentação dos consumidores sem limites com a lembrança dc suas atividades. Embora as lembranças de qualquer grupo de pessoas possam não ser totalmente precisas, as movimentações reais gravadas das pessoas pelos smartphones seriam. A Mobext recrutou assinantes de telefones celulares da Sprint em Boston, Chicago e Nova York, que concordaram em com-

**160** MOBILE MARKETING

partilhar os dados do GPS de seus telefones a cada dez minutos, durante duas semanas. A participação era voluntária, sem nenhum incentivo. Os consumidores não tinham que fazer nada a não ser concordarem, uma vez que as informações de localização são automaticamente agrupadas através da rede da Sprint, quando eles concordam em participar.

Por duas semanas, a Mobext mediu a movimentação de centenas de consumidores sem limites em locais como aeroportos, hotéis, estações ferroviárias, lojas de varejo nacionais e supermercados. "Rastreamos e acessamos os aparelhos seis vezes a cada hora", diz Truong. "Pegamos a latitude e longitude e colocamos num gráfico de varejo". Uma das intenções por trás da pesquisa era ajudar os profissionais de marketing a determinarem a precisão de suas pesquisas tradicionais. Essa abordagem permitiu que o Truong e sua equipe determinassem os padrões de movimentação para os consumidores sem limites.

"Os profissionais de marketing falam sobre produzir a mensagem certa, na hora certa, no local certo", diz Truong. "Os painéis baseados em pesquisas são apenas baseados em pesquisas. Com os painéis de localização, é possível desaprovar ou reforçar os resultados. Por exemplo, o McDonald's faz painéis de consumidores o tempo todo para determinar quantas vezes uma pessoa vai a um RSR (restaurante de serviço rápido). Se fizerem painéis de localização, saberíamos quantas vezes eles vão para outros restaurantes. Este é um campo novo."

A pesquisa usando a localização e movimento dos aparelhos móveis fornece aos profissionais de marketing *insights* adicionais e contexto sobre os comportamentos de seus clientes. A seguir, algumas descobertas do estudo da Mobext:[69]

- Aqueles que preferiam o Dunkin'Donuts tinham 33% mais chances de jantarem fora do que aqueles que preferiam o Starbucks.
- Aqueles que compravam no Walmart tinham 60% mais chances de jantarem fora em comparação àqueles que compravam no Target.
- Dos clientes do Target que jantavam fora, aproximadamente 25% foram a um restaurante antes de irem ao Target, enquanto 25% foram a um restaurante depois de passarem no Target.

- A média de frequência nas academias de ginástica para aqueles que frequentavam os locais de café com serviço rápido ou loja de *donuts* era 50% mais alta do que daqueles que não visitaram esses locais.
- Os clientes do Whole Foods tinham duas vezes mais chances de se envolverem em atividades relacionadas a exercícios do que aqueles que compravam em outros locais.
- Metade daqueles que visitavam o Whole Foods também foi para outros supermercados.
- Os clientes da Sears não visitam outra loja de departamentos, mas aqueles que visitam outras lojas de departamento além da Sears dividem suas visitas entre várias cadeias nacionais de lojas de departamento.
- Metade dos clientes do Starbucks visitaram as lojas Dunkin' Donuts. Mas se um indivíduo visitasse o Dunkin'Donuts, havia 67% de chances de que ele visitaria o Starbucks.
- O tempo de viagem para o trabalho era 20% mais longo para os participantes que moravam em Chicago, ou perto de Chicago, do que para aqueles que viviam em Nova York, ou perto de Nova York.

## Manter-se Atualizado com os Clientes

As implicações do marketing por usar a pesquisa em movimento são enormes. As marcas podem usar os dados para ver onde e quando seus clientes fazem compras, por dia, hora e local. Eles podem usar a pesquisa para ver os correlacionamentos entre as atividades e, em seguida, comercializarem para eles com base nesses relacionamentos.

Por exemplo, se um restaurante determinar que os clientes dentro de uma área geográfica têm a tendência de trabalhar até mais tarde nas terças e quintas-feiras, e depois do trabalho eles param em um restaurante concorrente, ele criaria ofertas especiais para esses dois dias. Se esse mesmo restaurante perceber que seus clientes visitam uma academia específica regularmente, ele poderia criar uma campanha de marketing junto com a academia para reforçar ambos os serviços para os clientes atuais, assim como atrair novos clientes.

As empresas também podem usar tal pesquisa em movimento para determinar mais eficazmente onde elas podem abrir novas lojas e onde talvez queiram fechar algumas. A pesquisa pode ser usada para determinar os dias e os horários certos para promoções e incentivos necessários para manter a lealdade dos clientes.

A pesquisa sobre movimento não é um programa contínuo, mas sim apresenta estudos periódicos e de curto prazo para determinar os padrões de trânsito e movimento de certos clientes atuais e potenciais. Isso ajuda as empresas a decidirem como, quando e onde elas devem se fazer presentes para esses consumidores móveis. "Todos os consumidores estão usando a mobilidade", diz Truong, da Mobext. "O que precisamos é a hora do dia, o dia da semana e o contexto. Qual é a mentalidade e qual é a necessidade naquele momento? Os clientes hábeis entendem. O telefone pode ser usado como um guia enquanto vivemos nossas vidas."

A pesquisa em movimento é uma das inovações geradas pela mobilidade, ainda assim, mais um aspecto das oportunidades derivadas do marketing baseado na localização. À medida que a indústria da mobilidade continua avançando e o consumidor sem limites usa mais das características móveis, as marcas e os profissionais de marketing serão desafiados a se manterem atualizados; o risco se eles não o fizerem é que perderão os clientes para outras empresas que estejam alavancando a mobilidade melhor do que eles estão.

## Motivando, Mantendo e Convertendo Clientes

Enquanto os clientes móveis usam suas redes para obter informações para tomar decisões de compra e passam a esperar ofertas e descontos no local, os profissionais de marketing terão de se tornar aptos em influenciar esses consumidores sem limites onde quer que eles estejam, enquanto fazem compras. O marketing baseado na localização envolve atrair o cliente para o local desejado, servindo-o ao proporcionar valor enquanto ele está lá, e fazer com que sua experiência seja vantajosa e recompensadora. Existem tecnologias e empresas móveis que conseguem dar suporte aos profissionais de marketing para cada um desses aspectos de marketing baseado na localização. Fora da rede social móvel, as três categorias distinta no marketing baseado na localização são o que chamo de *motivadores, imãs* e *ativadores da localização.*

- **Motivadores da Localização.** Esses envolvem a criação de incentivos para atrair um cliente para um local, e pode incluir descontos ou cupons. Também podem ser ofertas regulares ou eventos que acontecem apenas uma vez. Muitos provedores diferentes de tecnologia móvel são motivadores da localização.
- **Imãs da Localização.** Os imãs da localização oferecem valor uma vez que o cliente chega no local. Este pode ser na forma de informações úteis fornecidas em um local específico, ao redor deste ou por todo este, as quais convencem os clientes a passarem mais tempo ali.
- **Ativadores da Localização.** Esses envolvem a interação com os clientes móveis no momento da compra. Quando um cliente decide comprar, ou está no processo de ativamente comprar um produto ou serviço, os profissionais de marketing inserem valor adicional, como descontos no momento ou cupons para encorajar uma visita futura.

No momento e no local que os clientes estão fazendo suas compras, as marcas e os profissionais de marketing têm a oportunidade de chegar até os consumidores sem limites com informações, serviços e valores imediatos. As estratégias que os profissionais de marketing podem usar incluem as mensagens comerciais móveis, descrições dos produtos em vídeo, informações sobre produtos que podem ser escaneados pelos clientes usando seus telefones móveis e conexões com outros consumidores similares.

As mudanças comportamentais que estão emergindo, por causa das possibilidades inerentes nas informações baseadas na localização, são profundas e evoluirão rapidamente à medida que os clientes se adaptam ao escaneamento de imagens e ao recebimento de informações e valor no local. Os profissionais de marketing e as marcas terão a oportunidade de se inserirem neste momento e local, algumas vezes até mesmo proporcionando a plataforma móvel para que os consumidores se autoagreguem.

# MOBILE MARKETING

O uso do telefone como um mecanismo de pagamentos evoluirá e as empresas se movimentarão para a *venda baseada na localização*.

> **GLOSSÁRIO**
>
> **SBL.** Significa serviço baseado na localização. Os serviços proporcionados com base na localização do telefone.
>
> **MBL.** Significa marketing baseado na localização, isto é, o marketing para o cliente móvel com base na localização do telefone e, presumidamente, do cliente.

## MOTIVADORES DA LOCALIZAÇÃO

### ATRAINDO CLIENTES PARA A LOJA

Os cupons são grandes negócios. Em um ano, os profissionais de marketing de bens embalados para consumo (BEC) distribuíram um total de 311 bilhões de cupons, sendo que mais de 3 bilhões foram resgatados.[70] Para os consumidores no geral, isso foi traduzido em economias de US$ 3,5 bilhões. E os compradores não estão usando cupons apenas para as compras semanais de supermercado. Embora os cupons mais frequentemente enviados sejam para alimentos para o café da manhã, das 20 categorias enviadas, 14 são categorias não alimentares. As categorias de cupons mais frequentemente enviados, em ordem, são:

- Alimentos para o café da manhã
- Higiene bucal
- Alimento para animais
- Produtos para limpeza para casa
- Vitaminas e suplementos
- Produtos de papel e de plástico
- Produtos para os cabelos
- Doces e chicletes
- Desodorizador de ambientes
- Lâmpadas, produtos elétricos e baterias
- Produtos para a limpeza pessoal e banho
- Detergentes

Localização, Localização, Localização: MBL **165**

- Cremes para os cuidados da pele
- Remédios gastrointestinais
- Remédios para tosse e resfriados
- Iogurte
- Carne e frutos do mar embalados
- Produtos para lavar roupas
- Bolachas, biscoitos e barras de cereais
- Batatas *chips* e afins

Os cupons motivam as pessoas a seguirem um destino e, por décadas, as empresas têm usado vários incentivos para os clientes na tentativa de trazê-los para suas lojas. Os grandes varejistas usam promoções de um dia, os supermercados usam cupons impressos em jornais e enviados via mala direta para atrair os compradores, e muitas empresas dão descontos ainda maiores em produtos específicos para atraírem um número maior de pessoas na expectativa de que elas comprarão mais do que a oferta especial.

Embora os cupons sejam resgatados em volumes substanciais, o problema com os cupons antes da mobilidade é que eles são mais gerais por natureza. Por exemplo, um supermercado envia cupons para as pessoas que moram dentro de certo raio geográfico da loja. Com o tempo, os profissionais de marketing conseguiam determinar a reação aproximada para o número de cupons enviados, isto porque os clientes tinham que fisicamente resgatá-lo, permitindo que a empresa rastreasse o nível de sucesso.

Mas sempre havia o fator de distância com os cupons tradicionais. A loja ficava em um local fixo e enviava cupons para uma pessoa também em um local físico. A intenção, é claro, era criar um incentivo suficiente para fazer com que o cliente deixasse seu local fixo e fosse até o local físico do comerciante. E até certo ponto, o sistema funcionava. Até o surgimento da Internet, isso era o melhor que as empresas conseguiam fazer.

A Internet mudou a dinâmica do sistema, permitindo que os profissionais de marketing criassem cupons digitalmente de modo que os clientes podem buscar, selecionar e imprimir o que eles quisessem. Por volta de 2010, a Internet era o canal de distribuição com crescimento mais rápido para os cupons.[71] Empresas como a Coupons.com cresce-

**166** MOBILE MARKETING

ram em popularidade, à medida que as pessoas mudavam de recortes de cupons de papel dos jornais ou panfletos para buscarem online as categorias relevantes e ofertas e imprimir os cupons para a sua próxima ida à loja. A empresa relatou um crescimento de 100% em um ano, de US$ 529 milhões para US$ 1 bilhão de cupons digitais impressos ou acumulados em seus cartões de fidelidade para resgate posterior.[72] Em apenas um mês, os cupons digitais produzidos pela empresa totalizaram mais de US$ 110 milhões.

Os cupons digitais continuam crescendo, com quase 50 milhões de pessoas nos Estados Unidos que já os usam.[73] Mas com esses dois sistemas, o papel e a Internet, cada cupom ainda tinha de ser recortado ou impresso e levado até a loja.

O marketing móvel agora está motivado a transformar toda a proposta de valor dos cupons. Com a mobilidade, a natureza estática dos cupons é eliminada e a localização dos clientes pode ser adicionada à equação. Em vez de enviar cupons para os clientes potenciais em suas residências ou permitir que eles busquem online cupons que devem ser impressos, a mobilidade permite que os profissionais de marketing os alcancem com ofertas de cupons que estejam relacionados à mercadoria, com base na localização do cliente a qualquer momento.

Assim como com os cupons tradicionais, as ofertas móveis podem ser usadas para atrair clientes para uma loja. Se alguém duvidar da eficácia potencial dos cupons móveis, 20% dos proprietários de smartphones já disseram ter ido à loja depois de receber um cupom móvel.[74] E isso não é tudo: 45% querem que os cupons sejam enviados a eles através de mensagens de texto, 28% querem encontrá-los usando um aplicativo e 27% querem ser capazes de enviarem uma mensagem de texto para receberem cupons enquanto estão na loja. Esse é outro exemplo de um comportamento móvel em evolução para o qual os profissionais de marketing terão de se preparar. Se não, eles encontrarão as pessoas comprando em lojas que estão mais aptas a servirem o consumidor sem limites.

O conceito de combinar os clientes aos produtos em tempo real com base na sua localização existe há bem mais de uma década. Os profissionais de marketing há muito visualizaram um cenário no qual uma pessoa que esteja passando perto de um restaurante *fast-food* específico poderia receber um desconto instantâneo nesse momento, fazendo com que ela entre no local. Duas questões não deixaram que esta fosse uma realidade até agora: a tecnologia do telefone não era suficientemente avançada para torná-la prática e os consumidores ainda não estavam prontos para modificarem seus comportamentos tão dramaticamente.

Hoje, os smartphones têm uma tecnologia consideravelmente mais sofisticada, e esses avanços originaram muitas empresas dedicadas a criar facilidades baseadas na localização que permitem que os profissionais de marketing alcancem seus clientes mais facilmente. Uma das principais maneiras que os profissionais de marketing estão usando para alcançar esses clientes é com os cupons móveis. E a estratégia está dando certo.

A pesquisa que conduzimos no Centro para Pesquisa de Mídia na Media-Post Communications mostra que a categoria número um de marketing móvel, baseada no retorno sobre os investimentos (ROI), é representada pelos cupons.[75] No entanto, o mesmo estudo mostra que as categorias de mídia móvel que mais animam os clientes são os aplicativos de marca e os vídeos móveis, os quais estão bem à frente dos cupons.

A pesquisa, no entanto, mostra que 67% daqueles que ainda não fazem campanhas com a mobilidade esperam que o ROI móvel venha com os cupons, enquanto um pouco mais de um quarto o vê vindo de aplicativos de marca e exatamente um quarto espera que ele venha dos vídeos móveis. Dessa maneira, a maioria deste grupo pelo menos tem as mesmas expectativas daqueles que tiveram a experiência com a mobilidade. Ambos, as agências de publicidade (67%) e seus clientes (64%), disseram que eles obtêm um ROI maior com os cupons móveis. Assim, embora os cupons móveis não animem as empresas, elas e suas agências de publicidade na realidade veem e esperam resultados positivos deles.

## OS CUPONS PASSAM A SER MÓVEIS

A empresa líder de compensação de cupons digitais na Internet, a Coupons.com, expandiu-se ainda mais ao criar novas maneiras para os consumidores móveis usarem cupons. A empresa se expandiu na mobilidade ao introduzir dois aplicativos móveis: um da Coupons.com e outro chamado Grocery iQ. Eles descobriram que os cupons acessados através da mobilidade eram similares àqueles acessados online. Essas são as categorias de cupons mais frequentemente acessadas na mobilidade:

1. Cereais prontos para consumo
2. Iogurte
3. Massa fresca
4. Vegetais
5. Frios embutidos
6. Sobremesa
7. Petiscos
8. Petiscos nutritivos
9. Queijos
10. Água mineral, sem gás

O aplicativo do Grocery iQ, baixado mais de um milhão de vezes, foi recebido positivamente e classificado como o melhor de sua classe em vários jornais nacionais, assim como também apresentado na Loja de Aplicativos da Apple e no Mercado para Android. Ele também foi mostrado em programas de transmissão nacional, nas principais publicações e em blogues.

Como na versão para Internet, a versão móvel da Coupons.com permite que os usuários selecionem entre os cupons disponíveis e, com um toque, eletronicamente selecione-os para serem resgatados mais tarde. Os cupons podem então ser impressos diretamente do telefone, se este estiver conectado a uma impressora sem fio ou podem ser impressos em um computador a partir de uma página da Internet. Esse aplicativo também permite que os usuários móveis selecionem cupons e os carreguem em seu cartão de fidelidade de compras, onde as economias são automaticamente deduzidas no *checkout*, sem selecioná-los ou imprimi-los.

A abordagem usada pela Coupons.com é um exemplo clássico de USPT, isto é, o uso da tecnologia de smartphone para proporcionar maior valor para o cliente móvel, dando-lhes características singulares. A empresa pegou seu conteúdo inicial na Internet móvel e aumentou dramaticamente sua funcionalidade ao criar um aplicativo para smartphones. "Com os cupons móveis, existem degraus a galgar", diz Steve Horowitz, diretor de tecnologia da Coupons.com.[76] Antes de se juntar à empresa, Horowtiz liderou a equipe de engenharia que desenvolveu o sistema operacional do Android no Google. "Em curto prazo, haverá um aplicativo no caminho do cliente para ser comprado", diz Horowitz. O que significa que os aplicativos móveis estão sendo usados durante a rotina de compras dos clientes, seja no planejamento feito em casa ou quando estão fazendo compras em uma loja.

O aplicativo do Grocery iQ permite que os clientes criem uma lista de compras ao tocar numa lista máster e digitar as primeiras letras do produto ou nome de marca. Os clientes conseguem também, com outro toque, adicionar itens à sua lista de "Favoritos". Os consumidores sem limites tocam os itens de suas listas quando fazem suas compras e depois tocam em "*Checkout*", todos os itens são automaticamente transferidos para um local "*History*" no aplicativo. Os itens não tocados permanecem na lista para outro dia.

"Eles podem usar uma lista digital em seus aparelhos móveis", diz Horowitz. "Ao criar sua lista no aparelho móvel e organizá-la por categoria, deixamos que o usuário conheça as ofertas e os cupons específicos para as categorias de produtos para os quais eles estão fazendo compras. Eles conseguem imprimir os cupons, enviá-los por e-mail ou adicioná-los diretamente aos seus cartões de fidelidade da loja. Quando eles vão às compras, esses cupons já estão em suas listas de compras e certamente pegarão os produtos certos pelos melhores preços". Outro exemplo de USPT pela Coupons.com é a facilidade do aplicativo em escanear os códigos de barras de itens de um usuário que ele queira ver adicionado à sua lista de compras. O escaneamento rápido de um código de barras identifica o produto, incluindo os detalhes de sabor, tamanho e assim por diante, e automaticamente o adiciona à lista.

Horowitz também demonstrou a maneira como alguns segmentos do mundo móvel estão se saindo ao mostrar como um smartphone poderia reconhecer um produto e adicioná-lo à sua lista de compras sem nem mesmo ver o código de barras.[77] Ele também demonstrou como o reconhecimento por voz terá um papel importante, de forma que o cliente conseguirá apenas falar  o que ele gostaria de ver inserido como um item em sua lista.

## 170 MOBILE MARKETING

O aplicativo do Grocery iQ também tem outras características. Por exemplo, se uma pessoa faz compras no Safeway e no Walmart, o aplicativo permite que as listas separadas sejam armazenadas para cada um desses dois varejistas. Outra característica permite que os corredores das lojas sejam customizados, de modo que é possível selecionar quais corredores o usuário prefere visitar e em qual ordem e rearranjar os corredores para se parecerem com o layout da loja onde ele compra. Também é possível eliminar os corredores que planeja nunca usar.

Uma característica importante para as famílias é que a lista do usuário pode ser compartilhada com outra pessoa e ela é dinamicamente conectada uma vez que a outra parte aceita o convite para compartilharem a lista. Com os aplicativos móveis e o site na Internet do Grocery iQ, os membros da família conseguem facilmente compartilhar as listas entre vários usuários no iPhone, iPad, Android e na Internet.

## MUDANÇA COMPORTAMENTAL NAS COMPRAS DE SUPERMERCADO

O programa de marketing móvel que a Coupons.com criou e lançou não é tanto sobre tecnologia quanto sobre as mudanças comportamentais induzidas pelo seu aplicativo e outros programas como ele. A ideia de manter uma lista de compras no telefone não é inteiramente nova: a Kraft lançou seu iFood Assistant em 2008.

O aplicativo pago da Kraft contém milhares de receitas que podem ser buscadas e ingredientes que podem ser compilados numa lista de compras. São fornecidas direções para os mercados mais próximos e inclui uma lista dos corredores onde os ingredientes da receita podem ser encontrados. O aplicativo da Kraft também inclui características emprestadas do aplicativo do Grocery iQ, da Coupons.com. "A Kraft é um excelente parceiro nosso e eles nos abordaram há um tempo atrás sobre o desenvolvimento de mais características do Grocery iQ em seu aplicativo iFood, uma vez que eles reconhecem que nós claramente temos o melhor aplicativo de listas de compras em sua classe", diz Horowitz. "Mais especificamente, eles estão usando nosso módulo de cupons, assim como nossas facilidades de construção de lista e banco de dados, busca e escaneamento de produtos integrados. Há algum tempo estamos trabalhando muito proximamente com a equipe da Kraft para capacitá-los a integrar essa funcionalidade e usar nossa tecnologia de cupons em seu aplicativo."

Este é um caso em que as facilidades tecnológicas móveis, USPT, causam uma mudança no comportamento dos clientes. A mudança ocorre por causa do valor proporcionado ao cliente. Um cliente que consegue rapidamente escanear itens em sua despensa ou refrigerador, listá-los em seu telefone, manter um histórico de compras armazenado num aplicativo, localizar itens na loja facilmente, lembrar os "Favoritos" e transferir créditos de cupons antes do *checkout* vai achar que fazer compras – e sua vida no geral – é mais fácil. Não se trata de tecnologia, mas sim dos benefícios proporcionados por ela. O valor oferecido aos consumidores é o motivo para mais de um milhão de pessoas já terem baixado o aplicativo. É apenas mais uma característica móvel que pode auxiliar os clientes nas suas rotinas diárias.

"A mobilidade deveria ser parte de uma estratégia mais ampla", diz Horowitz. "As empresas precisam envolver os clientes com aplicativos. Para nós, significa prover alternativas além dos jornais. As empresas de BEC (bens embalados para consumo) usam cupons há décadas, e elas gastam bilhões para levarem os consumidores até as lojas e precisam ter controles de resgate de cupons além de entenderem as responsabilidades financeiras. Quando fazemos isso digitalmente, há um controle direto, o qual é muito mais eficiente."

Existem desafios na distribuição de tecnologias móveis no varejo, sendo que nenhuma delas é uma questão de infraestrutura tecnológica, assim como é de treinamento das pessoas que trabalham nas lojas, sendo que algumas delas têm taxas altas de rotatividade de funcionários. "De médio a longo prazo [o desafio da mobilidade] será basicamente sobre a melhoria dos sistemas de PDV (ponto de vendas) por todo o varejo", diz Horowitz. Mas mesmo que as melhorias sejam efetuadas, os desafios permanecerão, incluindo a interação durante o processo de *checkout*. Um exemplo disso seria escanear um código ou mostrar uma mensagem no telefone para o caixa no *checkout*, para receber um desconto ou ser identificado por um número de compensação. Se o tele-

172    MOBILE MARKETING

fone cai quando ele é passado do cliente para o associado de vendas, quem é responsável?"

Uma vantagem tecnológica que se avista no horizonte é chamada de NFC, ou Near Field Communication (Comunicação Próxima do Campo) onde a pessoa simplesmente chacoalha seu telefone perto de um caixa de *checkout* e os dois aparelhos se comunicarão. "Teremos o NFC na hora", diz Horowitz. "Tem tudo a ver com a identificação do cliente no ponto de vendas. Precisamos ser capazes de associar esta identidade de cliente singular com seus cupons para aplicar às suas cestas de compras."

Embora a Coupons.com não estivesse necessariamente procurando experimentar com isso, ela também praticou a *pesquisa em movimento* com resultados notáveis. Depois de analisar os cupons resgatados pelos usuários de iPhone e Android, a empresa encontrou algumas diferenças notáveis. Enquanto os usuários de iPhones resgatavam os cupons para sabonete líquido para mulheres, os usuários de Android os resgatavam para sabonete líquido para homens. No quesito de carnes para o jantar, os usuários de iPhone usavam os cupons para frango, enquanto os usuários de Android os usavam para costelas de porco. Em termos de produtos de limpeza, aqueles com iPhones pendiam para limpadores para várias superfícies, os quais requerem um pouco mais de trabalho. Os usuários de Android preferiam uma abordagem mais rápida, resgatando cupons para produtos de limpeza contínua para vasos sanitários.

Os proprietários de cada uma das plataformas concorrentes de smartphones também parecem ter gostos diferentes em termos de animais de estimação. Enquanto os usuários de iPhone resgatam seus cupons de comida para peixes, aqueles com Android usam para alimentar pássaros. As diferenças entre os dois não são insignificantes. Por exemplo, os usuários de iPhones resgataram 26 vezes mais cupons de comida para peixes do que aqueles com Androids (e supostamente menos peixes).

Enquanto os usuários de iPhone resgatam cupons para fraldas descartáveis, suas contrapartes com telefones Android procuram cuidar de si mesmos, sendo que duas vezes mais do que os usuários de iPhone resgatam seus cupons para remédio para o alívio da artrite.

**HÁBITOS DE CUPONS DE PROPRIETÁRIOS DE IPHONE E ANDROID**

| Categoria | Principais Cupons de Proprietários de iPhones | Principais Cupons de Proprietários de Android |
|---|---|---|
| Sabonete Líquido | Sabonete líquido para mulheres | Sabonete líquido para homens |
| Vitaminas | Multivitaminas para crianças | Multivitaminas para adultos e adolescentes |
| Cuidados Pessoais: Outros | Produtos para bebês | Remédio para alívio da artrite |
| Comida para Animais de Estimação: Outros | Comida para peixes | Comida para pássaros |
| Necessidades dos Bebês: Outros | Fraldas descartáveis | Sungas descartáveis |
| Carnes para o Jantar | Frango | Costelas de porco |
| Limpeza da Casa | Limpadores para várias superfícies | Limpeza contínua de vasos sanitários |
| Revistas | *Entertainment Weekly* | *National News Weekly* |

## CUPONS, CUPONS, CUPONS

Além da líder de mercado, a Coupons.com, várias outras empresas oferecem versões de cupons móveis para clientes. Algumas tentam agregar os clientes ao redor de certa oferta (a oferta é contingente quando certo número de clientes a aceitam), enquanto outras criam ofertas baseadas na localização ou por categoria. Se alguém ainda tiver alguma reserva a respeito do valor dos cupons móveis, uma olhada nos resultados da empresa Groupon, com sede em Chicago, deverá dissipá-la.

O Groupon é um dos motivadores de localização básico, oferecendo a oferta do dia com base na localização do consumidor sem limites. Ele agrega compradores, e se um número predeterminado de compradores concordarem com a oferta do dia, ela é executada. Os profissionais de marketing vendem mais e o cliente obtém um bom negócio, contanto que o comprometimento de compra seja suficientemente grande. A agregação dos compradores é potente em um mercado, especialmente quando esta pode ser combinada com itens ou serviços para vendas. É a ligação essencial da demanda para a oferta.

**174** MOBILE MARKETING

A empresa recebeu mais de US$ 130 milhões em financiamento de uma empresa de capital de risco que havia financiado o Facebook, dando ao Groupon um valor de mais de US$ 1 bilhão. Perto do final de 2010, a empresa recusou uma oferta de aquisição de US$ 6 bilhões do Google. O Groupon também cresceu globalmente por aquisição, se expandindo para o Reino Unido, Irlanda, Alemanha, França, Países Baixos, Espanha, Itália, Suíça, Áustria, Polônia, Finlândia, Dinamarca, Turquia, Suécia, Noruega e Bélgica. Em seguida, eles compraram empresas adicionais de marketing de cupons, expandindo a empresa ainda mais, para a Rússia e Japão. Para todas as empresas adquiridas, o nome foi alterado para Groupon porque a liderança local permaneceu intacta.

A expansão total colocou o Groupon em mais de 300 mercados, em mais de 25 países, com mais de 40 milhões de assinantes. O número de empresas que oferece cupons para os clientes móveis continua a crescer. A seguir, vejamos alguns exemplos.

**MobiQpons.** Este serviço oferece cupons com base na distância do cliente, selecionado por nome da empresa. As empresas participantes incluem Target, Sears, JCPenney e Best Buy, sendo que todas oferecem descontos, como 25% em jogos selecionados. Na parte inferior de cada cupom, há um código que o cliente mostra ao caixa no *checkout* para receber o desconto.

**Zip2save.** As ofertas na Zip2save são caracterizadas por assunto, como automotivos, computadores e eletrônicos, entretenimento, eventos e alimento e bebidas. Os consumidores selecionam uma extensão de uma a 100 milhas de sua localização atual e instantaneamente recebem ofertas de profissionais de marketing locais, com base na distância. Os cupons têm uma data de validade, e o cliente pode eletronicamente "selecioná-los" para uso posterior ou instantaneamente resgatá-los ao tocarem "*Redeem*" e mostrar a tela do telefone no *checkout*.

**Valpak.** A Valpak lista cupons por categoria, incluindo automotivos, restaurantes, lazer, beleza e casa, e os envia com base na localização da pessoa. As fotos de sinalizadores nos mapas locais mostram onde as ofertas estão localizadas, com detalhes acompanhando cada sinalizador. Os cupons podem ser mostrados no telefone quando é feito um pedido.

## IMÃS DA LOCALIZAÇÃO

### TERRA DOS MAPAS INTERNOS

Muitas pessoas cresceram usando mapas impressos para saber como chegar a algum lugar, ou para saber como sair de algum lugar se estivessem perdidas. Esses mapas normalmente eram socados nos compartimentos das portas dos carros ou enfiados nos porta-luvas, para serem retirados apenas quando necessário. Embora eles fossem atualizados uma vez por ano, nem todo mundo os substituíam com tal frequência. Talvez a próxima viagem de férias, que prometia ser longa, faria com que o proprietário comprasse outro mapa, no posto de combustível no caminho. Para uma viagem planejada, era possível solicitar uma série de mapas, enviados de graça na forma de livreto, sendo que cada página detalhava cada estrada na viagem, juntamente com as estimativas das distâncias e do tempo de viagem. Era um manual que você podia obter. Essa abordagem de mapas pode parecer estranha para aqueles que cresceram encontrando locais digitalmente ao usar um GPS ou o GoogleMaps.

A Internet deu vida ao mapeamento digital do universo externo. A marcação digital de viagens e a visualização de estradas e prédios via satélite, em tempo real relativo, passou a ser a nova norma. Mas esse universo de mapeamento era todo externo e incluía apenas o que podia ser captado por um satélite ou desenhado ou retratado, como estradas e ruas.

A mobilidade leva o mapeamento para um nível totalmente novo ao entrar nos locais. Locais grandes, como os centros de convenção, aeroportos, shopping centers e hotéis, logo serão todos mapeados internamente, de modo que o consumidor sem limites terá um guia virtual portátil para o caminho que ele quer ou precisa tomar. O que se encontra nas proximidades? Apenas toque ou clique para descobrir. Está com fome? Toque para ver como chegar ao restaurante mais próximo. Ouviu falar de uma liquidação? Toque para ver como chegar àquela loja a partir de onde você está. Onde é a reunião? Apenas toque na tela do telefone.

**176** MOBILE MARKETING

O mapeamento interno é um grande exemplo do que chamo de *imã da localização*. Uma vez que os clientes chegam ao shopping center, o mapeamento interno poderá mantê-los lá por mais tempo. Os mapas internos ajudam os clientes a explorarem e descobrirem áreas, produtos ou serviços que, caso contrário, eles não teriam visto. Os profissionais de marketing têm um público relativamente cativo de clientes perfeitamente localizados e com a mentalidade para fazer compras.

As implicações do mapeamento interno podem ser transformacionais para os profissionais de marketing. A habilidade de especificamente localizar os clientes em relação direta aos produtos e serviços, a qualquer momento, representa uma mudança épica no fluxo de informações. As ofertas podem ser testadas, a pesquisa nos padrões de trânsito e buscas móveis poderá proporcionar maior discernimento no comportamento do consumidor e os clientes podem mostrar às empresas do que eles gostam e não gostam com base em suas ações e interações com a empresa por meio de seus celulares.

O desafio para as empresas de tecnologia é que o mapeamento físico de locais é difícil por vários motivos. Muitas vezes é necessária a observação pessoal para mapear um local precisamente. Existem problemas com as mudanças, como uma loja fechar e outra abrir em seu lugar. Uma solução é permitir que os consumidores sem limites enviem correções para o provedor da plataforma de mapeamento, o que beneficia a empresa assim como a pessoa que frequenta certos locais, fazendo com que as informações sejam precisas e atualizadas.

O conceito de mapeamento interno de um local para a mobilidade é relativamente novo, de modo que podemos esperar alguns obstáculos ao longo do caminho. No entanto, o valor para o cliente e para o profissional de marketing é suficientemente alto, de forma que os resultados prevalecerão com o tempo. Algumas empresas *start-ups* móveis já mapearam centenas de locais e continuam a adicionar mais diariamente.

## NO LOCAL

Com o mapeamento, os profissionais de marketing conseguirão alcançar os clientes móveis mais próximos do momento da compra do que antes. Com o rastreamento embutido nos smartphones e em mais e mais aplicativos, passará a ser natural rastrear os movimentos dos consumidores quando estes fazem compras ou viajam, contanto que as pessoas permitam. Para obter permissão, os profissionais de marketing terão de prover valor que ofereça ao consumidor um forte motivo para consentir. Esse valor pode vir na forma de uma oferta em uma compra, um cupom para uso em tempo real ou futuro ou mesmo informações adicionais sobre os arredores dos clientes. A Point Inside, em Seattle, Washington, é um serviço de imã de localização que tem sucesso em persuadir os clientes a concordarem em ser rastreados.

A empresa, que começou em 2008, proporciona mapas detalhados do interior de grandes locais, como aeroportos, shopping centers e hotéis, e inclui a marcação detalhada da localização dos consumidores quando um sinal de GPS está disponível. Assim, se uma pessoa chega ao Aeroporto O'Hare, em Chicago, e tem um tempo de espera longo para um voo de conexão, ela pode usar o Point Inside para encontrar restaurantes, banheiros e portões.

Embora uma pessoa necessariamente não precise de um aplicativo no smartphone para encontrar um restaurante em um aeroporto, a Point Inside proporciona mapas interativos e pesquisáveis, de modo que as pessoas possam usar texto de forma livre e listagem de diretórios ou tocar no mapa para obter mais informações. Os mapas também podem ser baixados de antemão, para que os viajantes possam usá-los enquanto estão no avião para planejar uma parada, o que significa que os smartphones não precisam de uma conexão sem fio para encontrar locais quando se está no aeroporto.

Como uma empresa de imãs de localização, a Point Inside desenvolveu mapas dos interiores de centenas de shopping centers por todo os Estados Unidos, e baseia grande parte de suas informações em conhecimentos de primeira mão. "Usamos um validador para andar por um shopping center ou local específico, como também uma variedade de outros métodos com a equipe de mapeamento", diz Brian Wilson, cofundador e vice-presidente de marketing da Point Inside.[78]

Os clientes que andam pelo shopping center conseguem localizar as lojas específicas por categoria ou pela sua localização. Eles também conseguem determinar suas próprias localizações em relação ao seu destino e instantaneamente ver o horário de operação de uma loja, como também

## 178   MOBILE MARKETING

o número do telefone, o qual eles podem tocar para ligar. Os compradores também veem os eventos e promoções nos varejistas participantes ou dentro do shopping center enquanto fazem suas compras, e os profissionais de marketing conseguem automaticamente atualizar sua ofertas através da plataforma. É possível também usar as características de autosserviço da plataforma para criar suas próprias mensagens de marketing e ofertas para os clientes em suas andanças.

A Meijer, um varejista baseado em Michigan que opera 196 lojas por todo o estado de Michigan, Ohio, Indiana, Illinois e Kentucky, lançou seu aplicativo Find-it com a Point Inside, de forma que as pessoas consigam ver as localizações de mais de centenas de milhares de itens no centro varejista usando seus smartphones. "O verdadeiro benefício da plataforma da Point Inside são as ferramentas de *back-end* e processos automatizados que fazem com que as atualizações sejam fáceis e rápidas nas localizações precisas de produtos no ambiente em tempo quase real."

É claro que a Point Inside ou outros serviços baseados na localização dependem da disponibilidade de um sinal de GPS, o qual pode ser problemático dependendo do prédio real ou do complexo de prédios. A outra questão sobre a localização para esses serviços é a precisão da posição, isto porque o posicionamento do GPS não é exato.

Para manter as informações atuais sobre o mapeamento da localização, a Point Inside agrega entradas de uma série de fontes, que vão desde os próprios varejistas às pessoas que visitam os locais. "Em qualquer aplicativo de mapeamento, o desafio é manter os dados atualizados", diz Wilson. "Em alguns de nossos shopping centers, um gerente de marketing poderá nos dizer que algo mudou, recebemos também *feedback* pelo aplicativo e estamos trabalhando massificar as informações."

## MARKETING NO LADO DE DENTRO

Muitas das plataformas móveis sendo criadas em várias categorias incluem os componentes de autosserviço desenvolvidos especialmente para uso dos profissionais de marketing. Um dos principais motivos para a indústria evoluir em direção a esta abordagem é o acesso total do cliente à mobilidade. Uma mensagem publicitária ou de marketing tradicional permite que os anunciantes criem uma unidade de anúncios, a qual pode

Localização, Localização, Localização: MBL **179**

incluir textos e imagens. Em seguida, o profissional de marketing programa os dias e as horas que o anúncio deve aparecer, juntamente com a localização. Quando um cliente no shopping center olha a tela de seu celular, ele verá o anúncio na lista ou ele aparecerá como uma estrela no mapa. Quando o cliente seleciona o varejista associado com a estrela, um anúncio de página inteira aparecerá na tela de seu telefone.

O ponto-chave é que o anúncio está associado com a localização específica de uma loja. Se o cliente não selecionar a loja, ele não verá o anúncio. "Atualmente somos o único aplicativo móvel que pode associar um anúncio específico criado pelo varejista no modo de autosserviço, com a localização específica do mapa dentro de um local", diz Brian Wilson, da Point Inside.

É provável que outros grandes varejistas, as grandes lojas de departamento em geral, essencialmente forneçam inventário em tempo real, incluindo as localizações das prateleiras, as vendas e os dados promocionais, assim como a Meijer faz hoje, diz Wilson. "Distribuiremos os dados de modo que um consumidor poderá ou buscar um produto e visualizar sua localização exata no mapa ou acessar as promoções para ver onde esses produtos estão localizados na loja."

A Point Inside vê uma de suas propostas de valor para os profissionais de marketing como sua habilidade de pegar conteúdo relevante e ligá-lo às localizações dos clientes em tempo real. Esta abordagem para lidar com os consumidores sem limites consegue fornecer novo valor ao aumentar a relevância e conformidade através da mobilidade. "Conseguiremos entender o que o cliente está buscando e, na hora e maneira apropriadas, mostrar produtos alternativos ou complementares e suas localizações", diz Wilson. "Conseguiremos capacitar os varejistas e as empresas de bens para consumo para que façam vendas cruzadas, aumentem suas vendas ou forneçam incentivos de amostras para os clientes enquanto eles fazem compras na loja."

Com o mapeamento de interiores para os telefones móveis, as empresas também conseguirão adicionar conveniência à experiência de compras. "Com base na lista de compras ou resultados da busca de produtos, conseguiremos fornecer uma rota otimizada de compras", diz Wilson.

**180** MOBILE MARKETING

A meta definitiva para as empresas móveis como a Point Inside é passar de imã de localização para ativador da localização, se envolver em nível de transação real. Por exemplo, se a Point Inside eventualmente soubesse, por meio de sua tecnologia baseada na localização, quando uma pessoa entrasse em uma loja específica em um grande shopping center, ela poderia correlacionar as atividades do telefone, como a visualização de uma promoção, com o verdadeiro comportamento do mundo real, proporcionando um quadro mais rico para pesquisa.

Para dar um passo além, se o profissional de marketing souber a localização exata do cliente mais as promoções que ele visualizou, ele conseguirá medir as transações resultantes. Isso poderia levar ao que a Point Inside chama de um modelo de propaganda de *custo por visita*, onde os varejistas apenas pagariam quando um cliente toma uma atitude significante com base no anúncio ou promoção.

Uma característica singular no aplicativo da Point Inside é que se não houver serviço para celular ou Wi-Fi, a plataforma deixa que a pessoa forneça sua localização ao realçar um monumento que ela veja e o sistema automaticamente se ajustará àquela configuração.

## PLATAFORMA DE POSICIONAMENTO INTERNO

Outra empresa que trabalha com *imã de localização*, a Micello, tem vários anos e tem sede em Sunnyvale, Califórnia. Enquanto algumas empresas de mapeamento interno estão focadas em atrair receitas com publicidade ou promocionais para acompanharem seus mapas, a Micello cria plataformas com facilidades para outras empresas distribuírem.

Assim como outras empresas de mapeamento interno, a Micello tem mapeado os interiores de grandes instalações como centros de convenção e shopping centers pelos Estados Unidos. No programa da Micello, o consumidor sem limites aparece como um ponto no mapa e o ponto se movimenta à medida que o consumidor anda pelo shopping center ou outro local. As lojas são identificadas no mapa, e com um toque os consumidores conseguem visualizar uma descrição, número de telefone, endereço na Internet, opções para mostrar o local no mapa e direções de onde ele atualmente está. Com um toque, o consumidor pode ligar e desligar o rastreamento.

Ankit Agarwal, fundador e CEO da Micello, diz: "Há quatro anos eu vi que o mundo iria mudar por causa da mobilidade, e apostamos que o posicionamento interior viria. Somos bastante voltados para isso. Agora podemos fazer mapeamentos internos e eles são mais precisos do que os diretórios nos shopping centers".[79] Diferentemente de alguns dos outros serviços de mapeamento, a Micello liga os mapas internos com o Google Maps, de forma que o cliente, e potencialmente o profissional de marketing também, sabe sua localização exata dentro e fora do shopping center. Por exemplo, o aplicativo inclui uma bússola, de modo que um cliente que esteja andando pelo shopping center pode ver para onde ele está se dirigindo, o qual também está ligado ao Google Maps. "Algumas outras empresas pegam o mapa do diretório e o usam, assim o resultado final não é realmente geodata (dados geográficos)", diz Agarwal. "Temos o geodata. Mas o maior desafio no mapeamento interno ainda é a escala".

A Micello cria o mapeamento interno usando uma combinação de fontes, as quais vão desde Google Street View para ver as portas do shopping center, desenhos do CAD/CAM (desenho auxiliado por computador e manufatura auxiliada por computador) fornecidos pelos shopping centers, pelas lojas e pelos sites na Internet e fotos do local. "A criação de dados vetorizado é um processo de 10 a 12 etapas", diz Agarwal.

Para a Micello, Agarwal diz que a criação de mapas internos de shopping centers foi parte de um processo que permitiu que eles realçassem as facilidades da plataforma. A empresa começou com os shopping centers na Califórnia, já que ela está situada lá, e depois se expandiu pelos Estados Unidos.

"Começamos com o ambiente de varejo com as lojas de departamento primeiro, para que pudéssemos mostrar a tecnologia, com o compasso e a personalização dos mapas", diz Agarwal. "É muito fácil fazer um mapa de um varejista interno. Mas para nós, vamos em um nível mais a fundo e sabemos que os dados existem em algum lugar. Queremos criar um mapa fácil de usar. Quero poder mostrar a vocês quais são os corredores no Target. Com os shopping centers, queríamos apenas uma demonstração para exibir o que poderíamos fazer."

Em vez de criar um produto para consumo, a intenção de Agarwal era criar produtos para as empresas comprarem e deixar que elas distribuíssem para os clientes. A ideia é vender a plataforma para shopping centers, por exemplo, e fazer com que a administração do shopping center ou outra parte venda os anúncios para os varejistas com base na localização dos clientes a qualquer hora.

**182**  MOBILE MARKETING

"Somos o Google Maps dentro de um prédio", diz Agarwal. "As pessoas entendem. Elas veem o valor de ter um mapa interno. Temos a primeira plataforma de mapeamento interno (Go!Shopping) para entrar ao vivo em Cingapura, operada pela Sing Tel, que vende o conteúdo de publicidade. Eles estão vendendo anúncios baseados na localização. E os proprietários dos shopping centers querem fazer parte da ação, porque querem manter os mapas atualizados."

A plataforma da Micello rastreia não apenas a localização, mas também a altura em que o telefone se encontra, a qual pode ser combinada com os andares dentro de um shopping center. "Temos a altura que coletamos quando fazemos os mapas", diz Agarwal. "Se um cliente está no nível quatro, o conteúdo da publicidade estaria relacionado ao nível quatro. Basicamente, se um cliente estiver de pé em frente a uma janela em uma loja, um anúncio almejado ou oferta daquela loja seria enviado para a pessoa".

A Micello também almeja os grandes organizadores de conferências, uma vez que a empresa poderia mapear o *layout* do piso com os locais das exibições e seu conteúdo. "Queremos energizar esses tipos de empresas", diz Agarwal. "Muitas empresas querem apenas os dados internos. Os mapas são para as empresas fazerem dinheiro com a publicidade. Somos uma plataforma de mapeamento."

## MAPAS DE SHOPPING CENTERS PARA TODAS AS OCASIÕES

Existem inúmeros aplicativos de mapeamento de shopping centers disponíveis e suas características variam. Por exemplo, enquanto um aplicativo poderá apresentar apenas mapas estáticos mostrando a localização de cada loja ou um diagrama do interior de um shopping center, outro poderá mostrar informações similares dinamicamente ligadas à localização do cliente. Existem também aplicativos disponíveis para países diferentes e em vários idiomas. Aqui estão apenas alguns exemplos de aplicativos para mapeamento de shopping centers.

**FastMall.** Este aplicativo fornece mapas dos interiores de shopping centers em mais de 20 países, incluindo Austrália, Argentina, Japão, Estados Unidos, Brasil, Noruega, Chile e Espanha, entre outros. Ele oferece cupons com base na localização, comentários de outras pessoas sobre a loja e facilidade de *check-in*. Uma característica fantástica permite ao cliente mapear rapidamente onde ele estacionou e gravar uma mensagem de voz com esta informação. Ao sacudir o iPhone com o aplicativo aberto, as localizações de todos os banheiros no shopping center serão realçadas. Os lojistas podem comprar mensagens publicitárias.

**Mall Maps Australia.** Este aplicativo apresenta mapas internos de mais de 40 shopping centers na Austrália, incluindo informações sobre os shoppings com base na localização dos clientes, mapas de piso dos shoppings por andar e diretórios com informações de contato da loja, como número de telefone e endereço na Internet.

**Go!Shopping (Cingapura).** O Go!Shopping oferece mapas internos de shopping centers em Cingapura. Ele localiza os clientes pelo andar em que estão; as informações promocionais são fornecidas com base na localização dos clientes. Os shopping centers podem ser pesquisados por loja e os resultados fornecem informações para contato, incluindo o número de telefone assim como a localização da loja no mapa. O serviço é proporcionado pela SingTel.

**Mall Maps Mobile.** Com este aplicativo, os consumidores recebem uma lista dos shopping centers nos Estados Unidos com diretórios de lojas, direções para se chegar até eles de carro e os números de telefones das lojas no shopping center. Ele proporciona uma lista de lojas com informações para contato ou um diagrama interno do *layout* dos shoppings. Esse aplicativo não leva em consideração a localização dos clientes.

## ATIVADORES DE LOCALIZAÇÃO

### REEMBOLSO DOS PROFISSIONAIS DE MARKETING: RECOMPENSAS BASEADAS NA TAREFA

Enquanto os motivadores da localização atraem os clientes para um local específico e os imãs de localização os mantêm ocupados enquanto eles estiverem ali, é trabalho dos *ativadores de localização* interagir com os

**184**   MOBILE MARKETING

clientes durante o processo de compra real. Uma das maneiras que os ativadores de localização fazem isso é rastreando os clientes precisamente e conectando-os aos produtos específicos no momento decisivo. Por exemplo, quando uma pessoa entra em uma loja ela pode receber uma oferta com base no departamento em que está comprando ou, idealmente, quando ela está perto de certos produtos. Ou ela poderá ser recompensada instantaneamente quando fizer uma compra, o que não é um conceito novo. Por muitos anos, os supermercados forneceram automaticamente cupons no *checkout* com base nos produtos que o cliente comprou. Assim, se um cliente compra apenas Pepsi, ele poderá receber um cupom para um produto da PepsiCo ou para um produto concorrente da Coca-Cola, na tentativa de influenciar o comportamento de compra.

Seria apenas uma questão de tempo antes que uma plataforma de ativador da localização fosse criada, e esta veio na forma de um aplicativo chamado WeReward. Em vez de usar cupons, os quais se encaixam na categoria de motivadores da localização, o WeReward dá pontos aos consumidores pelas suas compras; esses pontos podem ser transformados em dinheiro. O profissional de marketing paga apenas quando a compra é feita.

"Criamos uma plataforma que proporciona valor para a marca e para o consumidor que usar a plataforma", diz Ted Murphy, fundador e CEO da IZEA, de Orlando, Flórida, a empresa que lançou o WeReward.[80] O cliente ganha descontos de maneira divertida e social. Para ganhar pontos, os clientes precisam provar que compraram o produto ao enviar uma foto, a qual é então verificada com dados do GPS e revisada manualmente. Por exemplo, o Domino's Pizza, o parceiro no lançamento do WeReward, tinha uma promoção que dizia: "Tire uma foto da caixa de pizza do Domino's Pizza. Certifique-se de que o comprovante de pagamento está visível na foto. Envie para orders@dominos.com". Depois que o cliente tira e envia a foto do produto que ele comprou, o profissional de marketing consegue vê-la num painel eletrônico fornecido pela WeReward. A chave para o profissional de marketing é que a WeReward é uma plataforma de autosserviço, de modo que ele próprio controla os níveis de recompensa e verifica a aprovação.

Como bônus, o profissional de marketing coloca as fotos enviadas pelos clientes no site da empresa na Internet ou as usa em outras atividades promocionais. A WeReward também criou uma parte do autosserviço da plataforma reservada para as agências de publicidade, de modo que as agências podem transmitir os programas por parte de seus clientes.

Para os clientes, cada ponto tem um valor de um centavo, e com uma compra ele poderá ganhar 100 ou mais pontos, os quais são visualizados de antemão no *smartphone*. E também, as ofertas são baseadas na localização dos clientes, de modo que elas estão sempre ao alcance, selecionadas por distância ou pesquisadas por assunto ou categorias. Com o WeReward não existem cupons apenas de crédito que pode ser trocado por dinheiro; uma vez que os pontos se acumulam para um valor de US$ 10, a recompensa é paga diretamente na conta PayPal do cliente.

"Um cupom não é algo que você compartilha com um amigo, algumas vezes há um estigma sobre isso, como resgatar um cupom em um restaurante com amigos", diz Murphy. "Mas com a mobilidade, eles adoram compartilhar essas experiências. E o anunciante obtém toda essa quantidade incrível de dados de volta, como, por exemplo, se o cliente teve uma experiência boa ou ruim. E eles podem postar as fotos."

As informações de privacidade são configuradas para o consumidor – o cliente que enviou a foto pode decidir se quer ou não compartilhá-la, embora seja necessária uma foto para verificar a compra. O cliente também tem a opção de automaticamente compartilhar a foto nas plataformas de mídias sociais, como Foursquare, Facebook e Twitter. "É incrível ver o conteúdo voltando", diz Murphy. "Os consumidores estão se divertindo. Tivemos 10.000 downloads na primeira semana do lançamento, mas tivemos 90.000 nas últimas três semanas. Esperamos que este seja um negócio multimilionário no primeiro ano."

Esta empresa de ativador da localização fornece aos clientes uma maneira de realizar tarefas, as quais são focadas ao redor dos produtos. A validação da tarefa também vem dos dados do GPS transmitidos de um smartphone quando a foto é tirada e enviada. A plataforma é totalmente baseada no desempenho.

"O profissional de marketing pode estabelecer seu próprio preço", diz Murphy. "É como um modelo de custo por clique do Google. No mundo online, um clique para mim vale dinheiro. Estamos tentando fazer a mesma coisa no mundo real. Para um profissional de marketing com um produto com preço baixo, a recompensa pode ser 10% ou 50 centavos. Mas na compra de pneus, por exemplo, poderá valer US$ 30 para um cliente efetuar a compra".

Para o profissional de marketing, a plataforma rastreia o retorno sobre o investimento, e o WeReward ganha uma porcentagem de cada transação, com base numa escala móvel. De acordo com Murphy, "A coisa mais efetiva que já vi é que, quando alguém vai e compartilha uma experiência, as pessoas que mencionam seus *feeds* usarão @local, como o nome da loja. Nossos clientes estão respondendo para as empresas e a pessoa que administra as mídias sociais nas empresas está vendo tudo isso".

## *CHECK-IN* AUTOMÁTICO BASEADO NA LOCALIZAÇÃO

Outra empresa que desenvolve ativadores de localização é a Shopkick, com sede em São Francisco, a qual lançou um aplicativo para *smartphones* que consegue identificar quando uma pessoa entra em uma loja. A Shopkick permite que os clientes automaticamente façam o *check-in* em lojas específicas sem fazer qualquer outra coisa a não ser cruzar a soleira. A empresa instala o que ela chama de um sinal da Shopkick em uma loja, como a Best Buy ou Macy's, e quando o cliente entra na loja com seu *smartphone* o sistema é alertado para que ele possa receber ofertas especiais localizadas por toda a loja. O *check-in* automático é habilitado por pequenos alto-falantes que emitem sons audíveis perto da entrada da loja.

Este serviço tem o potencial de se expandir pelos shopping centers, sendo que um grande administrador de shopping centers já concordou em lançar o serviço em todos os seus pontos nos Estados Unidos. Uma vez que o consumidor sem limites concorda e entra em uma loja participante, ele recebe créditos chamados de "Kickbucks", os quais podem ser resgatados na loja. No caso da Best Buy, a intenção da loja é ligar seu sistema de ponto de vendas para que um cliente possa receber uma recompensa ao passar por um corredor ou no caixa quando estiver fazendo o *checkout*.

## Marcas e Geolocalização

Enquanto algumas empresas fazem a função de motivadores de localização, imãs de localização ou ativadores de localização, existem outras que podem armar uma empresa com facilidades baseadas na localização para os momentos em que a empresa quer controlar suas próprias atividades a respeito dos motivadores, imãs ou ativadores de localização. Fundada em São Francisco em 2005, a Placecast foi desenvolvida sob a premissa de que a localização é a característica definidora da mobilidade. Em vez de lançar seus próprios produtos baseados na localização para vender para os consumidores, ela proporciona o mecanismo tecnológico para marcas como a The North Face e Sonic para que elas criem e conduzam seu próprio marketing baseado na localização.

A Placecast desenvolveu sua tecnologia com a intenção de servir os clientes em mercados potencialmente grandes. "Há cinco anos, éramos uma *start-up* tecnológica e estávamos totalmente focados na tecnologia escalável", diz Alistair Goodman, CEO da Placecast.[81] "Temos 10 patentes protocoladas na área de localização de dados e gestão do conteúdo e a plataforma pode ser rodada em mais de 70 países."

A Placecast usa o que é chamado de *geofencing*, o qual cria um perímetro virtual ao redor de qualquer área geográfica no mundo real. Quando alguém entra nesse perímetro, recebe uma mensagem de texto em seu telefone, se estiver participando do programa. Uma *geofence* pode ser de 1,6 quilômetros ou mais ao redor de uma loja ou 15 metros da porta da frente, o que quer que a empresa decida.

Para determinar a localização do telefone do cliente, a Placecast usa um sinal de GPS, dados de localização do operador do telefone celular e triangulação da distância do telefone de uma torre de celular. Isso é feito apenas para os clientes que optarem pela participação no programa.

Como um facilitador de um motivador da localização, a Placecast pode ser usada por uma empresa para fornecer ofertas que levam os clientes para uma loja. "Essas podem ser coisas como cupons ou códigos de desconto", diz Goodman. "Para cada empresa rodamos um mini painel de consumidores. Este influencia as compras e o inventário das lojas."

Mas o marketing baseado na localização nem sempre precisa envolver descontos ou cupons como motivadores; em vez disso, as informações podem ser os motivadores que realçam a marca. Por exemplo, a The North Place, uma empresa de roupas e equipamentos para esportes ao ar livre, conhecida por não dar descontos em seus produtos, consegue

## 188 MOBILE MARKETING

oferecer outros tipos de ofertas para realçar o valor de sua marca. "Eles poderiam fazer uma *geofence* ao redor de locais que acreditam ser importantes para sua marca", diz Goodman. "[A empresa] poderia oferecer a previsão do tempo em uma estação de esqui ou talvez recomendar uma rota. É o marketing como um serviço, um serviço valioso trazido até eles pela marca."

A chave para usar plataformas baseadas na localização é sempre proporcionar valor para o cliente. Goodman disse:

> Temos pesquisado os consumidores sobre a localização e 80% deles entendem que estamos usando sua localização e acham que isso é valioso. Parte de nosso aprendizado nos anos de operação de SBL é que os consumidores móveis preferem ter a opção de participar, e quando as ofertas são relevantes, com base em que lugar eles estão e quando estão lá, eles as veem como bastante valiosas, e as taxas de participação são altas.
>
> Outra questão é a da privacidade. Os nossos serviços têm o dobro de opção pela participação e fácil de optar pela não participação. Acreditamos muito na opção pela participação. O *geofencing* é uma maneira de trazer relevância com base no local e hora, o qual na mobilidade é realmente bastante previsível da intenção do cliente. Aprendemos que você não necessita da precisão de um *geofence* bem na porta da sua loja. Pense nele mais em termos de mentalidade: é sábado de manhã, você se encaminha para uma área de compras com sua carteira e seu telefone, disposto a fazer uma compra. Ao colocar o *geofence* ao redor da área de compras, é uma oportunidade para a marca ficar bem na sua frente quando você está comprando. Ou comprar durante os dois ou três dias da oferta, tendo aquele local como um sinal para a pessoa se lembrar.
>
> Com a mobilidade, onde você está no mundo físico é a característica previsível do que planeja fazer. Se for ao Madison Square Garden, o local continua o mesmo, mas o perfil e a mentalidade do público são completamente diferentes de uma noite para a outra. Pode ser um concerto da Celine Dion ou um jogo dos Knicks – esses são dois locais diferentes.
>
> A primeira questão que temos de resolver trata dos muitos pontos de dados e fontes de localização que se referem a um local, ligando os

dados a um único ponto de referência num mapa. A segunda parte é a habilidade de anexar o conteúdo a uma localização. Os locais no mundo físico estão mudando o tempo todo e 20 mil empresas abrirão, fecharão ou mudarão todos os meses, de modo que os dados de localização são um problema. É necessário que essas questões sejam feita em escala, uma vez que os bancos de dados universais dos locais nunca irão exixtir.

Anexamos conteúdo aos locais, como horas de operação, opiniões dos usuários, tuites, *check-in*s e cupons. O mapa que aparece tem mais informações, incluindo o conteúdo que uma empresa coloca sobre si mesma. A empresa que usa a plataforma consegue publicar essas informações para um consumidor quando ele está no local e as empresas conseguem ter ícones patrocinados no mapa.

Se você tem um restaurante self-service, como o Sonic, e deseja enviar uma oferta para os consumidores perto da loja e fazê-lo sob medida para determinada hora do dia e a localização, e mudá-la quatro vezes ao dia para promover itens diferentes no menu, com cada código de desconto diferente – esta é uma oportunidade singular oferecida pelos programas baseados na localização. A chave para a localização e a mobilidade é a oportunidade de disponibilizar as ofertas para os consumidores. A plataforma administra todas as ofertas e os mapas.

Parte deste desafio é a última etapa e a medida de resgate dos cupons e ofertas de descontos. Tudo que você faz ao redor do caixa em um varejista pode ser uma enorme barreira. O varejo está lentamente melhorando os sistemas do PDV (ponto de vendas), mas eles são todos diferentes. Qualquer coisa no PDV pode ser desafiadora.

Além de agir como um motivador da localização, a plataforma da Placecast também tem um papel importante como um ativador da localização. Pelo fato de ela administrar o conteúdo que uma empresa quer enviar para seus clientes, a plataforma permite que esta empresa crie ofertas customizadas, baseadas na localização, enviadas através do que a Placecast chama de ShopAlerts. Essas mensagens de texto de um profissional de marketing podem ser enviadas quando um cliente, que optou pela participação, entra na área de *geofence* designada de uma empresa.

Em um programa piloto com a American Eagle Outfitters, o Sonic e a REI, a Placecast descobriu que 79% daqueles que receberam ShopAlerts disseram que esses aumentaram a probabilidade de visitar a loja e 65% haviam feito uma compra até o final do programa.

Muitos diretores e chefes de departamentos de marketing das empresas estão prestando atenção nesses ativadores de localização porque eles podem afetar as decisões mais próximas da transação de um cliente. As plataformas baseadas na localização, como a Placecast, permitem que um profissional de marketing envie mensagens publicitárias no horário e local específicos e rastreiem e analisem sua eficácia. "Nós analisamos completamente as informações dos clientes no banco de dados", diz Goodman. "Somos mais uma ferramenta de retenção no mecanismo do CRM e outro ponto de contato com o consumidor."

A Placecast também está descobrindo uma alta aceitação do marketing baseado na localização fora dos Estados Unidos, onde a empresa trabalha com operadoras de telecomunicações. "Elas têm milhões de clientes e querem fazer ofertas baseadas na localização", diz Goodman. "O mercado no exterior é muito mais maduro do que nos Estados Unidos; há mais aceitação dos consumidores. Uma empresa pode prestar este serviço com SMS ou MMS, os quais são ubíquos e interoperáveis, não há necessidade de abrir um aplicativo e a mensagem é extremamente relevante. É possível usar a localização e o horário para alavancar todas as coisas boas que você já está fazendo. As marcas têm a tendência de promovê-lo."

## O Longo Caminho do Marketing Baseado no Local

Embora os profissionais de marketing tenham que servir os clientes móveis no tempo desses clientes, como discutido anteriormente, eles também precisarão servi-los com base na sua localização. Mas "localização" pode significar algo além de localização física, pois existem tipos diferentes de localizações – geográficas e psicográficas. Enquanto a localização geográfica se refere simplesmente a onde a pessoa está localizada fisicamente, a localização psicográfica inclui a mentalidade provável do cliente naquela hora. Este conhecimento ajuda os profissionais de marketing a determinarem as mensagens mais relevantes a serem enviadas, com base na intenção provável de um cliente em qualquer momento e local.

A localização geográfica é a mais óbvia das duas, e é o foco de muitas campanhas de marketing móvel. O primeiro instinto das empresas que estão integrando a mobilidade nas suas atividades de marketing será focar todas as suas energias na localização física dos clientes que estão mais próximos da compra final. Embora isso seja importante e ofereça uma ótima oportunidade para interação, esta não é a única localização que deveria chamar atenção.

Em vez disso, há outra localização que deve ser considerada e esta é o lugar do cliente móvel no ciclo de compra. À medida que os aparelhos móveis ficam cada vez mais sofisticados, as pessoas os usam com mais frequência e mais cedo no ciclo de compras. Mais e mais clientes pesquisam itens bem antes de chegarem às lojas, isto porque a busca de informações pelo telefone torna-se cada vez mais fácil.

As interações móveis basicamente ocorrerão em ambas as extremidades do ciclo de compras, assim como em todas as etapas entre elas. O foco de todas as atividades de marketing em uma extremidade do ciclo de compras poderá resultar em empresas que deixam de participar de uma parte significativa da dinâmica da mobilidade.

Para ajuda a monitorar o ciclo de compras de seus clientes móveis, é preciso estar ciente dos motivadores, dos imãs e dos ativadores de localização. E esses clientes motivados pela mobilidade estão o procurando para saber qual valor você pode oferecer a eles, o que discutiremos no próximo capítulo.

# CAPÍTULO 7

# A Descoberta: Busca nos Esteroides

Em um computador, procurar por algo é usualmente chamado de busca. Na mobilidade, uma definição mais correta seria *encontrar*, e eu chamo a próxima geração de ferramentas móveis destinadas a localizar as informações necessárias de *descobridores*, em vez de mecanismos de buscas.

Com a mobilidade, uma pesquisa simples não é suficiente. Agora, isso não quer dizer que o que os mecanismos de busca como o Google ou Bing fazem é simples; na realidade, os mecanismos são bastante complexos, o que faz com que seu uso pareça simples. Uma ferramenta de pesquisa conhecida como Wolfram Alpha, a qual contém mais de 10 trilhões de partes de dados, roda em supercomputadores, ainda assim é pesquisável mediante o simples questionamento.[82] O jogo final para a busca é que todo conhecimento será pesquisável em tempo real relativo.

## A Nova Busca por Mobilidade: Os Descobridores

A busca por informações em um computador é muitas vezes bastante diferente da busca por informações em um aparelho móvel. Quando as pessoas fazem buscas em um computador, elas têm uma noção do que estão buscando. Um estudante poderá estar buscando informações para um trabalho escolar. Um executivo poderá estar pesquisando os produtos de um concorrente. Alguém pode estar procurando um catálogo da

**194** MOBILE MARKETING

Staples para ver as ofertas semanais. Em sua essência, as buscas são o que eu chamo de *buscas premeditadas*. Em uma busca premeditada, a pessoa tem uma ideia do que ela está buscando com base em suas necessidades. Essas pesquisas envolvem características mais gerais do que aquelas que são normalmente necessárias na mobilidade.

Como temos visto com outras transições para a mobilidade como mídia, normalmente há a primeira e a segunda geração. A primeira geração simplesmente pega a maneira como as buscas estão sendo feitas nos computadores e transfere o método para a mobilidade. Isso significa usar os mecanismos de buscas como o Google, Bing e Yahoo para clicar pelas várias páginas da Internet, as quais surgem como resultado da busca. É apenas natural que as ferramentas de busca da primeira geração dependam inicialmente das tecnologias existentes importadas da mídia anterior. No entanto, os métodos importados deixam de aproveitar totalmente todos os aspectos da mobilidade.

A mobilidade tem a ver com *descobertas*, e ela requer um novo tipo de busca. Na mobilidade, mais do que *buscar* a questão é *descobrir*. As pessoas que estão sempre em movimento não precisam saber de todas as opções disponíveis em outros lugares, elas normalmente precisam saber o que está perto agora. A segunda geração de busca móvel – os *descobridores* – se aproveita das facilidades dos telefones móveis para ajudar a focar nos resultados:

- **Localização.** Onde está o consumidor sem limites na hora da busca? Isso pode ser determinado pelo posicionamento do GPS. Esta informação pode ser útil para encontrar informações ao levar em consideração a localização atual da pessoa. A descoberta baseada na localização pode ser uma ferramenta poderosa para render resultados que são altamente relevantes e imediatamente úteis.
- **Movimento.** Para qual direção o cliente está indo, ou ele está relativamente estacionário? Um consumidor sem limites viajando a 64 quilômetros por hora provavelmente está em um carro, ao passo que alguém se movimentando a 3,7 quilômetros por hora está provavelmente andando.

- **Proximidade.** Quão perto o consumidor sem limites está de certo produto ou serviço? Ele está num shopping center ou em uma loja específica? Ele está no escritório? Com o tempo, essas informações serão inestimáveis para os profissionais de marketing.
- **Horário.** Qual dia e qual hora do dia a descoberta está sendo conduzida? As interações em horários diferentes significam coisas diferentes. Alguém que esteja tentando encontrar algo no meio do dia, digamos, na hora do almoço, pode ser diferente de alguém tentando encontrar algo no meio da noite, potencialmente mais uma situação de emergência.
- **Contexto.** Qual tipo de coisas a pessoa está tentando localizar? Ela está buscando um produto perto dela ou uma loja que esteja aberta no momento?
- **Intenção.** O que provavelmente o consumidor sem limites está tentando encontrar? Com base em quê? Ele está no estágio de pesquisa de uma decisão de compra? Ou ele está tão perto da decisão de compra que o que encontrar determinará se a compra é ou não aqui e agora?
- **Conectividade**. Uma vez que o consumidor encontra o objeto ou serviço desejado, ele pode facilmente adquiri-lo? Isso pode ser realizado com um telefonema imediato ou e-mail?

## GLOSSÁRIO

**Código de barras em 2D.** Códigos em duas dimensões, os quais são quadrados em vez dos UPCs (códigos de barras) retangulares e tradicionais nos produtos e lidos por computadores e caixas registradoras no *checkout*. Os códigos em 2D são reconhecidos pelos smartphones e ligados diretamente ao conteúdo desejado do profissional de marketing, o qual pode ser enviado para o telefone de várias maneiras, como um link na Internet ou mensagem.

**Código QR.** O Código de Resposta Rápida, um código de barras em duas dimensões que pode ser lido em alta velocidade. Veja também *códigos de barras em 2D*.

**196** MOBILE MARKETING

> **Código curto.** O código especial, como 50293 ou Disney, que os consumidores podem usar para enviar as mensagens de texto para empresas para certas promoções ou outros fins. Os códigos curtos são arrendados, começando em aproximadamente US$ 500 ao mês. Os códigos de marcas são mais caros.
>
> **Realidade aumentada.**O uso do telefone para visualizar algo no mundo real e ter essa imagem *aumentada* por informações adicionais mostradas na tela do telefone. Um exemplo seria apontar o telefone em direção a um prédio e as informações sobre aquele prédio, como ano de construção e nome, seriam mostradas como textos na tela do smartphone.

Os consumidores sem limites estão procurando conhecimento na hora e têm um senso de urgência muito maior do que normalmente com uma busca tradicional. As principais empresas de busca na Internet, sem dúvida alguma, terão um papel importante em ajudar esses consumidores a encontrarem coisas, especialmente aquelas empresas que se especializam em determinadas categorias. No entanto, novas descobertas de facilidades móveis serão definitivamente mais úteis e relevantes para uma pessoa com um smartphone procurando fazer (ou encontrar) algo com base em sua localização, hora e disposição atuais.

O smartphone oferece muitas outras maneiras, além das buscas tradicionais, de descobrir o que é mais relevante no momento, com base na localização do consumidor sem limites. Por exemplo, o que os outros estão dizendo sobre um restaurante específico, perto do qual o usuário do smartphone está passando; onde estão os amigos de uma pessoa no momento, eles estão perto? Ou que empresa tem o preço melhor num produto sendo visualizado no momento? Embora muitos desses serviços ou aplicativos não alcancem uma escala de massa, eles estão sendo baixados aos milhões e estão trazendo valor para o consumidor móvel. Esses aplicativos proporcionam informações para os consumidores sem limites em contexto e relevância, tal como o conhecimento sobre lugares e coisas ao seu redor, mesmo se necessariamente não "buscarem" por eles.

A seguir, apenas alguns exemplos de *descobridores*. É essencial que as marcas e os profissionais de marketing não estejam apenas cientes desses novos descobridores, mas que também determinem estratégias e táticas que se aproveitam deste novo ambiente. Na mobilidade, o valor alto não necessariamente estará na compra de termos de busca nos mecanismos tradicionais de busca, embora este será parte do *mix*. Em vez disso, os melhores resultados envolverão a empresa que se posiciona para ser encontrada a qualquer hora com base no que o consumidor sem limites está fazendo, onde ele está fazendo isso e quando ele está fazendo isso.

**Yelp.** Fundado em 2004, o Yelp é um dos aplicativos de busca mais conhecidos devido aos mais de 11 milhões de comentários de pessoas que patrocinaram as empresas locais. O Yelp vende anúncios para as empresas locais e fornece informações sobre restaurantes, bancos, supermercados, postos de gasolina e mais, com base na localização dos consumidores sem limites.

**Aloqa.** A Aloqa é um serviço móvel que usa a localização atual do consumidor para proativa e continuamente listar em seu telefone os lugares, eventos, filmes e outras atividades que podem ser de seu interesse, com base em suas preferências preconfiguradas. Se o consumidor solicitar, a Aloqa envia uma série de notícias, incluindo quando o consumidor está perto de uma Starbucks, por exemplo, ou um cupom de oferta quando ele está perto de alguma loja.

**Urbanspoon.** Este serviço mostra listagens detalhadas de restaurantes, sendo que muitos deles são de luxo, e mostra onde as mesas estão disponíveis, deixando que o usuário móvel faça uma reserva, tudo em tempo real.

**Geodelic.** O Geodelic automaticamente agrega locais e informações com base na distância, relevância e interesse. O aplicativo "aprende" com o tempo, com base no que o consumidor móvel seleciona. Um toque no ícone de restaurantes, por exemplo, proporciona informações sobre o que está mais próximo e provavelmente é mais atraente, com base em seleções anteriores. As informações de contato do restaurante estão incluídas, assim como um mapa para chegar ao local.

## Descobrindo-a Quando Necessário

Embora algumas das empresas que proporcionam tais serviços de descobertas tenham começado na Internet, elas estão todas se transferindo para a mobilidade, isso em virtude de seu potencial grande de mercado e também porque os aplicativos são mais úteis para um consumidor móvel enquanto ele se movimenta pelo mundo afora.

O PhoneTell foi lançado em Palo Alto, Califórnia, em meados de 2010. Ele é um aplicativo para telefones móveis projetado para fazer com que seja mais rápido e mais fácil encontrar pessoas, produtos e serviços, especialmente quando uma pessoa está em movimento. "É sobre as conexões rápidas para o que quer que você esteja procurando", diz Steve Larsen, cofundador da PhoneTell.[83] "Enquanto a busca na Internet é por informações, a busca móvel é por ação."

O aplicativo grátis, o qual Larsen chama de "a melhor lista telefônica do mundo", foi inicialmente lançado nos smartphones com Android. Ele integra sua funcionalidade de lista de endereços com uma função de discagem nativa do telefone. A empresa assumiu uma abordagem um tanto diferente das outras empresas de descobertas. Em vez de fazer sugestões automáticas com base na localização e preferências pessoais, a PhoneTell almeja apresentar os resultados mais precisos e altamente relevantes relacionados ao que o usuário está procurando.

"Usamos um conjunto complexo de algoritmos que incluem a hora do dia, a localização e o modelo prioritário medido não apenas no comportamento de discagem passado do usuário móvel, mas no comportamento de discagem de outros também", diz Larsen. "Conectamos a lista de endereços de um usuário móvel com centenas de milhões de números de telefones em nosso banco de dados em nuvem", ele disse. "Começamos com bancos de dados públicos, como as páginas amarelas (o mesmo que você obtém quando liga para o numero de informações) e adicionamos Yelp, Bing e outros."

Além desses números de telefones de bancos de dados, a PhoneTell permite que os usuários adicionem links de seus bancos de dados de contatos pessoais, baseados em nuvens, como Gmail, LinkedIn, Facebook, Outlook ou Salesforce.com. A empresa também encontrou e adicionou coleções de

A Descoberta: Busca nos Esteroides **199**

números de telefones difíceis de encontrar, números de celulares e números de atendimento ao cliente da eBay, Amazon, American Express e muitas outras empresas. Para as listagens comerciais, ela também reuniu informações sobre a localização, horário de operação, site na Internet, e-mails e mapas.

Os consumidores conseguem baixar o aplicativo diretamente da PhoneTell ou do Mercado do Android, e a PhoneTell instala sua lista telefônica em "esteroides" como parte do discador do telefone. Quando o consumidor insere o que ele está procurando, os resultados são priorizados e entregues, cada um deles completo com uma tecla de clique para ligar. (A PhoneTell recebe as receitas quando os consumidores se conectam com as empresas com as quais ela mantém um relacionamento, seja diretamente ou através de parcerias com empresas como a AT&T Interactive.)

Os consumidores com a PhoneTell não precisam saber de muitos detalhes do que estão procurando, ainda assim o aplicativo encontra produtos, serviços ou pessoas relevantes. Pelo fato de o banco de dados da PhoneTell armazenar os horários de operação das lojas, parte de seu cálculo antes de fornecer os resultados inclui se as empresas estão ou não abertas naquele momento. Os resultados, por exemplo, para quando estiver procurando uma "pizza" mostram não apenas as pizzarias mais próximas, mas também aquelas que estão abertas até as 20h30m quando você faz a busca.

Pelo fato de a PhoneTell estar integrada com o fluxo de chamadas do telefone, ela fornece informações para os clientes em ambas as direções, em chamadas que entram e descobertas que saem. Quando os usuários buscam um produto ou serviço, os resultados incluem informações para discagem, de modo que ele fica a um clique para ser conectado por telefone com aquele indivíduo, empresa ou serviço.

O vasto banco de dados de números de telefones da PhoneTell permite que ela alavanque essas informações para proporcionar um serviço adicional nas chamadas que entram. Quando uma pessoa recebe uma chamada, as informações da chamada que entra incluem o nome, número de telefone e localização, sendo que todos são mostrados na tela do telefone, mesmo se a pessoa que está ligando não estiver na lista de contatos do consumidor. Quando o consumidor vê quem está ligando, ele pode rejeitar ou atender a chamada ou usar uma facilidade da PhoneTell

## MOBILE MARKETING

que permite respostas de SMS (texto) com um clique em tempo real, caso ele escolha não atender.

Se o consumidor estiver em uma reunião de negócios, por exemplo, e vê que sua esposa está ligando, ele pode enviar uma mensagem automática que diz: "Estou em reunião e ligarei de volta assim que possível". Se ele vir que a chamada é de um fornecedor que ele não conhece, poderá enviar uma mensagem automática dizendo: "Não posso atender sua chamada no momento, mas envie-me um e-mail e eu responderei".

Isso é um exemplo de uma empresa que proporciona valor real para os consumidores sem limites. A publicidade de busca ultrapassou a publicidade gráfica na Internet porque ela foi motivada pela intenção do usuário, os resultados relevantes e os cliques fáceis, e as mesmas dinâmicas são verdadeiras para os descobridores móveis, como a PhoneTell. Os encanadores usam a publicidade nas páginas amarelas porque as pessoas que procuram ali têm problemas com o encanamento que precisa ser consertado imediatamente. Os usuários móveis também querem algo agora. Uma pessoa que busca "aluguel de carros", de sua casa às 16 horas num sábado está procurando ofertas especiais. Mas uma pessoa buscando "aluguel de carros" de um telefone móvel às 9h no Aeroporto de O'Hare muito provavelmente precisa de um carro imediatamente. Porque a PhoneTell sabe qual é a necessidade ou intenção do usuário, a proximidade dos produtos e serviços, e a prontidão para fazer negócios (horário de operação), seu aplicativo consegue produzir oportunidades de vendas mais relevantes.

Os profissionais de marketing devem estar cientes de que, à medida que os aplicativos que proporcionam tais serviços se proliferam, seus clientes irão cada vez mais se conectar a eles, ou aos seus concorrentes, por meio dos novos descobridores.

### Descobrindo por Códigos

Outra maneira como os consumidores sem limites encontrarão coisas será pelos códigos capturados e traduzidos pelas câmeras de seus smartphones. Isso será feito de duas maneiras diferentes: ao apontar o telefone com câmera para os códigos de barras UPC ou para um novo tipo de código, códigos de barra em 2D. Com o tempo, mais telefones passarão a reconhecer os códigos mais facilmente, seja nas embalagens, nas revistas ou em cartazes. Uma vez que o telefone reconhece, ou lê, o código, o cliente pode ser digitalmente encaminhado para qualquer localização ou experiência que você, o profissional de marketing, tenha imaginado. Esta pode ser tão simples como uma página na Internet com informações sobre os produtos e as comparações de preços concorrentes para aplicativos com facilidades de multimídia e compra embutidas.

Em 26 de junho de 1974 no Marsh's Supermarket em Troy, Ohio, uma embalagem com 10 pacotes de goma de mascar Wrigley's Juicy Fruit passou por um escâner a laser portátil, para uma venda de 67 centavos.[84] Essa embalagem de gomas de mascar marcava o início da era do código de barras UPC (Universal Product Code – Código Universal de Produtos), e esses ubíquos códigos ajudaram a rastrear a venda de muitos bilhões de itens e a acelerar a passagem dos consumidores pelo caixa.

Embora exista uma função para essas barras e números pretos no mundo da mobilidade, há uma função potencial até maior para uma nova versão, embora esta não seja um substituto para o bom e confiável código de barras UPC. Apesar de os códigos UPC carregarem informações e preços relacionados a um produto específico, a mobilidade transporta essas informações para uma nova dimensão. Este novo tipo de código de barras é chamado de código de barras em 2D. Enquanto o código de barras tradicional tem apenas uma dimensão, isto é, ele é lido da esquerda para a direita ou da direita para a esquerda, o código de barras em 2D é lido em duas dimensões, da direita para a esquerda e de cima para baixo. Os códigos são essencialmente quadrados, em vez de retangulares como os códigos de barra UPC. Eles também parecem ser melhores do que os códigos UPC e são menos intrusivos nas embalagens dos produtos.

Assim como qualquer outra nova mídia, existem várias versões de códigos de barras em 2D, com características e propósitos diferentes. Por exemplo, qualquer pessoa pode pesquisar na Internet e encontrar um site onde ela pode criar um Código QR (Resposta Rápida), com um link para seu site na Internet, incluir um número de telefone ou realizar uma série de outras funções. Existem empresas que imprimem esses códigos em camisetas, os colocam nos cartões de visitas ou basicamente deixam que você faça o que quiser com eles.

Os tipos de códigos de barras em 2D são diferentes. Um Código QR, por exemplo, tem de ser impresso em letras maiores que alguns outros códigos em 2D para que possam ser lidos pela maioria das câmeras de telefones, o que deveria ser uma preocupação para as empresas que pretendem adicionar códigos em 2D em milhões de embalagens. Existem várias empresas diferentes de códigos de barras em 2D e cada uma delas tem sua própria abordagem. A seguir, alguns exemplos dos vários leitores de códigos:

**Red Laser.** Este é um aplicativo de escâner móvel que foi baixado mais de 4 milhões de vezes. O aplicativo pode ser usado com câmeras de telefones móveis que não tenham o autofoco. Quando um cliente escaneia o código de barras de um produto nos Estados Unidos ou no Reino Unido, o sistema busca pelos preços online assim como os preços de outros varejistas, com localização de busca automática para encontrar preços de produtos que estejam próximos. A empresa foi adquirida pelo eBay.

**ShopSavvy.** O ShopSavvy é o aplicativo de uma empresa chamada Big no Japão (embora ela esteja localizada em Dallas, Texas) que foi baixado mais de 10 milhões de vezes e é usado em mais de 20 países. Os consumidores conseguem escanear os códigos de barras dos itens e instantaneamente encontrar os melhores preços, tanto online quanto a partir de sua localização. Os profissionais de marketing podem incluir mensagens para um cliente quando um item é escaneado, com base na localização do cliente e no item específico. Um CD escaneado, por exemplo, poderia dar início ao clipe de uma música com a mensagem promovendo a loja onde o cliente está localizado. A mensagem também poderia incluir uma sugestão para que o cliente se junte ao programa de fidelidade da loja, oferecer um cupom na hora ou comprar ingressos. O comerciante paga com base em quantas pessoas veem a mensagem de marketing e quantas pessoas realmente clicam ou tocam nela.

**Jagtag.** Esta empresa criou um código de barras em 2D líder, que funciona com todas as câmeras de telefones. Se o cliente tirar uma foto do código, uma mensagem de MMS é enviada para a Jagtag; lá, a mensagem é lida e um *link* de MMS é enviado de volta para o telefone. Ele foi usado no catálogo de biquínis da *Sports Illustrated*, de modo que meia dúzia de códigos na revista pudessem ser escaneados, resultando em um vídeo que era baixado no telefone, o qual gerou o envolvimento de 120 mil clientes. "Podemos colocar códigos diferentes nos produtos com base no local onde são vendidos", diz o fundador da Jagtag, Dudley Fitzpatrick.[85]

**SnapTag.** Da SpyderLink, no Colorado, vêm esses códigos customizados que usam o logotipo de uma empresa ou a imagem do produto ao circulá-lo com a tecnologia de círculo de códigos (basicamente, um círculo com várias pequenas interrupções que a tecnologia da empresa reconhece e rastreia). "Esta é uma oportunidade de resposta direta que as empresas não tinham antes", diz Jane McPherson, diretora de marketing da SpyderLink.[86] A chave é que o código pode ser lido por qualquer telefone que tenha uma câmera e facilidades de mensagem; a imagem é enviada como uma mensagem e reconhecida, de modo que uma mensagem apropriada (texto, vídeo, etc.) é enviada de volta. A SpyderLink também proporciona o SnapTagReader, fazendo com que o processo de leitura e recebimento seja ainda mais rápido e fácil. A Coors incluiu o SnapTags em suas embalagens da cerveja Coors, deixando que os clientes maiores de idade possam fotografar e enviar o código, o qual automaticamente o consumidor entra em um concurso para ganhar vários prêmios, incluindo ingressos para o Super Bowl.

**Escâner de Códigos da AT&T.** Este aplicativo pode ser usado para escanear a maioria dos formatos dos códigos de barras em 2D ao apontar a câmera do telefone para o código. O aplicativo salva os últimos 100 escaneamentos e é possível acessá-los sem ter de escanear novamente no histórico do aplicativo. Quem preencher o cadastro receberá notificações de ofertas com base na sua localização quando escanear um código. Esse aplicativo é alimentado pelo decodificador *mobiletag*, de uma empresa líder em leitura de códigos de barras em 2D da Europa.

**Microsoft Tag.** Este sistema fornece informações sobre a frequência e onde esses *tags* foram escaneados pelos consumidores. As informações associadas com os *tags*, como um link para um site na Internet, podem ser atualizadas ou alteradas a qualquer momento, mesmo depois de o código ter sido criado e distribuído; isto é, as informações no *tag* podem ser revistas mesmo depois de terem sido impressas na embalagem. A Microsoft Tags pode ser comumente lida por outros leitores de códigos de barras em 2D.

Embora possa ser intrigante, e até divertido, ter um código QR em uma camiseta, para as marcas e as empresas existem outros motivos mais importantes para usar os códigos em 2D. Como profissional de marketing, você precisará decidir como quer usar esses códigos e quais são melhores para seus propósitos, à medida que o mercado do escaneamento torna-se mais amplo. A seguir, alguns dos principais motivos porque esse mercado se prepara para expansão:

- O cliente não precisa digitar algo para receber a informação desejada.
- A tecnologia de reconhecimento de códigos continuará se aprimorando.
- Mensagens de multimídia podem ser enviadas instantaneamente.
- Serão fornecidas informações úteis sobre os clientes.
- As informações podem ser fornecidas no local, exatamente na hora certa quando os clientes as querem.
- É fácil para o profissional de marketing associar dramaticamente mais informações com produtos e embalagens.
- Os clientes recebem valor, fazendo com que seja válido o escaneamento de códigos.

Um dos maiores motivadores será o *fenômeno da galinha e o ovo da mobilidade*. À medida que mais códigos passam a ser mais visíveis nos produtos, mais consumidores se perguntarão o que são eles. À medida que

A Descoberta: Busca nos Esteroides **205**

mais consumidores apontam suas câmeras para os códigos, mais pessoas ficarão curiosas sobre o que eles estão fazendo. Para que mais clientes apontem seus telefones para esses códigos, os profissionais de marketing devem proporcionar valor agregado para fazer com que eles sejam válidos. Um cliente dirá ao outro que ele consegue encontrar um preço melhor ao escanear esses códigos. E à medida que mais clientes começarem a usar os códigos, mais comerciantes serão forçados a adicioná-los às suas embalagens de produtos, para continuarem em dia com a concorrência. Esse padrão continuará até que a mudança comportamental seja totalmente realizada.

## A Plataforma do Código de Barras em 2D

Uma das empresas de código de barras em 2D mais antigas é a Scanbury. A empresa de Nova York foi fundada em 2001 e trabalhou com as operadoras e fabricantes de telefones celulares naquela época. Assim como outros leitores de códigos de barras em 2D, o leitor da Scanbury, chamado de Scanlife, consegue ler outros códigos além do seu próprio. A Scanlife tem sido usada ao redor do mundo e a empresa tem operações ativas nos Estados Unidos, México, Chile, Espanha, Itália e Dinamarca, e entre os investidores da empresa está a Motorola Ventures.

Esses códigos em 2D terão um papel cada vez maior no marketing e nas vendas de produtos porque eles são muitas vezes empregados no local mais próximo para uma compra real. "Para nós, sempre predominaram os códigos de barras, mas em 2007 a mobilidade começou a mudar e nós passamos para o comércio móvel", diz David Javitch, vice-presidente de marketing da Scanbury.[87] "Estávamos lançando programas Beta com as operadoras que na época se preparavam para a adoção em massa. Temos públicos diferentes, desde consumidores que escaneiam todos os tipos de códigos de barras a empresas que conseguem lançar uma campanha e rastrear os analíticos de 120 milhões de pessoas potenciais apenas nos Estados Unidos."

Embora os códigos de barras da Scanbury incluam algumas das características comuns dos códigos de barras móveis, como comparação de preços, ele é o menor código de barras em 2D. A Scanbury é outro exemplo de uma empresa de mobilidade que tem sua base em como a tecnologia é usada e o valor das informações que ela fornece de volta para os profissionais de marketing. "É uma plataforma e um sistema auto-administrado, o qual virtualmente qualquer pessoa pode usar, desde uma grande corporação a uma empresa local", diz Javitch.

O sistema da Scanbury fornece todos os dados dos escâneres para as empresas, de forma que elas conseguem ver o número de escaneamentos, a data, a hora do dia e a localização e os dados demográficos sobre a pessoa fazendo o escaneamento, como idade, sexo e renda. "Obtemos uma taxa de resposta de 20% sobre isso", ele diz. "Não estamos dependendo de pessoas para baixar um aplicativo. A Verizon Wireless está colocando códigos em todo seu material de marketing e eles tiveram mais de 150 mil escaneamentos."

O valor em usar uma plataforma 2D é a quantia de informações que podem ser captadas, assim como a quantia que pode ser disseminada, uma vez que o código pode ser conectado a qualquer tipo de material de marketing. Diz Javitch:

> Se fosse a Pepsi, por exemplo, este (como um link em um site na Internet) iria exatamente aonde eles querem ir. Outras não estão assumindo esta abordagem de rebaixamento da marca; para algumas é apenas uma abordagem de comparação de preços. Mostraremos que é também para adicionar valor, mas deixaremos que a marca controle o conteúdo.
>
> Alguns clientes acham que o link para um site básico na Internet já é suficiente, mas isso não irá mudar a decisão de compra. Você começa engatinhando, como qualquer outra nova tecnologia.
>
> Existem marcas que são sérias sobre este assunto. A Verizon colocou um anúncio pago na revista *Travel & Leisure Magazine*. Havia anúncios diferentes sobre viagens e filmes.
>
> No anúncio da Verizon, eles tinham centenas de códigos diferentes. O valor da Verizon é seu nome de marca, uma vez que eles querem mostrar que estão apostando no Android. É uma maneira de ligar as pessoas aos aplicativos e a um link direto e visual.
>
> Trata-se da descoberta de conteúdo a partir de um aparelho móvel. O marketing é uma parte grande disso. Estamos apenas no início. Seremos capazes de enviar dados em tempo real com base na hora e local. Centenas de pequenas e médias empresas estão participando. Por exemplo, as imobiliárias querem ligar as informações sobre as propriedades.

A Descoberta: Busca nos Esteroides **207**

O valor é que esta é a maneira mais fácil de obter informações sobre o mundo físico. Eles querem ver mais códigos no mercado. Mais software de códigos de barras em 2D nos aparelhos motivará a adoção, criando casos de uso convincentes.

A próxima coisa nos códigos de barras em 2D é o comércio e gratificação instantânea. Você escaneará um código de uma revista, clicará para comprar e fará com que esta seja enviada. Estamos observando muitas compras através do Amazon com conteúdos específicos da localização. Os restaurantes estão customizando o conteúdo com base na localização, de modo a permitir duas horas para um desconto, por exemplo.

Temos mais de 10 milhões de downloads do aplicativo globalmente e esperamos 10 milhões apenas na América do Norte e 25 milhões no geral até o final de 2011.

Um código em 2D da Scanbury poderá ligar a uma série de mensagens de marketing, variando de um cupom instantâneo a um aplicativo de marca. "Os tipos de aplicativos para cupons são complicados por causa dos sistemas de PDV", diz Javitch. "E é muito difícil obter uma base instalada. Mas o código em 2D fica melhor num anúncio ou embalagem e você precisa de uma câmera sofisticada para ler o código de barra UPC."

Como é típico com as plataformas no setor de mobilidade, a Scanbury capta os dados e a empresa acessa-os através da plataforma. E por causa da velocidade da mobilidade e sua natureza de estar sempre ligada, os gerentes de marca conseguem monitorar os dados de seus clientes quando estes compram.

As empresas de todos os tamanhos estão usando os códigos em 2D de várias maneiras. A seguir, alguns exemplo de como alguns dos clientes da Scanbury têm distribuído os códigos de barra em 2D.

**Heineken.** A Heineken imprimiu códigos EZ nas suas embalagens de meia dúzia de cervejas, como parte de sua campanha Know the Signs (Conheça os Sinais). Quando o código é escaneado e a idade do comprador é verificada, um aplicativo chamado Breathalyzer pode ser baixado instantaneamente. O aplicativo funciona da seguinte maneira: uma pessoa percebe que um amigo está consumindo bebidas alcoólicas; o proprietário do telefone seleciona de uma lista de personagens (O

Dorminhoco, o Garoupa, o Flertador, etc.) qual o que mais se parece ao seu amigo quando ele está alcoolizado; em seguida, ele passa o telefone para o amigo; o amigo assopra no microfone do telefone, o "breathalyzer", o qual mostra se a pessoa já bebeu bastante (é claro que isso realmente não funciona); um vídeo divertido mostrando o personagem selecionado em ação é exibido. O código EZ também faz o link com outro aplicativo chamado Taxi Magic que usa a localização do smartphone para mostrar uma lista de empresas de táxis por perto. Selecione a empresa de táxi e a ligação é feita automaticamente.

**Sears.** A empresa colocou códigos em 2D em mais de 400 prateleiras diferentes para produtos individuais. Cada código faz um link da pessoa para as especificações de produtos, comentários de consumidores e uma opção de compra. Centenas de compradores escanearam os códigos, dando à força de vendas outra oportunidade para interagir com os clientes.

**Transantiago.** Este sistema de transporte público em Santiago, no Chile, colocou centenas de códigos impressos em decalques ao redor da cidade em cada ponto de ônibus, onde os passageiros podiam algumas vezes esperar muito tempo por um ônibus específico. Os códigos faziam o link para informações sobre a localização atual dos ônibus específicos, usando os localizadores de GPS já existentes nos ônibus. Os passageiros podiam ver quando o ônibus chegaria.

**CB Richard Ellis.** Esta imobiliária usava os códigos nas sinalizações de suas propriedades. Os códigos faziam o link diretamente para uma página móvel para aquela propriedade, com preços atuais e informações para contato com o corretor.

**American Airlines.** A empresa aérea colocou códigos em 2D na mídia de outdoors, como os cartazes nos principais aeroportos dos Estados Unidos para direcionar os usuários para seu site móvel, o qual fornece o status em tempo real dos voos, informações sobre o portão de embarque e um portal para reservas.

**Morgan's Hotel Group**. O hotel promoveu seu 25º aniversário com um código que fazia um link para um desconto especial de 10% em estadias selecionadas e informações sobre seus hotéis.

**Nike.** A Nike colocou códigos de barras em 2D em pôsteres coletores especiais e em locais de varejo em Manila, nas Filipinas, para promover sua afiliação com a NBA (National Basketball Association) e sua nova Developmental League (Liga de Desenvolvimento). O projeto visava a adolescentes e jovens adultos por meio de canais mais integrais aos seus estilos de vida. Em dois meses, a Nike recebeu 30 mil escaneamentos, 42 mil downloads de conteúdo e 96 mil visualizações de páginas de seu site móvel, tudo a partir dos códigos de barras em 2D.

**Volkswagen.** O fabricante de carros colocou códigos em 2D nos seus livretos nacionais para o GTI e o Golf. Cada código fazia um link para uma experiência diferente, incluindo um vídeo, fotos adicionais e uma conexão com a afiliação de futebol da VW.

## A Realidade da Realidade Aumentada

Ao combinar a tecnologia móvel e o mundo físico, abrimos muitas possibilidades para a fusão mais suave dos dois, ou pelo menos permitir que um suplemente melhor o outro. Esta é a ideia por trás do que é conhecido como *realidade aumentada*, a qual, como sugere o nome, envolve aumento, ou adição de mais informações, para a realidade à sua frente.

Se uma pessoa aponta a câmera de seu smartphone para a Golden Gate Bridge, por exemplo, uma vista da realidade aumentada mostraria a ela a história da ponte, estatísticas sobre o número de carros que passam por ela anualmente e assim por diante, como uma cobertura para a imagem no telefone. Esta fusão da realidade que está na frente da pessoa com os dados digitais ou de imagens proporciona o que eu chamo de *insight local*. Esta cobertura de dados pode levar à uma nova percepção dos objetos, em que um objeto previamente estático ou entediante pode ganhar vida por meio do novo contexto dado a este pela mobilidade.

As empresas móveis já estão inovando nessa área, adicionando informações e imagens aos objetos estáticos. Uma empresa de Amsterdã chamada Layar lançou um aplicativo de realidade aumentada para smartphones capacitados para GPS que revestem imagens ou objetos interativos em 3D. Por exemplo, a pessoa seleciona o "layar" (o que a empresa chama de seu revestimento) dos usuários de Twitter nos arredores e um para os restaurantes na redondeza; quando ela aponta a lente da câmera de seu telefone para um conjunto de prédios, imagens ou pontos aparecem sobre o cenário, mostrando as localizações de pessoas que estão por perto tuitando e os restaurantes nas proximidades. O lançamento da bússola "layar" adiciona um revestimento na tela do telefone mostrando a direção do objeto sendo visualizado em relação à pessoa que o visualiza. O aplicativo foi baixado por milhões de pessoas. E, para não ficar para trás, o Google introduziu um serviço de realidade aumentada chamado Google Googles, o qual permite que o proprietário de um smartphone tire uma foto de algo, como um livro ou uma pintura, e automaticamente recebe um link na Internet com informações sobre aquele objeto.

Do ponto de vista do marketing, a realidade aumentada consegue oferecer mais uma maneira de alcançar os consumidores sem limites. Por exemplo, um restaurante self-service poderia aumentar a realidade com um mapa virtual de suas localizações que inclua uma foto em 3D de uma refeição atrativa, apropriada para aquela hora do dia.

A realidade aumentada pode ser extremamente útil quando existem muitos dados que correspondem a certo produto ou serviço. Esse é o caso de certos prédios e marcos históricos, isto porque os dados históricos podem ser facilmente associados com tais lugares. Os eventos esportivos são outro exemplo em que as estatísticas são abundantes, mas não estão prontamente disponíveis para aqueles no jogo, embora as pessoas que estejam escutando no rádio ou assistindo na TV recebem muitos dados dos anunciantes, os quais são alimentados com estatísticas para serem passadas para os espectadores.

Uma organização que atualmente está contemplando o uso potencial da realidade aumentada é a PGA Tour. "A realidade aumentada poderá ser usada logo mais pela PGA", diz David Plant, diretor de mobilidade da empresa.[88] "Toda tacada que um jogador faz é rastreada via laser. E se pudéssemos pegar esses dados para que os fãs no local pudessem ver as informações sobre o jogador de golfe? Por exemplo, qual porcentagem deles está neste local? E poderíamos incluir a localização de instalações no local para os fãs. Com base na localização, e se pudéssemos identificar por mercadoria e motivar vendas adicionais?"

É o tipo de conjunto de benefícios bem definidos que motivará as tecnologias móveis, como a realidade aumentada. Não é a tecnologia, mas sim os benefícios que ela pode trazer que levarão a uma mudança no comportamento do consumidor.

Assim como em outras áreas de um mundo que se tornou móvel, não será necessariamente a tecnologia que impedirá que as empresas e os profissionais de marketing usem as inovações móveis para melhor servirem seus clientes. É mais provável que a mobilidade seja limitada pelas maneiras tradicionais de pensar, pelos hábitos enraizados ou pela falta de integração da tecnologia com os sistemas legados. No caso da PGA, por exemplo, um enorme obstáculo a ser superado não tem nada a ver com a disponibilidade das estatísticas dos jogadores de golfe, dos orçamentos ou dos programas de realidade aumentada. As pessoas não têm permissão para carregarem celulares nos campos de golfe da PGA.

## Mais Eficiência com a Descoberta

Em um mundo que se tornou móvel, os descobridores proporcionarão muito valor para os consumidores sem limites. Os descobridores facilitarão a vida, uma vez que será mais rápido e mais eficiente para os clientes recuperarem as informações precisas que eles estão procurando no momento com base no lugar onde estão. Eles conseguirão comparar os produtos e preços e encontrar o melhor valor, baseados em onde estão e no que estão fazendo. As empresas hábeis se aproveitarão dessas novas facilidades móveis, contanto que elas adicionem valor à experiência do cliente.

E enquanto eles estão no local, muitos consumidores farão o *check- -in* para deixar que seus amigos saibam onde eles estão, pois a mobilidade passa a ser social.

# CAPÍTULO 8

# O Social Torna-se Móvel

Observe os cinéfilos que no final do filme já pegam seus telefones enquanto se encaminham vagarosamente para fora do cinema. Eles estão se conectando de volta à mobilidade, às redes sociais para ver o que perderam durante o filme. Os consumidores sem limites não apenas se sentem confortáveis com as redes sociais o tempo todo, mas também reconhecem que fazem parte delas, não importa onde estejam ou o que estejam fazendo.

Os consumidores sem limites têm a hábito de mostrar a seus amigos e a outras pessoas onde eles estão, o que estão fazendo e quando estão fazendo algo. Eles também querem saber onde estão *seus* amigos, o que estão fazendo e quando estão fazendo algo. A mobilidade torna tudo isso possível.

O uso da Internet não é apenas para ter acesso à quantia quase infinita de informações e conhecimento disponíveis, mas sim para a comunicação com amigos novos e antigos por meio de interações digitais. É para se conectar e ficar conectado com outras pessoas. E para os profissionais de marketing, há uma oportunidade (e desafio) em saber quando e como participar ou adicionar valor para seus clientes dentro dessas conexões.

E uma vez que as pessoas decidem como se comunicar com seus amigos, elas basicamente selecionam qual plataforma de mídia social móvel funciona melhor para elas. Os profissionais de marketing então precisam decidir onde seus clientes atuais e potenciais digitalmente residem e determinar como alcançá-los nesses locais. Um dos motivos principais por que os profissionais de marketing precisam participar dessas conexões móveis é porque e onde seus clientes atuais e futuros digitalmente se reúnem.

## A Mobilidade como uma Plataforma Social

Não há dúvidas de que a mobilidade será um veículo dominante para a rede social. Mais de 200 milhões de pessoas já acessam o Facebook através de seus telefones móveis.[89] E também, as pessoas que usam o Facebook em seus aparelhos móveis são duas vezes mais ativas no Facebook do que os usuários não móveis, e existem mais de 200 operadoras de aparelhos móveis em 60 países trabalhando para distribuírem e promoverem os produtos móveis do Facebook.

Aproximadamente um quinto dos proprietários de telefones móveis nos Estados Unidos usou as redes sociais em seus telefones em 2010, duas vezes mais do que os números do ano anterior.[90] E aqueles com smartphones são usuários significativamente mais ativos da rede social no aparelho móvel, sendo que mais da metade dos proprietários de smartphones usa as mídias sociais em comparação a pouco menos de um em cada 10 daqueles com telefones comuns.

Como é o caso com as mídias sociais no geral, o Facebook atrai o maior número de aparelhos móveis, atraindo 89% daqueles que usam a mídia social via a mobilidade, sendo que 39% usam MySpace via a mobilidade, 29% usa o Twitter e 12% usa o LinkedIn.[91] Os consumidores sem limites usam seus telefones para postarem comentários, visitarem os perfis de amigos, atualizarem seus status, navegarem pelos perfis, receberem atualizações via mensagens de texto, postarem fotos, procurarem amigos e adicionarem eventos.

As plataformas tradicionais de redes sociais estão mudando para a mobilidade, a qual será maior do que a rede social baseada em PCs, isso em virtude de sua facilidade de uso e natureza sempre ligada. Os aplicativos móveis foram criados para as plataformas de mídia social, como o Facebook e o Twitter, facilitando mais encontros sociais de imediato e em tempo real. As mídias sociais estão gerando muitos rumores nas empresas hoje, e a convergência das redes sociais e dispositivos móveis é uma progressão natural que provavelmente levará a um tipo de "rede social em esteroides".

Em um ano, o total de minutos gastos nos sites de redes sociais nos Estados Unidos aumentou 83% e o total de minutos gastos no Facebook aumentou aproximadamente 700%. Os consumidores ouvem falar das tendências através das redes sociais, e as empresas, as quais já são desafiadas a alcançarem os consumidores através das mídias sociais tradicionais, serão ainda mais desafiadas a inserirem seus produtos e serviços no cenário social móvel.

## Conscientização da Localização

Além das plataformas tradicionais de mídia social, como o Facebook e o Twitter, existem também os serviços baseados na localização (SBL) dedicados à mídia social, e esses permitem que os amigos e associados sejam rastreados e rastreiem os outros, essencialmente permitindo que eles saibam onde você está a qualquer hora.

Alguns usuários poderão se sentir um tanto desconfortáveis ao perceberem que outras pessoas sabem onde eles estão ou que seus movimentos estão sendo rastreados. No entanto, o consumidor geralmente tem de fazer o *check-in* no local para registrá-lo; isto é, o usuário deve clicar ou tocar seu telefone para anunciar que ele está em tal lugar. O telefone, é claro, "sabe" onde o consumidor está e normalmente oferece várias opções para o *check-in*. Por exemplo, se a pessoa está em um banco perto da Pizza Hut que está próximo de um salão de beleza, todos os locais serão oferecidos e o consumidor seleciona aquele onde ele realmente está localizado.

A ideia geral é que os amigos possam ver onde seus amigos estão. A popularidade inicial desses serviços foi em grandes cidades como Nova York, São Francisco e Chicago, e cresceu a partir daí. Ao oferecer valor para os clientes atuais e especialmente futuros, as empresas com localizações físicas conseguem oferecer incentivos. Elas podem recompensar os clientes por introduzirem seus amigos ao local específico, aumentando o marketing boca a boca entre amigos. Os profissionais de marketing também podem encorajar as pessoas a conhecerem um produto ou serviço ao oferecer recompensas pela primeira visita, por exemplo, tanto para os novos clientes quanto os amigos de clientes regulares, através desses amigos.

216   MOBILE MARKETING

Os profissionais de marketing enfrentarão a decisão sobre quais serviços da mídia social baseados na localização eles devem engajar e quais das estratégias de marketing baseadas na localização são as que melhor se adéquam às metas da empresa. A participação nessas redes sociais móveis é diferente do marketing baseado na localização. Com o marketing baseado na localização, a comunicação é entre a empresa e o cliente. Com a mobilidade social, a conversa é entre os amigos móveis com base na localização, e os profissionais de marketing se envolvem nessas conversas. A maior oportunidade para um profissional de marketing será criar um programa de clientes totalmente novo; as plataformas baseadas na localização existem a pouco mais de alguns anos, e, sem dúvida alguma, existem muitas possibilidades para alcançar e atrair os consumidores que ainda não foram convencidos. E mesmo devido a sua chegada relativamente recente, os programas baseados na localização já atraíram milhões de consumidores sem limites, os quais participam e são recompensados em vários graus.

Esses serviços também proporcionam recompensas psicológicas para os consumidores, como distintivos, por fazerem o *check-in* várias vezes em um local específico ou qualquer outro título importante por frequentarem certos locais e fazerem certas coisas. Os serviços também encorajam a competição amigável entre amigos e mesmo estranhos, para alcançarem certo status. Um pequeno problema com os serviços baseados na localização é que eles normalmente notificam os amigos quando você faz o *check-in*, mas não quando sai, de modo que um amigo poderá achar que você está em um local, mas você já saiu.

Os serviços também podem ser úteis em grandes eventos: mesmo quando um usuário não conhece muitas pessoas ali, ele pode ver onde os grupos estão se reunindo a qualquer hora, isto porque ele consegue visualizar a atividade por localização. Nenhuma informação pessoal normalmente é compartilhada com aqueles que não são designados como amigos.

## Autoagregação

Localizada em um prédio de seis andares no Cooper Square, na parte baixa de Manhattan, o Foursquare tornou-se um dos serviços baseados na localização mais populares. Logo no início de 2010, a empresa sublocou um espaço para outra empresa *start-up no* quinto andar do prédio. Naquele andar, os funcionários de três empresas diferentes trabalhavam lado a lado em frente de enormes telas de computadores. Contra um fundo de algumas bicicletas estacionadas dentro do escritório, uma dúzia ou mais de programadores – muitos deles usando fones de ouvido – quietamente focavam em suas tarefas específicas.

À medida que o Foursquare crescia, ela alugava espaço adicional do *Village Voice*, cuja matriz era no terceiro andar, e os funcionários alternavam trabalhar em andares diferentes, dependendo da semana. Depois que a empresa arrecadou US$ 20 milhões de investidores em fundos de capital de risco, ela renovou todo o sexto andar do prédio, com vista panorâmica da cidade. As três empresas então se mudaram para o andar superior, embora o Foursquare tenha ido de locatário para locador.

O Foursquare não tem nada a ver com imóveis, mas sim com o espaço físico habitado pelos seus usuários a qualquer momento. Ela é uma plataforma de rede social da qual as pessoas fazem o *check-in* e transmitem suas localizações enquanto elas se movimentam pelo mundo. Os telefones dos usuários da mobilidade sabem aproximadamente onde eles estão e podem oferecer escolhas de locais nas áreas imediatas; para fazer o *check-in*, o consumidor sem limites simplesmente seleciona o local onde ele está atualmente. Se sua localização não está listada, ele pode pesquisar e encontrá-la rapidamente ou inseri-la (por exemplo, se a localização é uma nova loja ou restaurante), o que ajuda o Foursquare a crescer organicamente.

Milhões de pessoas usam o Foursquare, e elas recebem créditos de uma forma ou de outra por fazerem *check-ins*. Em seus primeiros 16 meses, houve 100 milhões de *check-ins* no Foursquare. Apenas dois meses depois, este número chegou a 200 milhões. É mais de um milhão e meio de *check-ins* por dia em um local ou outro.

Os consumidores também têm a opção de fazer um link de suas contas no Foursquare com os outros serviços de rede social que eles usam. Por exemplo, se uma pessoa fizer um link de sua conta do Foursquare para o Twitter, cada vez que ela fizer um *check-in*, o sistema automaticamente enviará um tuíte para seus seguidores, deixando que eles saibam onde ela está.

**218** MOBILE MARKETING

Algumas das recompensas são projetadas para criar uma competição divertida e local. Por exemplo, se uma pessoa faz o *check-in* mais do que qualquer outro em um local, dentro de um período de tempo específico, ela passa a ser o "Prefeito" daquela localização. Além de ganhar o direito de se gabar, o "Prefeito" é elegível para recompensas dos profissionais de marketing. Afinal de contas, qual empresa não gostaria de oferecer algo extra para seus visitantes mais frequentes?

Logo, existem dois lados distintos da mídia social na mobilidade, o lado do consumidor e o lado da empresa. "No lado do consumidor, você tem um grupo de pessoas que são conectadas pelo que eu chamo de conscientização ambiental", diz Eric Friedman, diretor de atendimento ao cliente no Foursquare.[92] "É realmente uma camada adicionada de conscientização. Pode ser um círculo com 10 pessoas; esta é a proposta de valor. E ela envolve pessoas mais jovens, assim como adultos. Para os consumidores, tem tudo a ver com a descoberta. Por exemplo, é possível checar o que está acontecendo em cidades diferentes. Você se torna prefeito ao visitar um local mais vezes do que qualquer outra pessoa num período de 60 dias. O Foursquare é basicamente um guia interativo da cidade. A ideia é que você conheça apenas as coisas que lhe interessem. Com o Foursquare, você consegue realçar os restaurantes locais em Nova York. Pode ser uma viagem ou um local para visitar, com uma dica a caminho do *check-in*".

Os movimentos daqueles que usam o Foursquare são visíveis apenas para as pessoas que os usuários aceitam como seus "amigos", os quais podem ser deletados a qualquer hora. Como resultado, poderá haver milhares de grupos diferentes de amigos, mas cada pessoa segue e é seguida apenas pelas suas próprias conexões. A pessoa também pode ir a algum lugar e não fazer o *check-in*, uma vez que isso é inteiramente opcional. "A privacidade requer um relacionamento assimétrico", diz Friedman. "Você precisa pedir e aceitar a amizade. A chave para os consumidores é a conscientização ambiental ou conscientização passiva de onde seus amigos estão."

As plataformas como o Foursquare facilitam a comunidade social móvel. Embora os consumidores móveis possam enviar uma mensagem de texto para seus amigos, dizendo a eles onde estão caso seus amigos também estejam na vizinhança, seria um tédio fazer isso continuamente.

O Foursqare faz com que isso seja fácil e instantâneo. O serviço também fica de olho nas localizações de *check-in* para uma pessoa, a qual pode ser visualizada a qualquer hora, e ele concede distintivos como "Local", "Super Usuário" e "Rato de Academia", por fazer o *check-in* em vários tipos de locais várias vezes.

À medida que os telefones ficam "mais inteligentes", fica mais fácil fazer o *check-in*. Embora os serviços como os do Foursquare tenham sido populares com os pioneiros por um tempo, eles agora atraem milhões de usuários que estão fazendo o *check-in* regularmente no curso de seus dias e noites. Esses serviços de rede social basicamente proporcionam aos profissionais de marketing uma oportunidade para recompensar seus melhores clientes, assim como atrair novos. "Existem dois grupos que a maioria das empresas almeja: novos clientes e clientes leais", diz Friedman. "Estamos nos estágios iniciais dos serviços baseados na localização."

O Foursquare pode ser considerado mais uma plataforma do que uma agência, isso porque permite que outras empresas móveis adicionem aplicativos e integrem seus serviços com o Foursquare.

## Marketing Hiperlocal

A oportunidade para os comerciantes e profissionais de marketing é alcançar os clientes mais perto de suas marcas, produtos e serviços e se envolverem com eles de maneira mais significante. As empresas precisam experimentar – testar e aprender – para ver o que funciona melhor para seus clientes.

Por exemplo, em seu primeiro teste do Foursquare, o Starbucks ofereceu um desconto de um dólar em um Frappuccino para qualquer Prefeito do Starbucks. No entanto, no *checkout*, alguns dos funcionários da empresa não conheciam o Foursquare e nem tinham ideia do que era um Prefeito. Este é um problema que as grandes empresas enfrentam, seja com o uso do Foursquare ou com qualquer outro serviço baseado na localização. Com o tempo, e com base nos incentivos oferecidos, as empresas têm visto crescimento no uso de serviços baseados na localização entre seus clientes, e à medida que este uso atinge uma massa mais crítica, as empresas serão cobradas para garantirem que seus funcionários

**220** MOBILE MARKETING

entendem toda a extensão das mensagens de marketing e incentivos que a marca está usando.

O Starbucks também enfrentou a questão de alguns funcionários se tornarem os Prefeitos das lojas nas quais eles trabalhavam, isto porque eles poderiam fazer o *check-in* a qualquer hora, uma vez que se apresentavam para o trabalho muitos dias na semana, o que facilitava o "roubo" do lugar dos frequentadores assíduos. Alguns consideravam esta prática injusta.

Outra questão enfrentada pelo Starbucks era a falta de alvo. Se o Prefeito era um bebedor assíduo de cappuccino, a oferta do Frappuccino seria desperdiçada. Entretanto, este é o objetivo de uma abordagem de teste e aprendizado: para ver o que funciona e o que não funciona, obter *feedback* dos clientes e modificar o programa para melhor atender os clientes. Sem este conhecimento sobre teste e aprendizado, o Starbucks ainda estaria no ponto de partida. A seguir, algumas possibilidades que o Starbucks ou empresas similares, que estão usando as redes sociais móveis, podem apresentar:

- Peça ao Prefeito que vote diariamente ou semanalmente no que ele prefere beber.
- Mostre aos Prefeitos (e a outros quando fazem o *check-in* para o Starbucks no Foursquare) quais itens do menu os Prefeitos do país todo preferem.
- Peça que os Prefeitos votem, por região, em quais bebidas deveriam ser descontadas para os prefeitos naquela semana.
- Recompense a fidelidade: Ranqueie os visitantes frequentes e ofereça ofertas para os *check-in*s mais frequentes, mesmo se o usuário não tiver alcançado o status de Prefeito.
- Realce a bebida preferida da semana de cada Prefeito do Starbucks em cada local.
- Realce as bebidas preferidas de todos os *check-in*s do Starbucks no Foursquare toda semana.
- Recompense o primeiro *check-in* com um cupom de desconto para a próxima visita.

Com o Foursquare, os profissionais de marketing geralmente começam a andar antes de correrem. "Normalmente, começam com pequenos envolvimentos e depois crescem", diz Eric Friedman do Foursquare. "Trabalhamos no desenvolvimento da gestão de relacionamentos. Os profissionais de marketing conseguem criar ofertas de fidelidade, como 'Faça um *check-in* e ganhe uma entrada grátis'. No caso do Whole Foods, eles têm algumas lojas onde os selos nas vitrines promovem o Foursquare. Eles acumulam dados anonimamente."

O Foursquare estabeleceu parcerias com mais de 10 mil empresas de todos os tipos e tamanhos. "Temos um *mix* de pequenas e grandes empresas, como *The Wall Street Journal*. Há uma senhora com uma lojinha de chocolates na Costa Oeste." Friedman projeta um crescimento exponencial à medida que mais pessoas adquirem smartphones e mais empresas oferecem incentivos para seus clientes pelo painel de autosserviço do Foursquare.

"O Foursquare é uma plataforma", diz Friedman. "Haverá ubiquidade entre os aparelhos inteligentes. Isto é análogo à busca e ao marketing de busca. Com o Google e o AdWords, eles obtiveram milhões de anunciantes", ele disse, se referindo ao programa do Google que permite que as empresas criem e postem suas próprias mensagens publicitárias. "Se olhar no funil de anúncios, você tem os anúncios tradicionais, mais para baixo, temos a visualização e o clique, mais abaixo ainda, a busca. Com a impressão, você não tinha responsabilidade. Com a TV havia certa responsabilidade. A busca mostra intenção. Mas o marketing baseado na localização tem uma verdadeira responsabilidade. É uma descoberta, como um guia de cidade interativo."

À medida que a plataforma tecnológica e os aspectos comportamentais evoluem com o tempo, informações mais úteis serão disponibilizadas para os consumidores e as empresas. "Para viagens, haverá modelos previsíveis e sugestões", diz Friedman. "E para as empresas, há uma exaustão de dados, os quais podem ser usados de forma agregada para ver categoricamente de onde as pessoas vêm e talvez para onde elas irão em seguida."

A vantagem para os consumidores é que eles conseguem ver onde estão seus amigos e aonde eles vão. Para os profissionais de marketing, a oportunidade será alcançar e interagir com esses grupos de amigos móveis e proporcionar valor substancial a eles.

## Marketing com Serviços Baseados no Local

Embora o Foursquare crie e proporcione a plataforma de SBL, depende dos profissionais de marketing decidirem como usar tal plataforma. A boa notícia é que muitas dessas e outras plataformas no setor móvel são destinadas para o autosserviço. O profissional de marketing muitas vezes consegue assinar e começar o marketing quase imediatamente, usando ferramentas online simples fornecidas pelas empresas de mobilidade. Enquanto algumas empresas escolhem promoções simples, como um desconto único para uma primeira visita ou descontos recorrentes para os Prefeitos, outros vão mais a fundo, integrando seus negócios atuais e sistemas de fidelidade com várias plataformas de rede social.

A Tasti D-Lite foi fundada em Nova York em 1987 como um fornecedor de sobremesas congeladas de baixa caloria, e cresceu rapidamente para mais de sessenta lojas de propriedade e operação independentes em Nova York e arredores. Em 2007, a empresa foi adquirida por uma empresa de patrimônio privado de Nova York que trouxe Jim Amos como CEO, o qual havia feito a Mail Boxes Etc. crescer para 5.000 locais antes de ela ser vendida para a UPS.

Por volta do final de 2010, a empresa estava se movendo internacionalmente para a Coreia do Sul, México e Emirados Árabes e se expandindo agressivamente dentro dos Estados Unidos, com planos de abrir mais de 300 locais ao redor do país. Mas antes da dramática expansão da Tasti D-Lite, ela estabeleceu a fundação para o crescimento da fidelidade entre todos os clientes da empresa, e um componente crítico deste programa envolve as redes sociais por meio da mobilidade.

No início de 2010, a Tasti D-Lite lançou seu programa de fidelidade TastiRewards, o qual recompensa os membros pelas suas compras. Os clientes registram seus TreatCards online e ganham pontos pelas compras feitas nos locais da Tasti D-Lite. Acredita-se que ele seja o primeiro programa de recompensas capacitado pelas mídias sociais que permitia que os membros optassem pela participação e, fazendo com que suas contas automaticamente enviem mensagens pelo Foursquare ou pelo Twitter quando eles ganham ou resgatam pontos. BJ Emerson, diretor de tecnologia social na Tasti D-Lite, diz: "Logo no início nos envolvemos com o Foursquare porque vimos que nossos clientes estavam fazendo o *check-in* nas lojas da Tasti D-Lite.[93] Pensamos: 'Há uma oportunidade para nos envolvermos com nossos clientes e recompensá-los pelas suas atividades digitais'".

Quando as empresas examinam o uso de padrões móveis de seus clientes, muitas vezes, passa a ser dolorosamente óbvio o que elas deveriam fazer. Mas isso será óbvio apenas se elas examinarem. Em muitos casos, os clientes de uma empresa estão participando da revolução móvel e a empresa não está ciente disso. "Se perceber que seus clientes estão falando sobre sua empresa ou fazendo o *check-in* com sua marca, produto ou serviço, por que então você não se engaja com eles?" diz Emerson. "Você está ao menos escutando seus clientes?" De acordo com Emerson:

> Em dado momento, tínhamos a abertura de uma loja no Arizona, e o franqueado entrou no Facebook e já contava com 600 membros no grupo antes mesmo de abrir suas portas. Há uma oportunidade enorme se você estiver atento e disposto a se envolver. Dada a natureza de tempo real dessas comunidades, não é raro pegar os consumidores em meio a uma decisão de compra.
>
> Muitas redes online, como Yelp e Facebook, agora têm características móveis. Antes, você tinha a visibilidade para as conversas, mas agora a atividade está ficando mais local e granular. Os clientes estão fazendo o *check-in* nos locais, e a maioria dos proprietários de empresas não tem a mínima ideia de que esta atividade está acontecendo.
>
> Você pode entrar em qualquer shopping center e acessar o Foursquare ou uma série de outros serviços baseados na localização de um smartphone e ver todos os comentários e dicas que as pessoas deixam sobre diferentes estabelecimentos.
>
> Existem também jogos dentro desses aplicativos. Os amigos conseguem ganhar distintivos e competir entre si para se tornar Prefeitos, em seguida remover um ao outro quando eles fazem o *check-in* com mais frequência.
>
> Para nós, tem tudo a ver com a conquista de novos clientes e a recompensa dos clientes existentes. Vimos que nossos clientes já estavam falando sobre a Tasti D-Lite online e simplesmente queríamos ter um mecanismo para recompensá-los pela sua atividade digital.
>
> A respeito de motivar as empresas e desenvolver a conscientização da marca, podemos facilmente mostrar que a publicação das mensagens

automatizadas da TastiRewards estão potencialmente indo para milhares de amigos e seguidores das pessoas. Os clientes estão comercializando para seus amigos e seguidores por parte da Tasti D-Lite ao compartilharem suas atividades de fidelidade e muitos estão aprendendo sobre a Tasti D-Lite pela primeira vez por meio desses canais sociais.

Muitas empresas percebem a importância disso, mas a chave é *como* executar esse tipo de programa. Obviamente existem algumas barreiras tecnológicas no estabelecimento de um programa desse tipo. Todos os locais precisam ter o mesmo sistema de PDV (ponto de vendas) e o mesmo processador do programa de fidelidade.

Nosso programa de fidelidade funciona em todos os locais participantes e os dados da transação são totalmente integrados com nosso sistema de PDV. Começamos três anos antes, transferindo todos os locais para a mesma plataforma, de modo a suportar um programa nacional de presentes e cartões de fidelidade.

A integração do sistema de PDV da Tasti D-Lite com seu cartão de fidelidade e programas do Foursquare faz com que a experiência e interação do cliente sejam relativamente suaves. Se uma pessoa usa seu cartão de fidelidade, é possível fazer seu *check-in* automático no Foursquare. Se ele faz o *check-in* em um local da Tasti D-Lite, este é creditado no seu cartão de fidelidade.

É crítico para as empresas fazerem o *link* de sistemas estabelecidos, como os programas de ponto de vendas e de fidelidade, para os aplicativos usados pelos clientes móveis. Os profissionais de marketing e os líderes do comércio precisam, primeiro, pensar sobre todos os elementos da experiência dos clientes, incluindo os tipos de mensagens que deveriam ser enviadas.

A Tasti D-Lite tem dois tipos de mensagens de fidelidade automáticas: mensagens que dizem algo como "Desculpe-me por enviar esta mensagem automática, mas acabei de ganhar 10 pontos na Tasti D-Lite e eu tinha que contar para alguém", e aquelas que deixam que seus amigos saibam quando um usuário recebe uma recompensa grátis. Os clientes têm o incentivo para participar porque recebem pontos extras quando ativam as mensagens. Separadamente, o cliente recebe um ponto para cada dólar que ele gasta. Quando ele ganha 50 pontos, ganha uma bola de sorvete grátis. Ele também ganha um ponto extra quando posta isso em cada rede social a qual está conectado.

Aqui está uma conversa que ocorreu no Twitter sobre a Tasti D-Lite:

> SARAH: "Estou na Tasti D-Lite em Nashville e aposto que tenho mais pontos do TastiRewards do que você". [Inclui o *link* para um cupom de um dólar de desconto.]
> BETSIE: "Por que o tuíte toda vez que você vai ao Taste D-Lite?"
> SARAH: "Porque ele me dá pontos extras para ganhar minha bola de sorvete grátis."

O próximo passo para a Tasti D-Lite é criar incentivos para os clientes. Emerson prevê a geração de cupons singulares para os amigos dos clientes, o que poderia agregar valor ao fluxo do Twitter do cliente. "Poderíamos fazer de modo que o cupom seria específico para a pessoa que o enviou. Quando resgatado, o remetente ganha um ponto de referência", ele diz. "Estamos assim incentivando todo mundo." Entretanto, existem alguns desafios técnicos que precisam ser superados. De acordo com Emerson:

> Do ponto de vista do formato, o cartão [de fidelidade] simplesmente identifica a conta para que a transação seja associada ao cliente. Poderíamos alterar o formato para um código de barras mostrado no smartphone, para que você possa, assim, recuperar uma imagem e passá-la por um escâner, o qual o identificaria. Os clientes ainda não chegaram lá, mas é apenas uma questão de tempo. Também será preciso investir em novos hardwares de escâneres no PDV.
>
> Por muitos anos, usamos um cartão de perfuração para as recompensas e depois passamos para um cartão plástico. Seria uma grande mudança para alguns de nossos clientes começar a usar exclusivamente os smartphones neste ponto, mas temos visto que isso pode ser diferente em alguns novos mercados nos quais adentramos.
>
> Você precisa verificar se a população demográfica se encaixa neste perfil digital. As respostas em certas cidades na Flórida são diferentes das respostas em cidades como Houston, por exemplo. Na Flórida, pelo fato de haver clientes mais velhos, estamos tendo de fazer algumas coisas diferentes, como registrá-los nos terminais do PDV em vez de pedir que eles se registrem online.

## 226    MOBILE MARKETING

Para a Tasti D-Lite, a mobilidade tem tudo a ver com a atividade do cliente, incentivo para os clientes e dados dos clientes. A empresa capta os dados sobre o sabor favorito dos clientes e também registra sua inatividade. "Se não aparecerem por aqui por 60 dias, temos a oportunidade de enviar uma mensagem de SMS para eles", diz Emerson.

Existem vários serviços baseados na localização que possibilitam vários elementos do *check-in*, comentários sobre lugares e coisas, e facilidades de conexão. A seguir, vejamos uma amostra:

**Facebook Places.** Para não ser superado pelos primeiros serviços baseados na localização, o Facebook lançou seu próprio aplicativo de localização, chamado Places, o qual permite que centenas de milhões de usuários façam o *check-in* e deixem seus amigos saberem onde eles estão. O Facebook também permitiu a integração de algumas outras plataformas de mídias sociais, como o Foursquare e o Gowalla, de forma que os *check-in*s podem funcionar nas plataformas. Inicialmente, não havia incentivos como distintivos ou títulos, associados com o *check-in* através do aplicativo do Facebook. No entanto, o Facebook essencialmente introduziu um programa para os varejistas e profissionais de marketing fazerem ofertas através do aplicativo móvel. Em um, por exemplo, a Gap ofereceu um par de jeans grátis para as primeiras 10 mil pessoas que fizessem o *check-in* em suas lojas usando o aplicativo móvel do Facebook.

**Loopt.** A Loopt continua atualizando a localização de uma pessoa quando ela faz o *check-in* em um local com seu telefone. As informações sobre a localização de uma pessoa são automaticamente compartilhadas com amigos, com base na duração de tempo que a pessoa escolhe estar visível depois de fazer o *check-in*. Os usuários também permitem que seus amigos vejam onde eles estão localizados. A Loopt *Mix* permite que os clientes móveis naveguem pelos perfis de pessoas interessantes próximas deles e postem atualizações para se comunicarem. Com base em Palo Alto, Califórnia, a Loopt apresenta mais de 4 milhões de usuários registrados. Os profissionais de marketing conseguem prêmios customizados para direcionar mais trânsito para uma empresa, assim como usar publicidade autorizada ligada a certas localizações.

**Brightkite.** Este serviço proporciona níveis de distintivos com base nas várias atividades, como o fazer *check-in* em um local ou postar uma série de fotos. Fundada em 2005, esta empresa de Burlingame, Califórnia, permite que os clientes entrem em concursos com base no *check-in* em locais específicos. Os clientes que usam o serviço podem deixar dicas, como, por exemplo, quais comidas eles gostaram e comentários sobre locais que visitaram e podem incluir fotos. A Brightkite proporciona aos profissionais de marketing a habilidade de rastrear as altas relevâncias, como pessoas dentro de certa distância e alcançá-las com uma oferta específica na hora exata.

**Gowalla.** Este aplicativo móvel permite que as pessoas compartilhem seus locais favoritos com amigos ao redor do mundo. As pessoas conseguem compartilhar e visualizar fotos e aceitar ou rejeitar amigos na hora. Com sede em Austin, Texas, a Gowalla foi lançada em 2009 e usa a localização do telefone para compartilhar o paradeiro de uma pessoa com os amigos e gerar mensagens de marketing automáticas que o usuário poderá considerar atrativas. Os profissionais de marketing podem criar "viagens Gowalla" especiais que realçam algumas atrações para as pessoas visitarem, o que poderá direcionar mais clientes para uma empresa específica.

**Gilroy.** A Gilroy possibilita conversas em tempo real com base na localização da pessoa. Em vez de mostrar o que todos os amigos estão dizendo nas redes sociais, a Gilroy mostra conteúdos com base na proximidade. Assim, em um evento esportivo, como, por exemplo, um jogo de beisebol, uma pessoa veria e interagiria apenas com aqueles que estiverem no jogo. Ele também permite que a pessoa faça uma busca por localização para ver quais pessoas próximas daquela localização estão conversando online no momento.

**SCVNGR.** Este é um jogo social baseado na localização sobre locais em destaque, com desafios e pontos. Um desafio no local pode ser tirar uma foto ou deixar um comentário, e os jogadores ganham distintivos pelos desafios completados. As pessoas também conseguem criar seus próprios desafios com base na localização. Os profissio-

MOBILE MARKETING

nais de marketing conseguem conceder recompensas com base na atividade realizada no local e podem incluir prazo de validade para o resgate.

**Whrll.** O Whrll foi projetado por grupos de pessoas com paixões similares. Ele permite que o usuário faça o *check-in* e descubra grupos ou outras pessoas com interesses similares. Os usuários podem escolher com quem seus *check-ins* são compartilhados (amigos apenas, o público em geral), baixem fotos e ganhem pontos por ofertas especiais, chamados de "Society Rewards", de empresas. Os profissionais de marketing podem usar essas recompensas como um programa de fidelidade e oferecer ofertas especiais com base no número de *check-ins* dentro de certo período de tempo.

## A Corrida para a Base Instalada

Quando o aparelho de fax foi usado pela primeira vez, não foi aceito totalmente, em partes porque nem todos tinham um. Se você tinha um aparelho de fax e ninguém sabia disso, seu equipamento virtualmente não tinha valor. Mas, à medida que eles se proliferaram nas empresas, seu valor aumentou.

Uma vez que essas máquinas tornaram-se ubíquas, seu valor foi dramaticamente mais alto do que quando havia poucos. Esta é a lei da base instalada: Uma vez que a adoção atinge uma massa crítica, o produto ou serviço alcança seu valor máximo. No mesmo ponto, qualquer empresa sem um aparelho de fax era forçada a obter um, para poder operar dentro da base instalada.

As plataformas das mídias sociais na mobilidade estão numa corrida para criar uma enorme base instalada, isto porque aquelas que têm o maior número de pessoas usando-as se tornarão os veículos prováveis para as mensagens de marketing, as quais ajudarão a financiar as plataformas básicas e seu crescimento.

As empresas em si também estão acatando a ideia de permitir que seus clientes façam o *check-in* usando suas próprias marcas como incentivos. Assim, em vez de os clientes usarem uma das plataformas públicas, como o Foursquare ou o Gowalla, a empresa poderá incentivar os clientes a usarem a plataforma preferida da própria marca, sejam suas próprias ou qualquer outra selecionada por elas. Por exemplo, o Intercontinental Hotels Group se juntou ao programa da Topguest, o qual agrega várias plataformas da mídia social, de forma a poder fornecer aos seus membros do Priority Club pontos de fidelidade quando eles fazem o *check-in* por meio das principais plataformas de mídia social, com base na localização em um dos mais de 4 mil hotéis da rede.

O uso das plataformas de mídia social a partir dos telefones móveis se aproveita da USPT ao agregar as vantagens de tempo real e localização à mobilidade. A chave, para você, como profissional de marketing, é determinar quais plataformas seus clientes estão usando e segui-los por essas plataformas. Os programas criativos que animam e engajam os clientes nas plataformas móveis vêm dos profissionais de marketing, não das plataformas em si. A tecnologia da plataforma permite que o programa opere, mas esta não consegue criar conteúdo significativo e interação com os clientes.

Existem maneiras adicionais de interagir com esses clientes ao lançar uma campanha de texto ou vídeo para permitir que seus clientes concordem com o *push* e *pull* da mobilidade, o qual discutimos no próximo capítulo.

# CAPÍTULO 9

# *Push* e *Pull* da Mobilidade

A mobilidade é tanto um meio *push* quanto *pull*. Como profissional de marketing, você pode *push* as informações, como mensagens publicitárias e ofertas. Elas não são muito divulgadas, isto porque as mensagens são confeccionadas para categorias específicas de consumidores sem limites e não em um *push* usando a abordagem do mercado de massa das transmissões de comerciais na televisão.

Por outro lado, os consumidores movidos pela mobilidade conseguem obter informações, tais como o ranque dos produtos ou atualizações de informações, de quase qualquer lugar, quando quiserem. Eles podem obter informações um do outro, comentários sobre os produtos e sua empresa, supondo que você tenha material promocional que forneça valor para o cliente.

Uma das maneiras mais eficazes para os profissionais de marketing interagirem com os clientes móveis é trocar mensagens com aqueles que estão dispostos a se comunicar com ela.

## O *Pull* do Marketing de SMS

Enquanto o crescimento exponencial dos smartphones continua, algumas vezes é apropriado distribuir a mensagem SMS (Serviço de Mensagens Curtas) tradicional, ou de texto, mesmo que a maioria dos seus clientes esteja usando os aparelhos mais sofisticados. Este é um ótimo exemplo da abordagem UPT, a qual permite que se alcance significativamente mais pessoas, pois quase todo mundo consegue receber uma mensagem de texto, ao passo que nem todo mundo consegue baixar um aplicativo sofisticado de localização.

Apesar de toda criatividade e atividade ao redor da tecnologia dos smartphones, o SMS continua crescendo. Por exemplo, em 2005, 81 milhões de mensagens SMS haviam sido transmitidas nos Estados Unidos.[94] Por volta de 2009, o número dessas mensagens cresceu para 1,6 trilhões. Espera-se que o número total de SMS enviados globalmente chegue a 7 trilhões este ano.[95]

Os profissionais de marketing sabem que, para enviar um SMS, eles precisam fazer com que os clientes potenciais optem pelo serviço, ou concordem em receber suas mensagens.[96] Este processo evita que os consumidores recebam mensagens não desejadas ou *spams* em seus telefones celulares. Os consumidores sem limites consideram seus telefones móveis como pessoais e não querem pessoas ou empresas não convidadas se intrometendo neste espaço.

Para optarem pelo serviço, os consumidores digitam uma palavra selecionada pelo profissional de marketing para um código que geralmente tem de cinco a seis números. Por exemplo, pedir que um cliente digite "Concurso" para 642432. Ele normalmente incluiria este código num anúncio tradicional, o colocaria no site da empresa na Internet e, dependendo da empresa, incluiria nas embalagens dos produtos. Esse tipo de programa de opção pela participação é muito mais fácil para as grandes empresas com ampla distribuição, pois o convite para optar pode ser facilmente espalhado (em, por exemplo, tampas de garrafas ou latas de refrigerantes). Uma empresa menor também consegue espalhar a palavra com cartazes na loja, mensagens de e-mail ou notas impressas nos recibos.

Um cliente que opta pelo serviço recebe uma resposta do profissional de marketing que deixa a oferta clara; a opção geralmente também é seguida por uma solicitação para a confirmação do e-mail de que o cliente quer, sem dúvida, receber esse tipo de mensagem de marketing. Para muitos pessoas, as mensagens de texto são vistas como pessoais, entre elas e alguém que conhecem, e elas são resistentes em permitir que as empresas adentrem neste território. Por causa do desafio que um profissional de marketing poderá enfrentar ao penetrar neste círculo, o valor ou valor potencial oferecido para o cliente tem de ser muito alto. A vantagem é que as pessoas que optam pelo serviço tendem a ter interesse ou realmente querem o que está sendo oferecido, mesmo se for apenas o potencial para ganhar um prêmio desejado.

### GLOSSÁRIO

**MMS.** Serviço de Mensagem de Multimídia. Pode incluir fotos, sons e vídeos com textos e as mensagens são recebíveis numa ampla variedade de telefones.

**Opção pela participação.** O acordo de um cliente em participar. Para um profissional de marketing se envolver em uma interação bilateral para uma promoção móvel, o cliente tem de consentir, geralmente via texto ou mensagens, usando o código curto fornecido pelo comerciante. A opção dupla pelo serviço é melhor, na qual a pessoa faz a opção e a empresa solicita uma confirmação adicional.

**Opção para deixar de participar.** O direito de um cliente em cancelar sua participação. Se um profissional de marketing envia promoções de textos excessivas ou inúteis, isto é o que os clientes farão. Eles digitam "sair" ou "cancelar" para o código curto, e são então removidos do banco de dados. Os profissionais de marketing precisam facilitar para que as pessoas optem pela saída do serviço.

**SMS.** Serviço de mensagem curtas. Mensagens de texto móveis que podem ter até 160 caracteres. Os profissionais de marketing usam o SMS para enviar mensagens autorizadas para os telefones móveis dos assinantes, contanto que eles optem pelo serviço.

**Texto de SMS.** As mensagens de texto curtas que os clientes podem enviar de um para outro ou para empresas quando eles optam pelo serviço.

Quando um cliente opta pela participação, isto significa que ele o descobriu e solicitou (ou pelo menos concordou) em ouvir sobre um tópico, produto, serviço, oportunidade ou eventos específicos. Eles concordam em interagir com você, de maneira direta e pessoal. Existem empresas móveis em vários locais que podem ser usadas para distribuir o marketing de SMS, por exemplo, o Open Market em Washington, o iLoop Mobile na Califórnia, o GoLive Mobile no Colorado e o Express Text em Illinois, entre outras.

MOBILE MARKETING

Uma das empresas pioneiras em mensagens de SMS é a mobile-Storm, que fica em Los Angeles, Califórnia. A empresa foi fundada em 1999 por Jared Reitzin, CEO e presidente da empresa. "Quando começamos, não conseguíamos animar as pessoas, não houve a adoção pelo consumidor", diz Reitzin.[97] "Há dois ou três anos, ele começou a deslanchar, isto porque todo mundo comprou um telefone celular. E também, o custo para enviar as mensagens de texto caiu bastante e os planos fixos foram introduzidos."

O maior crescimento do SMS para a mobileStorm começou por volta da época em que o iPhone foi lançado e com o crescimento subsequente daquela plataforma. Reitzin vê uma diferença distinta entre os dois, com os aplicativos competindo com o SMS, até certo ponto. "Com o SMS você faz com que alguém opte pela entrada no banco de dados, mas com o aplicativo móvel qualquer um pode simplesmente baixá-lo e usá-lo", ele diz. "Todos os profissionais de marketing deveriam ter uma estratégia de multicanais. Eles podem usar o SMS para atualizar seu aplicativo e você poderá instalá-lo do SMS para poder ter um chamado para ação."

Os profissionais de marketing devem considerar o SMS e os aplicativos, dependendo de seus objetivos e onde seus clientes residem na mobilidade. Durante nossa pesquisa para este livro, descobrimos exemplos altamente bem-sucedidos. "Basicamente, é melhor usar ambos", diz Reitzin. Os aplicativos móveis são bastante saturados e onerosos para desenvolver e manter. A escolha realmente depende das necessidades do profissional de marketing, mas ambos, o SMS e os aplicativos, têm seu lugar.

Assim como os anúncios de *banners* ainda moram na Internet depois de todos esses anos, os primeiros esforços de marketing na mobilidade, como o SMS, continuarão existindo. Isso não quer dizer que não existem maneiras melhores para comercializar na Internet do que os anúncios em *banners*, assim como existem maneiras melhores do que o SMS para comercializar na mobilidade, dependendo da situação. Se você procura alcançar uma demografia específica que usa principalmente iPhones, então um aplicativo e um site na Internet móvel seriam a melhor abordagem. Se estiver procurando demográficos que ainda não estão saturados pelos smartphones, então o marketing pelo SMS faria mais sentido.

*Push* e *Pull* da Mobilidade **235**

Com a mobilidade, muitas vezes existem várias opções de marketing, dependendo do mercado alvo e do resultado desejado. A escolha se resume ao uso do UPT ou USPT, ou ambos. Com o tempo, as expectativas dos clientes aumentarão, à medida que a tecnologia da mobilidade e redes continuam a melhorar e colocam mais facilidades diretamente nas mãos do consumidor. Mas ambas as abordagens, o UPT e o USPT, podem aumentar dramaticamente a interatividade da empresa para o cliente.

## Marketing Móvel em um Evento Único

O SMS pode ser especialmente eficaz para promoções ou eventos únicos, quando você quer atrair seus clientes para que *façam* algo. Isso é o que chamo de *marketing móvel em um evento único*. O objetivo é altamente focado, com um começo e um fim, sendo que o fim é a venda ou o dia de serviço. Diferentemente do marketing móvel no geral, esta técnica é destinada para eventos especiais. É claro que é possível repetir o processo e conduzir outros eventos especiais em outros dias.

Se estiver conduzindo um programa móvel contínuo ou promovendo um evento único, é preciso dar aos clientes um motivo convincente para que interajam com você. As tecnologias e plataformas, como os serviços de mensagem de SMS proporcionados pela mobileStorm, simplesmente possibilitam e facilitam o marketing móvel. Ainda depende dos profissionais de marketing conceberem os melhores métodos e abordagens para seus clientes e elaborar experiências para os clientes que proporcionam valor superior.

Os clientes que a mobileStorm atraiu variam amplamente e incluem *American Idol*, Kaiser Permanente, Quantas, NASCAR, New Balance, Chicken Soup for the Soul, Humana, Ashley Furniture HomeStores e Hooters Casino Hotel. Os objetivos de marketing direcionam os programas de SMS, geralmente com propósitos e expectativas sinceras. A seguir, alguns exemplos de como alguns dos clientes da mobileStorm usaram o SMS e seus resultados.

**CarrosVendidos**. A Fox Chevrolet em Timonium, Maryland, vendeu 34 carros em um único dia através de um programa de marketing móvel direcionado a levar os clientes para a concessionária. A Fox

Chevrolet comprou espaços promocionais de 10 e 15 segundos numa estação de rádio de Baltimore, e encorajou as pessoas a enviarem uma mensagem de texto para concorrer a um carro de US$ 98. Aproximadamente 500 ouvintes enviaram a palavra-chave FOX para o código curto da estação de rádio, sendo que aproximadamente 300 pessoas participaram do evento promocional de um dia, o qual resultou na venda de 17 carros novos e 17 carros usados, além dos dois carros usados de US$ 98 que foram premiados. Tradicionalmente, carros são vendidos através da mídia em massa, incluindo televisão e publicidade impressa, uma abordagem ultrapassada em um mundo que se tornou móvel. A concessionária mediu a eficácia da campanha por meio das vendas e do trânsito de pessoas.

**Construindo um Banco de Dados.** A empresa de cosméticos Clinique usou a mobilidade para ativar sua campanha impressa na Bon--Ton, uma cadeia de lojas de departamentos em York, Pensilvânia, que opera mais de 200 lojas, em mais de 20 estados, por todo o país. Como parte de seu brinde de um estojo com sete peças, a Clinique adicionou um chamado móvel para ação em um boletim impresso, pedindo aos clientes que enviassem a palavra GIFT para o código 266866 a fim de receberem alertas de textos exclusivos sobre as próximas ofertas de brindes. A Clinique conseguiu construir um bom banco de dados para os esforços de marketing móvel.

**Cupons para Roupas.** A Planet Funk, uma rede de roupas da moda da Califórnia com mais de 20 lojas, enfrentou uma temporada desafiadora. A empresa lançou uma oferta de cupom para o Black Friday (Sexta--feira Negra, dia depois do Thanksgiving) ao promover códigos curtos e palavras-chave em cartazes nas lojas e em seu site na Internet, assim como nos sites de shopping centers onde tem suas lojas. No final da campanha, a Planet Funk descobriu que 20% de suas vendas vinham dos cupons. Foram gerados aproximadamente 2 mil cupons, com uma taxa de resgate de 91%. Daqueles que resgataram os cupons, 15% optaram por participar em campanhas móveis futuras.

**Liquidações Secretas.** A Ashley Furniture HomeStores de Charlote, Carolina do Norte, criou uma liquidação secreta de quatro dias anunciada apenas para os assinantes. Eles enviaram 6 mil mensagens de texto anunciando a liquidação no primeiro dia do evento. As mensagens de texto geraram US$ 85.438 em receitas.

**Concurso no Restaurante.** O Hooters of America realizou um concurso nacional promovido em 380 pontos da cadeia de restaurantes nos Estados Unidos. A promoção "digitar para ganhar" deu aos clientes do Hooters a chance de ganhar uma viagem com acompanhante para Las Vegas para se encontrar com o cantor, Kenny Chesney, durante um concerto no Hard Rock Hotel and Casino. Hooters fez uma parceria com o NoShoesRadio.com, do Chesney, para apresentar a promoção, da qual os consumidores podiam participar ao digitar a palavra-chave KENNY e enviar para o código 36832. Em menos de um mês, 7.500 consumidores móveis optaram por participar do Hooters Mobile Club. A empresa anteriormente usou a mobilidade no lançamento de um programa nacional com o propósito de desenvolver o Hooters Mobile Club, o qual cresceu para mais de 50 mil membros. Os cartazes nos restaurantes convidavam os consumidores a digitarem a palavra-chave POOL e enviarem para o código 36832 para concorrerem a uma viagem para a Super Pool Party em Miami. O marketing da mensagem de texto em seu vídeo resultou em um aumento de 32% nas vendas durante o programa.

À medida que os códigos curtos evoluem, no futuro eles poderão envolver o envio de uma foto em vez de digitar um texto. Outra evolução vem da Zoove.com, uma empresa que criou um sistema que permite que os consumidores sem limites digitem dois asteriscos seguidos por uma palavra, como **COKE, o qual então fornece um link para o que o profissional de marketing designar. O link pode ser para um site móvel, um aplicativo, uma oferta especial ou um vídeo, por exemplo. Não importa a técnica usada para fazer a conexão, o cliente ainda tem que conscientemente concordar. "Se não houver um processo de opção pela participação, você não controla o banco de dados", diz Jared Reitzin da mobileStorm. "Com o SMS, poderá haver um chamado para ação. Mas para optar pelo serviço, é necessário ser muito cauteloso com a frequência. A oferta do dia é boa, contanto que ela seja clara e o cliente seja receptivo."

Ninguém sabe ainda para quantos programas e ofertas os consumidores movidos pela mobilidade optarão, ou se eles experimentarão uma sobrecarga à medida que o número de opções aumenta. No entanto, o fator crítico continuará sendo o nível de valor que você proporciona para fazer com que valha a pena os consumidores continuarem interagindo com sua marca.

Em muitas dessas interações, talvez baseadas na localização ou mesmo numa atividade específica no momento, há outro aspecto de *pull* da mobilidade. "Há uma conversa que você pode ter pelo SMS e social, um diálogo bilateral", diz Reitizin. "As empresas podem usar o SMS juntamente com o social".

Assim como outras empresas que proporcionam o SMS, a organização de Reitzin tem de descobrir como acomodar o papel crescente dos vídeos móveis e como integrá-lo nas mensagens publicitárias. "O vídeo móvel vai ficar cada vez maior. As velocidades de rede lentas e a falta de modems 3G reprimiram o crescimento, mas este está chegando. Trinta e cinco por cento dos telefones agora são smartphones e este número dobrará em apenas dois anos", ele diz.

Em virtude da natureza do marketing de opção, um dos legados que resulta do SMS é um banco de dados de clientes altamente relevante e almejado. Nos últimos cinco anos, somente a empresa de Reitzin enviou bilhões de mensagens de texto e e-mails.

## A Isca do Marketing MMS

Além de alcançar os clientes móveis via SMS, ou mensagens de texto, os profissionais como o marketing podem enviar a eles conteúdo em um formato mais rico como o MMS, que significa Serviços de Mensagens de Multimídia. Como sugere o nome, o MMS facilita a transmissão de formas diferentes de mídia, como fotos e vídeos, diretamente para os telefones móveis.

Muitos consumidores naturalmente descobriram que o MMS serve para outras coisas além de texto, e, quando tiram uma foto com seus telefones, usam o MMS para enviá-la para os outros. O que muitos clientes podem não saber é que, diferentemente do limite de 160 caracteres das mensagens de texto com o SMS, este limite não existe para as mensagens de MMS.

Os profissionais de marketing que usam apenas o SMS muitas vezes acabam se esbarrando no limite de 160 caracteres, embora os especialistas em SMS geralmente encontrem maneiras para contornar este problema. Por exemplo, quando comercializa uma oferta especial para os clientes usando o SMS, não é profissional ou atraente abreviar: "Se vc vier em nosso rest. na prox. hr...", em vez de enviar uma oferta bem elaborada (ou pelo menos sem abreviações). É claro que muitos clientes móveis estão acostumados a receber mensagens de texto repletas de abreviações de seus amigos, embora os que usam o serviço de mensagem embutido no BlackBerry não têm este limite.

A maioria dos telefones celulares vendidos pelas grandes empresas nos Estados Unidos hoje já vem com facilidades de MMS, o que significa que milhares de tipos diferentes de telefones conseguem receber vídeo. As empresas de telefones móveis normalmente consideram o SMS e o MMS como idênticos para fins de cobrança dos clientes.

Se a maioria de seus clientes já estiver usando smartphones, você tem mais opções no seu arsenal de marketing móvel, embora o SMS e o MMS possam ainda continuar sendo uma parte valiosa de seu *mix* de marketing. Mais da metade daqueles com smartphones normalmente já envia fotos ou vídeos,[98] o que mostra que muitos clientes já se sentem confortáveis lidando com tipos diferentes de mídia além de textos. Outra vantagem de muitos smartphones é o tamanho e a qualidade da tela, a qual oferece uma experiência melhor para imagens e vídeos. Mas se seus clientes têm uma ampla variedade de telefones, a probabilidade em conseguir alcançá-los com o SMS ou o MMS é bastante alta, isto porque quase todos os telefones móveis em uso hoje em dia tem capacidade para receber essas mensagens.

Um número significativo de telefones (das centenas de milhões globalmente) tem capacidade para vídeo, um número que apenas aumentará à medida que os aparelhos antigos forem substituídos. À medida que o consumo de vídeo móvel aumenta, os consumidores sem limites passarão a esperar que algumas das mensagens de marketing que eles recebem sejam no formato de vídeo. As expectativas para mensagens móveis mais

## 240 MOBILE MARKETING

interessantes e mais sofisticadas continuarão crescendo com as capacidades técnicas crescentes dos telefones.

## Resultados da Mobilidade com o MMS

O pioneiro líder em marketing por MMS é a Mogreet. A empresa foi fundada em 2006 na Califórnia, por James Citron, e focava quase exclusivamente no marketing por vídeo móvel. A empresa facilita a entrega de vídeos móveis por MMS e tem atendido clientes incluindo a Reebok, a Warner Brothers, a Starwood Hotels, a Steve Madden, a Nike e a American Greetings.

A Magreet tinha por objetivo levar a mensagem de texto para o próximo nível, incluindo o vídeo: "Falamos sobre uma série de ideias e basicamente queríamos criar algo melhor do que texto", diz Citron, que é CEO da empresa.[99] "As operadoras e os fabricantes de aparelhos se reuniram e criaram um MMS padrão porque o mercado precisava de algo melhor do que o SMS." Assim como outras empresas em segmentos diferentes da indústria móvel haviam feito, a Mogreet criou uma plataforma para os profissionais de marketing usarem e a chamou de Sistema de Mensagens Mogreet. Como muitas das outras plataformas discutidas neste livro, a plataforma de marketing móvel de vídeo da Mogreet proporciona operações de autosserviço para empresas, juntamente com reportagem detalhada e análise dos resultados.

Diferentemente dos primeiros dias da Internet, quando as medidas de sucesso incluíam quantas pessoas visualizavam uma página na Internet, a mobilidade e o MMS prometem muito mais em termos de medidas de eficácia e sucesso. Existem vários motivos para isso:

- A mobilidade é pessoal. Sabe-se que uma mensagem foi entregue para uma pessoa específica.
- Ao optar pelo serviço, os clientes concordam de antemão em receberem suas mensagens de marketing. O cliente é mais receptivo.
- É possível medir os resultados de um chamado para ação, de modo que é possível ver exatamente quantos clientes entraram em um concurso, resgataram um cupom ou compraram um produto.

Push e *Pull* da Mobilidade **241**

- Também é possível dizer onde e quando uma ação ocorreu. Com a Internet, podíamos saber *quando*, mas não *onde*. A mobilidade altera tudo isso. Ela mostra onde suas mensagens são mais eficazes.

A Mogreet faz parte da revolução móvel que muitas pessoas não veem. A plataforma de vídeo da empresa alcança mais de 200 milhões de telefones móveis nos Estados Unidos e usa todas as principais operadoras de telefones celulares. Mas, assim como outras empresas no setor de mobilidade, a Mogreet vende seus serviços para outras empresas usarem, de empresa para empresa, ou seja B2B.

Há um vídeo fornecido por uma empresa usando a plataforma da Mogreet, embora não seja possível perceber porque o vídeo vem de uma marca conhecida e não há nada neste que enfatize a plataforma em si. Qualquer profissional de marketing que se especializa na mobilidade conhece a plataforma MMS.

À medida que a multimídia móvel aumenta, as plataformas móveis, como as da Mogreet, abrangerão a fundação básica que as empresas usarão para interagirem com seus clientes. Essas plataformas agirão como o sistema de gestão de relacionamentos com os clientes (CRM) móveis para as empresas.

A mobilidade facilita as mensagens. Embora o setor móvel tenha começado com a comunicação por voz, a mensagem de texto cresceu exponencialmente porque os remetentes e os destinatários conseguem fazê-lo assincronamente, cada um deles no seu próprio tempo. Quando a Mogreet começou, a expectativa de crescimento do MMS era enorme. Diz Citron:

> Quando começamos a empresa, vimos que a mensagem móvel era a maneira como o mundo iria se comunicar. Começamos com a premissa de que, com o tempo, a maneira preferida de receber mensagens móveis seria pela mídia rica.
>
> Começamos examinando o que os clientes e as empresas querem e como eles se comunicam. Os consumidores enviam e recebem fotos e vídeos, desde que o MMS começou, de amigo para amigo.
>
> Aí então vimos que 10 bilhões de cartões comemorativos foram enviados em 2005 para o Ano Novo Chinês por toda a China, e isto foi apenas de pessoa para pessoa. Aquele foi um ponto de reviravolta

para nós. Pensamos que se conseguíssemos criar uma plataforma para facilitar o envio de um para muitos, isso seria algo muito grande. E também pensamos que para os telefones a única maneira de fazer isso seria por MMS.

Mas o MMS é muito difícil. Cada pedaço de conteúdo tem que ser formatado e otimizado para cada aparelho e operadora. Adicionamos de 20 a 30 novos aparelhos móveis por semana, para ter um sistema que possa entregar conteúdo do MMS para mais de 7.000 aparelhos móveis diferentes, do RAZR da Motorola aos iPhones e iPads. O sistema precisa detectar as características de cada aparelho para entregar um MMS. A boa notícia é que a plataforma de MMS da Mogreeet consegue detectar qual o tipo de telefone e se recebe vídeo.

Bilhões de mensagens são enviadas pela plataforma da Mogreet para empresas de todos os tamanhos e categorias. Citron diz que as taxas de abertura e visualização das mensagens de MMS são normalmente de 15 a 25% mais altas do que em relação a outras mídias publicitárias, e as mensagens de MMS são quase 20% mais eficazes do que as mensagens de texto padrão. E pelo fato de esses vídeos serem muitas vezes compartilhados entre amigos, o público total para a mensagem de MMS de um profissional de marketing pode aumentar significativamente. A seguir, alguns exemplos de empresas que usaram a plataforma da Mogreet:

**Reebok.** A empresa queria construir um banco de dados dos consumidores móveis para os quais ela poderia promover uma nova linha de roupas, de forma que convidou os consumidores a assistirem a um vídeo e participarem de um concurso. O vídeo móvel apresentava vários atletas da NFL, e a empresa o promoveu em vários sites de mídias sociais na Internet, focados em jovens atletas e fãs de futebol americano. Foi pedido que os consumidores digitassem REEBOK para um código numérico, e eles receberiam uma mensagem de volta pedindo para que optassem pelo serviço. Se o telefone do consumidor suportasse vídeo via MMS, a plataforma da Mogreet automaticamente enviava o vídeo via MMS e se não, a plataforma enviava um *link* para um site na Internet em que o consumidor poderia visualizá-lo a partir de um computador. Aproximadamente 50% daqueles que receberam a mensagem clicaram para abrir a oferta.

*Push* e *Pull* da Mobilidade **243**

**Hotel Casa del Mar.** Este hotel em Santa Mônica, Califórnia, viu a vantagem em construir uma lista de clientes móveis que optaram pelo serviço; assim sendo, foi criada uma oferta especial para os hóspedes que os encoraja a entrarem para o clube de fidelidade do hotel. As informações da mensagem de texto de MMS foram adicionadas a seus materiais de marketing e recibos da caixa registradora. Ao digitar CASA para um código fornecido, os consumidores recebiam um vídeo que eles podiam usar para resgatar um número ilimitado de certas bebidas grátis no hotel durante o café da manhã de domingo. A campanha mostrou que 72% das mensagens foram enviadas para os telefones na área metropolitana de Los Angeles, a localização dos clientes-alvo do hotel. A campanha teve uma taxa de retorno de 100%, uma taxa de envolvimento de 75% e uma taxa de resgate de 25%, alem de um número significativo de pessoas adicionadas ao banco de dados do hotel.

**American Greetings.** A empresa de cartões comemorativos decidiu permitir que os clientes enviassem cartões em formato de vídeo, selecionados de seu site na Internet, diretamente para os telefones dos destinatários, para poder expandir o alcance de seu marketing para os consumidores móveis. O cliente insere o número do telefone móvel na seção de cartões eletrônicos no site da American Greetings, seleciona uma frase e envia o cartão que inclui som e vídeo em *full--motion*, mediante o pagamento de uma taxa. Durante o Dia dos Namorados (Valentine's Day), os consumidores nos Estados Unidos enviaram e receberam cartões comemorativos por mais de 30 operadoras diferentes de celulares e mais de mil tipos diferentes de telefones móveis.

**Nike e NFL.** Esta parceria criou uma campanha de vídeo para o Super Bowl de 2010. Quinze por cento daqueles que optaram pela participação no programa e receberam conteúdo exclusivo da NFL via o MMS, compartilharam este conteúdo com outra pessoa, demonstrando as oportunidades significativas do compartilhamento viral disponível por MMS.

**Steven Madden** está usando a plataforma de MMS para *books* de Fashion Looks, apresentando vídeos de celebridades usando os sapatos da Steven Madden, como também possibilitando que os consumidores recebam fotos e vídeos de seus sapatos favoritos e videoclipes de seus artistas favoritos da Madden Music.

Vários segmentos de mercado adicionais também começaram a usar o MMS em algumas de suas campanhas de marketing, incluindo os estúdios de filmes. "Dezenas dos principais filmes, entre eles os 10 primeiros de bilheteria, foram comercializados por nossa plataforma de MMS", diz Citron. "Esses incluem, *A Saga Crepúsculo, 17 Again, Quero Ser um Milionário, Charlie St. Cloud* e *The Kids Are Alright*". As academias de ginástica também estão procurando possibilidades para comercializarem com o MMS. A cadeia nacional de ginásios para crianças, MyGym, envia a cada dois meses dicas de saúde para crianças nos telefones móveis dos pais, para ajudar a encorajar os exercícios e combater a obesidade infantil, ao mesmo tempo reforçando sua marca.

As empresas estão usando a plataforma de MMS da Mogreet para se comunicarem não apenas com os clientes, mas também internamente. Os departamentos de vendas em algumas empresas da *Fortune 1000* também usam a plataforma para as comunicações com a força de vendas; por exemplo, o vice-presidente de vendas consegue enviar para as equipes vários avisos de vendas, discursos motivacionais, promoções e materiais para educação e treinamento.

## O *Pull* do Consumidor

Com o SMS e o MMS, os profissionais de marketing se conectam com os clientes ao oferecer valor e perguntar se eles optam pela participação em vários programas. Entretanto, existem algumas ocasiões em que uma empresa proporciona um valor inerente tão alto que tais incentivos não são necessários. Em vez disso, os consumidores fornecem as informações para eles sem serem solicitados.

Entre as informações mais buscadas em celulares (e na Internet também) são as previsões e condições do tempo. Afinal de contas, o clima

Push e *Pull* da Mobilidade **245**

afeta quase todo mundo. Será que vai chover agora à tarde? Vai esquentar amanhã? Vai nevar? E quando as pessoas querem saber sobre o tempo, elas querem saber agora. O clima impacta nossas vidas: o que vestimos, o que fazemos, aonde vamos. E quando falamos sobre proporcionar este conteúdo tão procurado, as pessoas se voltam para o The Weather Channel, proprietários do weather.com, o qual é ranqueado como o 20º maior site da Internet no mundo. Considere essas estatísticas sobre o The Weather Channel:

- Mais de 22 milhões de pessoas por mês acessam o canal do tempo através de seu aplicativo móvel.
- Mais de 1,2 bilhões de páginas são vistas do aplicativo móvel (a visualização online é de 1,1 bilhões).
- Mais de 50 milhões de mensagens de MMS são visualizadas por mês nos telefones.

Enquanto alguns atribuem o sucesso do The Weather Channel nos telefones móveis à palavra "weather" (clima), como em weather.com, a realidade é que a empresa gastou mais de uma década desenvolvendo, estruturando, construindo e construindo sua presença móvel. "Em 1999, lançamos nosso primeiro site móvel e ele começou a crescer", diz Cameron Clayton, vice-presidente sênior de mobilidade e aplicativos digitais do The Weather Channel.[100] "Em 2002, lançamos nosso primeiro aplicativo Java, baixado com a AT&T. O aplicativo decolou. Em 2004 e 2005, entramos nos negócios de SMS e MMS."

Clayton, que está no The Weather Channel há seis anos, trabalhou em desenvolvimentos comerciais antes de assumir a equipe de mobilidade há alguns anos. O grupo tem mais de 50 pessoas, incluindo quase metade delas no departamento de tecnologia, o que para alguns pode parecer muito. No entanto, a empresa tem a obrigação de entregar conteúdo sobre o clima atualizado e o tempo todo, ininterruptamente, para os consumidores móveis em vários aparelhos, em todos os lugares, cada vez mais por meio de aplicativos móveis.

Houve um ponto de virada quando a equipe administrativa no The Weather Channel decidiu investir na mobilidade. Diz Clayton:

# MOBILE MARKETING

De 1999 a 2007, a mobilidade no The Weather Channel estava crescendo, mas isto não começou de forma estratégica. Estávamos experimentando e testando o que funcionava melhor para o consumidor e para nossos negócios. Aí em 2007, o iPhone foi lançado e mudou tudo. Esta não foi apenas uma mudança nos aparelhos, mas uma mudança no comportamento humano. Ele facilitou a vida das pessoas. Ele foi – e ainda é – um fenômeno global. Em 2007, estimávamos que haveria aproximadamente 1,6 bilhões de telefones celulares em poucos anos, mas, na realidade, agora existem 4,5 bilhões de telefones celulares para seis bilhões de pessoas no planeta. O efeito da mobilidade impacta todo o mundo. Por exemplo, em algumas partes do mundo, como as áreas rurais da Índia, existem pessoas analfabetas que não conseguem ler um jornal, mas reconhecem os desenhos dos caracteres das teclas, de forma que elas enviam mensagens de texto para se comunicarem.

Neste ponto de reviravolta mundial em 2007, o The Weather Channel (TWC) já estava estabelecido nos aparelhos móveis, de modo que percebemos que fazíamos parte de uma mudança comportamental na população global. Decidimos investir logo cedo, trazendo todo nosso desenvolvimento em mobilidade para a empresa. Nossa abordagem era comercializar logo no início para poder estabelecer nosso papel de liderança e tentar liderar o espaço dos smartphones.

Para nós, tudo começou como uma estória de receitas com base em assinaturas, começando com assinaturas pagas a US$ 2,99 ao mês. No entanto, a transição do mercado para um modelo suportado por publicidade e grátis para os consumidores realmente rendeu seus frutos nos últimos nove meses. A dúvida para a mobilidade sempre foi quão rapidamente podemos usar os anúncios para monetizar a empresa, mas agora a receita com publicidade dobrou em relação às assinaturas. No The Weather Channel, sempre esperamos e planejamos a transição para um modelo suportado pela publicidade, porque este é nosso negócio central. Conhecemos os negócios de publicidade digital – o weather.com é nosso xodó, e agora somos também líderes no espaço de publicidade móvel.

A mobilidade está evoluindo rapidamente, mas ela agora é estratégica para nós. O crescimento da mobilidade não apenas transformou a maneira como nossa organização desenvolve aplicativos, mas também como interagimos com o consumidor. Os clientes inicialmente viam o TWC como uma propriedade da televisão, em seguida, eles aceitaram um TWC mais interativo online no weather.com e agora eles estão cada vez mais nos encontrando na mobilidade, obtendo a previsão do tempo onde quer que eles estejam. Agora, em 2010, o TWC é a empresa líder de mídia de plataforma cruzada – os consumidores usam o TWC por todas as plataformas, incluindo televisão, online e aparelhos móveis. O crescimento e maturidade da mídia e seu consumo tem um impacto amplo, e a mobilidade está no centro dessa evolução. O aparelho móvel é um item bastante íntimo e pessoal. É a sua vida que você carrega consigo. Pensamos em três coisas importantes – carteira, chaves e telefone celular. Se você deixar seu telefone em casa, fará meia-volta para buscá-lo porque ele é o aparelho básico de comunicação. É também uma maneira bastante personalizada de alcançar seus usuários. Somos uma empresa forte em plataformas cruzadas, mas a mobilidade é diferente. A TV entrega uma parte de conteúdo para um público amplo – o alcance é de um para muitos – enquanto os PCs oferecem um alcance de um para poucos. Entretanto, a mobilidade nos permite um alcance de um para um, confeccionando o conteúdo completamente para aquele usuário.

Clayton não vê outros provedores da previsão do tempo como os principais concorrentes do The Weather Channel na mobilidade. "Estamos competindo pelo tempo do consumidor", ele diz. "Temos 80% de participação no mercado na categoria de clima, mas queremos crescer esta participação de mercado em outras categorias. As mídias sociais e os portais são nossos concorrentes em termos do número de minutos".

Disse Clayton:

> Os consumidores que investem muito tempo em nossa plataforma são mais leais, e a probabilidade de que eles trocarão é baixa. Uma das oportunidades nas quais estamos trabalhando é envolver nossos clientes em um serviço participativo, gerado pelos usuários, como fazer com que eles nos transmitam a previsão do tempo. A previsão do tempo tem sido apresentada do mesmo modo há trinta anos, mas ela precisa se adaptar à tecnologia e ao consumidor. O TWC pode liderar a redefinição com a ajuda de nossos usuários móveis – aqueles que estão realmente lá fora, no tempo, com seus aparelhos móveis. Encorajaremos nossos usuários a participar e a se envolver de forma que possamos usar um modelo massificado, compartilhado para melhorar

nossas previsões. Eles podem relatar as condições climáticas entre si e mesmo classificarem o tempo, se envolverem com previsores "*fantasy*" ou mesmo competirem conosco – todas maneiras de ficarem pessoalmente envolvidos.

Além de mais conteúdo social, gerado pelo usuário, também estamos focados em crescer internacionalmente. Por ora, a empresa tem sites internacionais na Internet e conteúdo móvel em sete idiomas. O The Weather Channel continua a procurar áreas para crescimento assim como para manter nossa posição de liderança. O clima é uma das categorias mais requisitadas na mobilidade, e somos constantemente ranqueados como o principal provedor de conteúdo sobre o clima. Somos o líder de uso da plataforma cruzada entre as empresas de mídia, o provedor número um na Internet móvel, o principal aplicativo do clima em todos os smartphones e o aplicativo número dois mais popular no geral, de acordo com o Nielsen. Fomos nomeado o principal aplicativo do iPhone de 2009, e o fato de a Apple ter mostrado o aplicativo do TWC em uma propaganda na TV nos diz algo. Os consumidores felizes retornam para esses recursos móveis que proporcionam a eles o que querem, quando o querem.

## Estratégia, Metas e Flexibilidade

Assim como muitas empresas, o The Weather Channel poderá focar nas facilidades dos smartphones, mas não no perigo de outras oportunidades. "Queremos estar onde as pessoas estão, e existem 140 milhões de telefones característicos", diz Cameron Clayton, do The Weather Channel. "Desenvolvemos para 800 tipos diferentes de telefones móveis, embora nosso foco esteja nos smartphones."

No entanto, ao surfar na onda do smartphone, o The Weather Channel também conseguiu capitalizar em prover oportunidades para outros telefones. "A ideia é conseguir oferecer um *chocolate quente* para quem está na área de um Dunkin Donuts local e as condições climáticas pedem uma bebida quente, ou ter a oportunidade de comprar uma passagem de trem no Amtrak Acela não importando onde você esteja ao longo do Corredor Leste", diz Pete Chelala, especialista em mobilidade no The Weather Channel.[101] "Uma vez que o cliente está no trem Acela é uma

*Push* e *Pull* da Mobilidade **249**

pessoa viajando a negócios e usa seu aparelho móvel para acesso instantâneo e conveniência, faz sentido alcançá-lo pela plataforma móvel".

Assim como muitos dos grandes sites de conteúdo móvel, o The Weather Channel comercializa oportunidades de anúncios para seu conteúdo móvel sobre as condições climáticas e testemunhou o crescimento de facilidades oferecidas pelos smartphones. "Estamos começando a receber SPP (Solicitações Para Propostas) estritamente nos orçamentos móveis", diz Chelala. Ele planeja usar as facilidades de alvo geográfico dos smartphones para aumentar a relevância das mensagens de marketing com base em hora e localização.

Embora sua empresa possa não ter uma presença na mobilidade tão significativa quanto o TWC, ainda existem muitas oportunidades móveis que provavelmente se apresentarão, uma vez que se entra no jogo. O TWC tinha uma vantagem distinta com sua entrada logo no início do mercado da mobilidade; a empresa já havia criado uma plataforma móvel quando o iPhone foi introduzido, facilitando a identificação de uma mudança significativa de mercado. E embora o modelo de receita tenha inicialmente sido na base de assinaturas, ao trazer em dobro a receita com publicidade, as dinâmicas do mercado mudaram tal modelo para exatamente o oposto, do dia para a noite. A chave no marketing móvel é ter uma estratégia, metas e, acima de tudo, flexibilidade.

# CAPÍTULO 10
# As Novas Leis do Marketing Móvel (De Entrada)

As perguntas centrais são para onde a mobilidade vai a partir daqui e como nós, como profissionais de marketing, nos mantemos em dia com a mesma. A tecnologia continuará melhorando, com velocidades de processamento cada vez mais velozes, redes mais rápidas e mais inovações nos aplicativos e características que saem da indústria da mobilidade. A adoção dos smartphones também continuará aumentando.

Mais significativamente, os comportamentos dos consumidores sem limites continuarão a evoluir e fundamentalmente alterarão a maneira como as empresas e as marcas interagem com eles. As empresas terão de reestruturar a maneira como comercializam e se comunicam com esses consumidores. A mensagem em um mundo que se tornou móvel precisa ser curta, relevante e efetiva. E essas interações precisam proporcionar valor constante para o cliente móvel.

As empresas terão de mover o marketing de uma abordagem de dentro para fora para uma que seja baseada na permissão e de fora para dentro. Isso significa que em vez de as empresas enviarem mensagens de marketing ou publicitárias de dentro da empresa para fora, para o indivíduo, será o consumidor sem limites que solicitará as informações ou serviços de fora. O cliente motivado pela mobilidade está no controle da situação. Fazer esta transição será um desafio para muitos, pois uma campanha de marketing longa e prolongada poderá não atingir o mercado do

## 252 MOBILE MARKETING

consumidor sem limites, sempre em movimento. Esse consumidor contatará a empresa quando desejar algo, no seu tempo e com base em sua localização.

A mobilidade já está redefinindo a maneira como os consumidores absorvem as mensagens e alterando a maneira como eles interagem com as marcas que valorizam. Esses clientes motivados pela mobilidade assistem a vídeos em seus telefones, indo às compras e comprando. Seu apetite por informações úteis com base na localização aumentará à medida que eles veem os benefícios que os outros obtêm ao usarem os serviços móveis.

A revolução da mobilidade proporciona para as empresas ótimas oportunidades de interação com os clientes em um nível mais íntimo, isto porque o smartphone é algo muito pessoal e sempre mantido próximo do usuário. O consumidor sem limites exigirá valor dessa conexão; as empresas precisarão criar incentivos para os consumidores se conectarem com elas, proporcionando ganhos para ambas as partes. E a mobilidade transformará para sempre o conceito do marketing de um para um, permitindo que a empresa comercialize diretamente com o consumidor sem limites enquanto ele faz suas compras.

A mobilidade proporciona vastas oportunidades para os varejistas físicos tradicionais, pois os clientes fazendo compras em suas lojas acessam as informações sobre seus produtos em tempo real. Empresas de todos os tamanhos esperam ansiosamente por este desenvolvimento, o qual lhes dará a oportunidade de conduzir o que chamo de *marketing monetário*. Este permite que as empresas comercializem para os clientes exatamente na hora e no local que tenha mais valor para estes e para a empresa, o momento da decisão de compra.

Esses momentos vão e vêm, à medida que o cliente se movimenta de um lugar para o outro, sempre armado com sua fonte móvel de informações.

## Inovação da Mobilidade

O setor da mobilidade, que acabou de nascer, continuará evoluindo. Ele já produziu plataformas móveis, maneiras inovadoras de transmitir vídeos, serviços que alavancam as localizações dos celulares e que permitem aos clientes interagirem de várias maneiras. Ele possibilita o escaneamento de um produto para que as empresas criem valor digital adicional associado com aquele produto.

Os sistemas de pagamento móveis também evoluirão, isto porque os clientes já provaram que se sentem confortáveis em fazer compras pelo celular, mesmo se for apenas em lojas de aplicativos. As empresas descobrirão como construir novos modelos que incorporem características em trânsito e pagamento de seu telefone. Uma empresa de marketing inovadora na Bélgica, por exemplo, tem experimentado dar aos consumidores amostras de produtos. A agência Fosfor criou uma máquina independente chamada de Boobox que distribui amostras de refrigerantes. Os consumidores usam seus celulares para enviarem uma mensagem de texto para a empresa e recebem um código de ativação por mensagem SMS. Em seguida, inserem esse código na máquina para receberem uma amostra grátis. A ideia de enviar mensagens de texto para uma empresa e como retorno receber códigos poderá evoluir para o envio de autorização para pagamento. Os celulares serão usados para controlar remotamente DVRs e TVs, destrancar portas e dar partida nos carros.

Haverá um experimento da mobilidade, assim como há com qualquer outra área de marketing. Esse processo será muito parecido à prática de varejo, isto é colocar os itens de impulso ao longo das filas de *checkout*. Embora os varejistas não consigam ainda identificar o comprador por impulso, com o tempo, eles aprenderam quais produtos vendem melhor e, desse modo, são definidos como itens de impulso. O resultado é essencialmente o mesmo que seria se os varejistas conseguissem identificar os compradores por impulso: os itens de impulso vendem. Haverá experimentos similares com a mobilidade, embora com esta o rastreamento dos resultados possa ser muito mais preciso, removendo parte das adivinhações.

## Faça Algo

Os clientes móveis, por definição, podem ser alcançados onde estiverem, e seus telefones estão sempre ligados. Nunca antes havia sido possível fatorar a localização correta e o horário correto no marketing, mas com as novas tecnologias móveis, as empresas conseguem saber quando seus clientes estão preparados para entrarem em ação. As empresas que estão

**254** MOBILE MARKETING

dispostas a assumir uma abordagem de teste e aprendizado, para descobrir como seus clientes querem interagir com elas, podem se sentir confiantes, isto porque é menos provável que fiquem para trás.

Mas para que a abordagem de teste e aprendizado da mobilidade funcione, é preciso começar. Por mais simples que possa parecer, muitas empresas estão esperando e observando o que as outras estão fazendo. O problema com essa abordagem (ou falta de abordagem) é que você não aprende o que funciona e o que não funciona na mobilidade com os seus clientes.

"Descobrimos que os clientes estão começando a entender um pouco", diz Hugh Jedwill, CEO da Mobile Anthem, uma agência de publicidade voltada para a mobilidade, estabelecida em Chicago.[102] "Alguns ficam intrigados com a mobilidade e dizem: 'Você ainda não me convenceu'. Temos de mostrar como ela ajudará a movimentar suas principais métricas comerciais". Jedwill, que trabalhou em campanhas móveis com a Procter & Gamble, Sara Lee e o fabricante dos doces JustBorn, vê os desafios dentro de certas partes da organização a respeito do marketing móvel. "Nem todos entendem", ele disse. "As pessoas mais jovens entendem, mas as mais velhas não. Damos a elas *insights* sobre seus consumidores e como estes se relacionam com a mobilidade. Elas sabem que a mobilidade é grande, apenas temos de mostrar a elas como ela mudou o comportamento dos consumidores".

A Mobile Anthem conduziu campanhas móveis nas quais uma empresa cliente fornecia amostras para as pessoas que foram alcançadas via seus telefones móveis, permitindo melhor alvo do cliente e resposta mais fácil pelos consumidores sem limites. Por exemplo, em uma campanha móvel para um produto da Sara Lee, a Mobile Anthem lançou um jogo no qual os clientes enviavam um texto para ter a chance de ganhar. A intenção era levar os clientes de volta para a loja, de modo que a empresa enviava outra mensagem de texto detalhando todos os prêmios adicionais disponíveis. Milhares de clientes enviaram mensagens de texto durante o período de duas semanas da promoção, e a Mobile Anthem descobriu que as pessoas continuamente checavam o site na Internet cada vez que uma mensagem de texto era enviada.

"O tráfego continuava crescendo no site móvel da Internet", diz Jedwill. "Estamos mudando o comportamento. Com a mobilidade não ape-

As Novas Leis do Marketing Móvel (De Entrada)    **255**

nas podemos direcionar o comportamento, como também os hábitos. Mas não se esqueça de que ainda é necessário administrar as expectativas das pessoas de modo que elas possam entender desde o início com que frequência receberão mensagens. Algumas vezes, o melhor caminho para a mobilidade é simplesmente fazer alguma coisa. Inclua a mobilidade em tudo que puder, mas certifique-se de estar trabalhando com alguém que conheça bem o assunto, não apenas o cara que trabalha com tecnologia digital na sua agência, que recebeu a tarefa da mobilidade no mês passado. Esta deve ser uma situação do tipo teste e aprendizado."

Existem maneiras relativamente simples de testar o marketing móvel para começar seu próprio processo de aprendizado, se este já não estiver acontecendo. Essas variam da adição de um componente móvel, como uma campanha de mensagens de texto como aquela lançada pela Sara Lee, à abordagem baseada em pesquisas da Procter & Gamble por meio do Vocalpoint, discutida anteriormente neste livro.

Os profissionais de marketing não podem expandir o alcance de suas marcas num mundo que se tornou móvel sem alguma experiência, a qual apenas pode ser adquirida ao realmente fazer algo e analisar os resultados.

## A Marca Como Verbo na Mobilidade

É do conhecimento de todos que o Google é o rei de buscas na Internet. Um indicador claro de que uma empresa alcançou a posição de "rei" é quando ela alcança o que chamamos de condição de "marca como verbo"[103]. Quando você "FedEx" (envia via Fedex) um pacote, a implicação é que o pacote será rastreado durante todo o percurso, será manuseado apropriadamente e será entregue ao seu destino pretendido precisamente, quando prometido. Quando você "Amazon" (compra na Amazon) um livro ou DVD, espera-se que toda a transação seja fácil, o faturamento será preciso, o produto será enviado e entregue quando prometido e se houver algum problema, o atendimento ao cliente da Amazon o resolverá rápida e facilmente. Quando uma pessoa diz: "Facebook-me", ela quer que você se conecte a ela e envie mensagens via Facebook. Todos esses são exemplos de marcas como verbos, em que a experiência geral que oferece valor para os clientes passa a ser o produto real, em vez de o produto ou serviço nominal. A empresa cria uma plataforma tão potente que a atividade de fazer suas coisas sobrepõe a identidade dos produtos em si.

Pensar sobre o que uma marca representaria como um verbo ajuda a estimular o pensamento sobre o negócio no qual a empresa atualmente está. Essa é uma chance para a empresa explorar qual o verdadeiro valor que ela representa para seus clientes. O Google atingiu o *status* de marca como verbo; quando se "dá um Google" algo, espera-se que os resultados de busca mais relevantes lhe sejam apresentados quase instantaneamente. Sim, você pode *usar* o Bing ou Yahoo, mas em vez de *usar* o Google, você "Google" algo.

À medida que a mobilidade amadurece como um setor, empresas de marcas como verbos, produtos e aplicativos emergirão. Um exemplo anterior veio por meio dos serviços de mensagens do BlackBerry, da Research in Motion. Os usuários do BlackBerry são conhecidos como "BBM" entre si. A marca como verbo não pode simplesmente ser decidida e promovida, ela tem de ser merecida. A mobilidade, mais do que qualquer outra plataforma, se empresta à criação de produtos e serviços de marcas como verbos.

## Obstáculos no Caminho

Como qualquer outra transformação tecnológica e comportamental anterior, a revolução da mobilidade não progredirá sem solavancos, obstáculos e desvios ao longo do caminho. Assim como os sistemas operacionais dos computadores pessoais melhoraram com o passar do tempo, o mesmo acontecerá com as tecnologias e facilidades básicas dos smartphones. Como sabe qualquer pessoa que tenha um smartphone, ainda existem problemas com a conectividade e a disponibilidade em alguns locais.

Em um mundo que se tornou móvel, os clientes ficarão cada vez mais cientes de quanta informação pode ser automaticamente enviada de seus telefones. Com o tempo, eles decidirão o que querem compartilhar e com quem querem compartilhar. Alguns clientes podem não querer que outras pessoas saibam da sua localização, a qualquer momento, de modo que eles optarão por não usarem o serviço em seus aparelhos, e eles precisam ter esse direito garantido. As empresas precisam confirmar que seus clientes optam pela participação antes de interagirem com eles de maneira significativa, e elas devem facilitar a opção do cliente de não usar o serviço, por qualquer motivo, a qualquer hora. As empresas arriscam trair a confiança dos clientes ao compartilharem suas informações inapropriadamente, e as que o fazem pagarão caro com a reputação.

Outro desafio que ambos, os clientes e os profissionais de marketing, terão de lidar é com a sobrecarga de informações móveis. Pelo fato de os telefones dos clientes poderem ser localizados com precisão, se eles assim o escolherem, eles estão arriscados a receber um enxurrada de informações de várias fontes durante suas rotinas diárias. Os clientes determinarão quais plataformas usar, variando de redes sociais móveis àquelas proporcionadas por empresas e marcas ou agregadores individuais.

Há também a questão da sobrecarga de aplicativos. Com centenas de milhares de aplicativos disponíveis para os smartphones, e com este número crescendo diariamente, os clientes poderão não saber onde encontrar os aplicativos mais eficazes para eles. Do mesmo modo, poderão baixar tantos aplicativos que acabarão não usando nenhum porque suas telas estarão muito tumultuadas.

## Não se Trata de Telefone, e Sim de Valor

Talvez o maior obstáculo para a mobilidade seja alcançar a adoção em larga escala de novas facilidades por aqueles que ainda não passaram para os smartphones. Esses consumidores podem ser tecnologicamente desafiados, restringidos pelos orçamentos ou resistentes às mudanças na maneira como interagem, fazem compras e se comportam.

No entanto, à medida que mais pessoas veem o valor das características dos smartphones demonstradas por outros usuários móveis, elas talvez queiram alcançar resultados similares. Quando virem outras pessoas escaneando itens e obtendo descontos na hora, serão convertidos instantaneamente. Não se trata de telefone, e sim de valor. Os profissionais de marketing não podem mais esperar até que todos seus clientes adotem a mobilidade, ou eles terão dificuldades em acompanhar. Os consumidores já estão se movimentando neste sentido e em alta velocidade. Eles estão direcionando o mercado.

E a mobilidade é o veículo de medida básico, isto porque uma mensagem pode estar diretamente ligada à ação dos clientes. Se um cliente clicou ou tocou numa mensagem comercial, o profissional de marketing consegue determinar onde e quando a ação ocorreu.

Mas ainda tem tudo a ver com o valor que a empresa está proporcionando aos seus clientes por meio de seus celulares. Saber quando esses clientes estão ativos e aonde eles estão indo dá às empresas uma oportunidade totalmente nova de combinar o tempo, a distância, a oferta e a demanda, já que cada um desses é agora mensurável. As empresas que fazem isso saem ganhando.

As empresas devem reconhecer que a revolução móvel é mais do que apenas um canal adicional de vendas ou mais um lugar para anunciar. Ela envolve as mudanças fundamentais no comportamento dos consumidores em todos os níveis, e altera e eleva as expectativas dos clientes.

O impacto definitivo deste fenômeno global chamado mobilidade será maior do que o da televisão ou do computador pessoal. A mobilidade está em todos os lugares, ela é pessoal e está sempre ligada. Bem-vindo ao mundo da terceira tela.

# NOTAS

1. Lista de mais de 1.000 empresas móveis fundadas no curso da pesquisa para o livro fornecida para o autor.
2. Estimativa da população mundial de 6.864.071.404 do Departamento de Censo dos Estados Unidos.
3. Dados do Observatório Europeu de Tecnologia da Informação, também conhecido como EITO.
4. Estimativa de uso de telefones celulares da CTIA: The Wireless Association e dados da população dos EUA do Departamento do Censo dos EUA.
5. Dados do Sindicato Internacional de Telecomunicações, também conhecido como ITU.
6. Dados do Sindicato Internacional de Telecomunicações, também conhecido como ITU.
7. Pesquisas da Nielsen Company.
8. Resultados de estudos na indústria sem fio da Wireless CTIA.
9. Pesquisas da comScore.
10. Entrevista do autor com Michael Becker, diretor administrativo da América do Norte, Mobile Market Association.
11. Dos comentários feitos por Thomas Knoll, estrategista de comunidade na Zappo's, no Mobile Insider Summit e em discussões com o autor.
12. Pesquisas da Knowledge Networks KnowledgePanel, um painel representativo da população dos Estados Unidos como um todo.
13. Pesquisas fornecidas para o autor pela InsightExpress.
14. Pesquisas fornecidas para o autor pela InsightExpress.
15. Pesquisas fornecidas para o autor pela InsightExpress.
16. Pesquisas fornecidas para o autor pela Knowledge Networks.

## 260 MOBILE MARKETING

17. Pesquisas fornecidas para o autor pela InsightExpress.
18. Os proprietários da Classified Ventures incluem cinco grandes empresas da mídia: Belo Corp., Gannett Co., The McClatchy Co., Tribune Co. e The Washington Post Co.
19. Entrevistas do autor com Nick Fotis, Gerente de Produtos, Mobilidade, na Cars.com.
20. Pesquisa da Nielsen Company.
21. Pesquisa da Nielsen Company.
22. Este e os dois exemplos seguintes foram criados pela Mobext, uma agência de marketing móvel que faz parte do grupo de agências Havas Digital.
23. O programa foi criado pela Hotmob Ltd., a maior rede de mídia publicitária móvel em Hong Kong com parceria tecnológica da Green Tomato.
24. Dados do ITU World Telecommunication.
25. Baseado na entrevista do autor com Leisa Glispy, diretora grupal de e-commerce global, Waterford Wedgewood Royal Doulton.
26. Os dados da indústria seguintes são da CTIA: The Wireless Association e Motorola.
27. Dados e projeção da The Nielsen Company.
28. Pesquisas fornecidas para o autor pela InsightExpress.
29. Este e os pontos de dados que seguem imediatamente do estudo da Insight Express fornecido para o autor.
30. Conceito do processo de decisão por Chase Martin enquanto determinava qual seria o próximo smartphone a adquirir.
31. Comentários de Cheryl Lucanegro, vice-presidente sênior, Pandora, no Mobile Insider Summit da MediaPost e gravado pelo autor.
32. Relatório do Mobile Consumer Research fornecido para o autor pela InsightExpress.
33. Vendas de telefones da empresa de pesquisa global, a IDC.
34. Pesquisas da AdMob Mobile Metrics, uma empresa de propriedade do Google que serve anúncios para mais de 23 mil sites móveis na Internet e aplicativos globalmente.
35. Estimativas dos sistemas operacionais da Gartner, Inc., uma empresa global de consultoria e pesquisa em tecnologia da informação.
36. Entrevista do autor com Greg Johnson, diretor de empreendimentos Digitais, Playboy.
37. Pesquisas fornecidas para o autor pela Knowledge Networks.
38. Pesquisas fornecidas para o autor pela Knowledge Networks.
39. Pesquisas fornecidas para o autor pela Knowledge Networks.

# NOTAS 261

40. Entrevista do autor com Nagraj Kashyap, vice-presidente, Qualcomm Ventures.

41. Entrevista do autor com Jack Young, gerente sênior de investimentos, Qualcomm Ventures.

42. Com base em um mês de observação no Relatório de Mobilidade de 2010 da Nielsen.

43. Dados da VideoCensus da The Nielsen Company.

44. O seguinte é baseado em entrevista do autor com Marc Theermann, vice-presidente de mobilidade na AdMeld.

45. Entrevista do autor com Paul Kultgen, diretor de mídia móvel e publicidade, The Nielsen Company.

46. Entrevista do autor com Andrew Koven, presidente de e-commerce e experiência do cliente, Steve Madden Ltd.

47. Estudo pelo Mobile Future Institute.

48. Materiais oficiais do Escritório Global da PepsiCo descrevendo o complexo.

49. Entrevista do autor com B. Bonin Bough, diretor de mídia social e digital, PepsiCo.

50. Entrevista do autor com John Vail, diretor do Grupo Interativo de Marketing, Pepsi Cola Beverages.

51. Comentários feitos por Shiv Singh, diretor de digital, América do Norte, PepsiCo, como gravado pelo autor na MediaPost Change: Digital Transformation Summit em Boston.

52. Entrevista do autor com Mathew Roth da Intel.

53. Entrevista do autor com Lucas Frank, gerente de marca, Jeep.

54. Entrevista do autor com Stephen Surman, gerente de marketing de relacionamento, VocalPoint, uma divisão da Procter & Gamble.

55. De comentários feitos por Howard Hunt, vice-presidente de desenvolvimento de novos negócios, The Hyperfactory, no Mobile Insider Summit da MediaPost e gravado pelo autor.

56. Entrevista do autor com Peter Velikin, vice-presidente de marketing, Zmags.

57. Entrevista do autor com Josh Koppel, cofundador do ScrollMotion.

58. Entrevista do autor com Yaron Galai, fundador e CEO, Outbrain.

59. Dados de observações em vídeos na Internet da comScore para maio de 2010.

60. Esta e a pesquisa seguinte foram fornecidas ao autor pela InsightExpress.

61. Pesquisas fornecidas para o autor pela Knowledge Networks.

62. Pesquisas fornecidas para o autor pela Knowledge Networks.

# 262  MOBILE MARKETING

63. Entrevista do autor com Gannon Hall, diretor de operações, Kyte.
64. Citação atribuída ao profissional de marketing da Filadélfia John Wanamaker (1838-1922), que é creditado como sendo o pai da publicidade moderna.
65. Entrevista do autor com Boris Fridman, CEO, Crisp Wireless.
66. Anúncio oficial pela Spot Inc.
67. Entrevista do autor com JJ Beh, líder de estratégia hipotecária e planejamento, ING Direct.
68. Entrevista do autor com Phuc Truong, diretor administrativo, U.S. Mobile Mobile Marketing, Mobext.
69. Resultados com base apenas nos respondentes que estavam no painel; não é projetável para a população.
70. Este e os dados seguintes foram baseados nos dados da empresa de pesquisa NCH Marketing Services, Inc.
71. Baseado nos dados de meados de 2010 da empresa de pesquisa NCH Marketing Services, Inc.
72. Os dados relatados foram para um período de 12 meses findando em 30 de junho de 2010.
73. Dados da empresa de pesquisa NCH Marketing Services, Inc.
74. Pesquisas fornecidas para o autor pela InsightExpress.
75. Dados de "Mobile Marketing Study: Expectations, Realities, and Payback", conduzida pelo The Center for Media Research, MediaPost Communications, com InsightExpress.
76. Entrevista do autor com Steve Horowitz, diretor de tecnologia, Coupons. com.
77. Demonstrado ao vivo por Horowitz para o autor e mais tarde ao vivo no Mobile Insider Summit da MediaPost em Lake Tahoe.
78. Entrevista do autor com Brian Wilson, cofundador e vice-presidente de Marketing, Point Inside.
79. Entrevista do autor com Ankit Agarwal, fundador e CEO, Micello.
80. Entrevista do autor com Ted Murphy, fundador e CEO, IZEA, a empresa que lançou o WeReward.
81. Entrevista do autor com Alistair Goodman, CEO, Placecast (oficialmente 1020, Inc.).
82. O programa é uma homenagem ao seu criador, Stephen Wolfram, que em 2009 lançou o projeto de longo prazo na tentativa de fazer com que a maior parte do conhecimento mundial fosse computável e acessível para todos.
83. Entrevista do autor com Steve Larsen, cofundador, Phone Tell.
84. Da linha do tempo da herança de Wrigley.

85. Comentários de Dudley Fitzpatrick, fundador, Jagtag, feitos no Mobile Insider Summit da MediaPost e gravado pelo autor.
86. Entrevista do autor com Jane McPherson, diretora de marketing da SpyderLink.
87. Baseado em entrevista do autor com David Javitch, vice-presidente de marketing, Scanbuy.
88. Comentários feitos por David Plant, diretor de mobilidade, PGA Tour, no Mobile Insider Summit da MediaPost e gravado pelo autor.
89. Estatísticas sobre o uso do Facebook.
90. Pesquisas fornecidas para o autor pela InsightExpress.
91. Este e os dados seguintes forma baseados em pesquisas fornecidas para o autor pela InsightExpress.
92. Com base em entrevista do autor com Eric Friedman, diretor de atendimento ao cliente, Foursquare.
93. Baseado em entrevista do autor com BJ Emerson, diretor de tecnologia social, Tasti D-Lite.
94. Em estudos anuais conduzidos pela CTIA – The Wireless Association.
95. Baseado em estimativas do ABI Research de seu estudo sobre Serviços de Mensagens Móveis no final de 2010.
96. As diretrizes da opção para participar e não participar são emitidas pela Associação de Marketing Móvel.
97. Em entrevista do autor com Jared Reitzin, CEO e presidente, mobileStorm.
98. Pesquisas fornecidas para o autor pela Knowledge Networks.
99. Entrevista do autor com James Citron, CEO e cofundador, Mogreet.
100. Entrevista do autor com Cameron Clayton, vice-presidente sênior de Aplicativos digitais e móveis, The Weather Channel.
101. Entrevista do autor com Pete Chelala, especialista em mobilidade, The Weather Channel.
102. Entrevista do autor com Hugh Jedwill, CEO, Mobile Anthem.
103. O termo "marca como verbo" foi cunhado pelo autor em *Max-e-Marketing in the Net Future* (McGraw-Hill, 2001), com coautoria de Stan Rapp.

# SOBRE O AUTOR

Chuck Martin é líder pioneiro no mercado interativo digital por mais de uma década. Ele foi um dos primeiros e mais precisos na previsão da revolução da Internet e agora prevê uma nova revolução, desta vez na mobilidade.

Martin é CEO e fundador do The Mobile Future Institute e diretor do Center for Media Research na MediaPost Communications. Como pioneiro na tecnologia digital, pesquisador e palestrante, Martin conhece a fundo mercado da mobilidade.

Em seu livro mais recente, *Mobile Marketing – A Terceira Tela*, Martin define as implicações, estratégias e táticas para as empresas prosperarem nesta revolução móvel que se apresenta. Este livro liga os desenvolvimentos tecnológicos às mudanças comportamentais que andam lado a lado e revelam os aspectos inesperados das mudanças vindouras na mobilidade, preparando os profissionais de marketing e os homens de negócios para o que se avista no futuro próximo.

O The Mobile Future Institute é um laboratório de ideias, com sede nos Estados Unidos, que foca em estratégias de negócios e táticas de marketing para um mundo que se tornou móvel – investigando como, quando e onde os profissionais de marketing deveriam interagir melhor com os clientes móveis. O Institute e Martin estão na linha de frente da pesquisa sobre mobilidade, explorando como os consumidores sem limites

## 266   MOBILE MARKETING

estão em trânsito, no local, e como os profissionais de marketing conseguem mais eficazmente alcançá-los neste novo cenário digital.

No Center for Media Research na MediaPost Communications, Martin conduz e comercializa pesquisas originais para os profissionais de mídia, marketing e publicidade. O Center proporciona uma fonte independente de conhecimento para ajudar os profissionais de mídia a identificarem as tendências e modelos na publicidade tradicional e online. Martin também é gerente de marca para o Mobile Insider Summits da MediaPost, o qual acontece no Lake Tahoe e na Flórida.

Martin é ex-vice-presidente da IBM, onde dirigia uma divisão responsável pelas soluções para estratégias nos negócios de mídia, incluindo editoras e agências publicitárias. Ele é autor de vários livros na lista de *best-sellers* do *TheNew York Times*, incluindo *The Digital Estate, Net Future* e *Max-e-Marketing in the Net Future* (coautoria). Martin foi o editor fundador de *Interactive Age*, a primeira publicação a ser lançada de forma impressa e online simultaneamente, e foi editor associado no *Information Week*, uma revista que almeja os CIOs e profissionais da tecnologia informática. Martin tem sido editor chefe de quatro revistas nacionais e jornalista para cinco jornais diários.

Ele é um palestrante bastante procurado, representado pelos órgãos líderes de palestrantes. Martin também foi apresentador de um programa diário de tecnologia nos negócios e foi convidado da CNN, CNBC, Fox Business, ABC-TV News Now e regularmente aparece na TV e em vários programas em rádios por todo o país.

### Sobre o The Mobile Future Institute

The Mobile Future Institute é um laboratório de ideias, com sede nos Estados Unidos, que foca em estratégias de negócios e táticas de marketing para um mundo que se tornou móvel. A organização explora como os consumidores móveis estão em trânsito, e como os profissionais de marketing terão de encontrar e interagir com seus clientes onde eles estiverem neste novo cenário digital.

O The Mobile Future Institute investiga como, quando e onde os profissionais de marketing deveriam interagir melhor com os clientes

SOBRE O AUTOR **267**

móveis, além de cupons e descontos. O instituto é liderado pelo autor de livros da lista de *best-seller* do *The New York Times*, Chuck Martin, o qual foi um dos primeiros líderes no mercado interativo digital por mais de uma década. Martin é um pesquisador renomado e é também diretor do Center for Media Research na MediaPost Communications.

O instituto pesquisa regularmente mais de mil líderes de negócios ao redor do mundo. Alguns dos resultados dessas pesquisas estão incluídos neste livro. As pesquisas são curtas e os resultados são anônimos. Essas pesquisas foram conduzidas regularmente nos últimos dez anos.

Quando as perguntas listam as respostas potenciais, o instituto pede aos respondentes no painel para que assinalem todas as respostas que se aplicam, proporcionando, assim, o consenso da maioria nos resultados. Os estudos não necessariamente comparam a intensidade de sentimento sobre qualquer dado assunto, mas sim com o que a maioria dos respondentes concorda ou discorda. O instituto não compartilha os endereços de e-mail ou quaisquer informações pessoais sobre qualquer um de seus membros. Não há cobrança pela associação e todos os membros recebem os resultados do estudo gratuitamente. As taxas de resposta são normalmente de, no mínimo, 10%. Os resultados dos estudos são rotineiramente relatados em jornais, revistas, boletins e blogues ao redor do mundo.

Os participantes dos estudos se encaixam em uma das duas categorias: executivo sênior (CEO, presidente, COO, vice-presidente sênior, gerente geral, etc.) ou gerente (vice-presidente assistente, diretor, gerente, supervisor, etc.). Os respondentes normalmente são metade executivos seniores e metade gerentes. Em virtude do arredondamento, algumas porcentagens não são iguais a 100%. Toda a pesquisa no livro, a menos que o contrário seja declarado, é pesquisa primária conduzida por Chuck Martin ou pelo The Mobile Future Institute.

Os respondentes também se identificam pelo tamanho da empresa, com base no número total de funcionários, e os resultados geralmente são uma divisão justa entre os grupos. Os tamanhos das empresas são baseados no número de funcionários, sendo que as pequenas têm de 1 a 499 funcionários, as médias de 500 a 9.999 e as grandes com 10 mil ou mais funcionários.

# 268 MOBILE MARKETING

Uma pequena amostra de mais de mil empresas para as quais os membros trabalham são IBM, GE, Morgan Stanley, Microsoft, CIGNA, Fidelity, Merck, Motorola, Freddie Mac, Progressive, Travelers, Master-Card, Sears Roebuck, SAP, Oracle, Sony, Marriott International, Mercer, American Gas, Heineken, Western Energy Institute, WalMart, Wells Fargo, ABN AMRO Bank, Air Canada, Agilent Technologies, Allied Waste Industries, American Association of Advertising Agencies, American Cancer Society, American Express, Apple, 3M Company, AT&T, Bank of America, Bell Canada, Bell South, Best Buy, California Credit Union League, Bristol-Meyers Squibb Company, Canon, Delta Air Lines, Unilever e Procter & Gamble.

Para mais informações, visite *www.MobileFutureInstitute.com*, no qual é possível se associar gratuitamente. Poderá também contatar o autor diretamente em *Chuck@MobileFutureInstitute.com* e segui-lo no Twitter em *www.twitter.com/chcukmartin1*, ou @chuckmartin1.

# ÍNDICE

2G, 54-55
3G, 57-58
4G, 57-58

## A

A galinha e o ovo da mobilidade, 25, 204-205
Abordagem baseada na permissão, 251
Abordagem de fora para dentro, 251
Abordagem de teste e aprendizado
   começando a, 253
   descrição da, 111-113
   evolução através do uso da, 113-115, 253-254
   propósito da, 219-220
Abordagem lançar e aprender, 112
AdMeld, 79-80
Agarwal, Ankit, 180-181
AIDA, 102-103
AIDAS, 103
AisleBuyer, 107-108
Aloqa, 197
Amazon.com, 126

American Airlines, 208
American Greetings, 243
Amos, Jim, 222
Android
   descrição do, 60-61
   resgate de cupons pelos proprietários de, 172-173
   sistema operacional do, 60-61
Anúncio de busca, 199-200
Anúncio na rede, 76-77
Aplicativo da Pepsi Loot, 104-106
Aplicativo(s)
   anunciando em, 69-70
   baixar (download), 57-58
   bancário, 21-22
   ciclo de adoção para, 42
   criação de, 100
   cupons, 167
   custos dos, 68
   definição de, 59
   desenvolvimento de, 43-44, 132-133
   fatores de sucesso, 147-149
   fontes de, 143-145
   grátis, 68-69

**270** MOBILE MARKETING

iPhone, 67-68
livro eletrônico, 121-122
mapas, 144,183
mapeamento de shopping centers, 182-183
marketing de, 69-70
número de, 149, 151-152
padrões de uso, 67
receita de, 68-69
relacionados à televisão, 131-133
SMS e, 234-235
sobrecarga de, 256-257
tipos de, 149-151
transmissão de boca emboca do, 69-70
usabilidade do,110
valor do, 132-133
Aplicativos de marca
alcançando os clientes através dos, 62
definição de, 59
marketing de, 68-69
transmissão de boca em boca dos, 69
Aplicativos para livros eletrônicos, 121-122
Apple. *Veja* iPad; iPhone
Ashley Furniture, 236-237
Associação de Marketing Móvel, 33-35, 72
Ativadores da localização, 163, 184-186

**B**

Banco de dados da mobilidade, 91-92
Banco, 21-22
Bancos de dados, 235-237
Bases instaladas
plataformas de mídia social, 228-229
telefones móveis como, 18-20
Becker, Michael, 33-34
Beh, JJ, 154-155
BlackBerry
aplicativos para, 69
demografia dos proprietários, 69

marca como verbo, 255-256
serviço de Mensagens, 238-239
Bough, B. Bonin,104-105,109
Brightkite, 227
Brookstone, 150
Buscas em aparelhos móveis, 193
Buscas premeditadas, 193
Buscas, 193-194

**C**

Câmera, 63
Canadá, 47
Cars.com, 39-44
CB Richard Ellis, 208-209
ChaCha, 150
Chamada para ação, 109-110, 136-137
*Check-in*, usando os serviços baseados na localização, 215, 227-229
Chelala, Pete, 248-249
China, 20, 45
Citron, James, 240, 241-242
Clayton, Cameron, 245-248
Cliente. *Veja* Cliente capacitado pela mobilidade; Cliente móvel; Consumidor desenfreado
Clientes motivados pela mobilidade
descrição de, 33, 81, 111, 191
preparo dos varejistas de lojas físicas para, 157-158
pull de informações pelos, 231
Clientes móveis
acompanhamento dos, 101-102
base existente de, 112
características dos, 59-60
chamada para ação, 109-110
consumo de informações pelos, 97-98
controle pelos, 33-34
definição de, 253-254
feedback dos, 112-113, 114
incentivos para os, 225

# ÍNDICE 271

interações das empresas com os, 101-102

padrões de movimentação pelos, 158-159, 194-195

pesquisa de, 100-101

se engajando com os, 102-109

se mantendo em dia, 160-162

usos de telefones móveis pelos, 97-98, 101-103

valores dos, 109-111

Clinique, 235-237

Código QR, 195, 201, 204

Códigos curtos,196, 237-238

Códigos de barra
 2D, 195-196, 199-201, 204-209
 código universal do produto, 201-202

Códigos de barras em 2D, 195-196, 199-203, 204-209

Códigos de barras UPC, 201-202

Códigos dos códigos de barras universal dos produtos, 201-202

Códigos
 curtos, 196, 238
 encontrar usando, 199-204

Colegas
 recomendações de, 31-32
 troca de informações entre, 37-38

Comércio móvel, 15

Compra por vaidade, 69-70

Compradores por impulso, 253-254

Compras de supermercado
 cupons. Veja Cupons
 mudanças comportamentais nas, 170-171

Compras
 satisfazendo os clientes com experiências de, 35-36
 uso dos telefones móveis durante as, 37-38

Computação em nuvem, 76-77

Computadores móveis, 145-147

Computadores pessoais

benefícios da interatividade dos, 14

descrição dos, 53

Comunicação
 no marketing baseado na localização, 216-217
 uso da Internet para, 213

Comunicações próximas do campo, 60, 171-172

Conhecimento na hora, 156-157, 195-196

Consumidor sem limites
 armazenamento de informações pelo, 76-77
 características do, 31
 como uma plataforma móvel, 35-36
 compartilhamento de informações pelo, 18-19
 comunicação pelo, 34-35
 conectividade do, 195
 conhecimento na hora para o, 156-157, 195-196
 controle pelo, 33-34
 definição do, 15
 descrição do, 22-23
 engajamento pessoal com, 33-34
 estratégia de marketing para o, 100
 experiência de compra para o, 35-36
 intenção do, 195-196
 interagindo com, 111-112
 licitação em tempo real do, 79-80
 localização do, 194-195
 manuseio em tempo real do, 84-87
 movimentações do, 158-159, 194-195
 natureza global do, 45-50
 padrões de uso móveis do, 222
 proximidade do, 195
 pull do, 244-248
 rastreando as respostas do, 113-114
 recomendações de colegas, 31-32
 rede social pelo, 214

Consumidor. *Veja* Consumidor sem limites

Conteúdo gerado pelo usuário, 126

# 272    MOBILE MARKETING

Conteúdo
  acesso contínuo ao, 126-129
  consumo de, 117-118, 126, 128
  conversão do, 120-121
  gerado pelos usuários, 126
  links para o, 126-127
  relacionado à televisão, 131-132
Coreia do Sul, 21-22
Coty Adidas, 46
Coupons.com, 165-166, 167-170, 171-174
Crest, 112
Crisp Wireless, 139
CTIA Wireless, 72
Cupons digitais, 165-167
Cupons
  acesso móvel aos, 167-169, 173
  categorias de, 164
  descrição de, 38-39
  digital, 165-167
  distribuição pela Internet, 165-166
  efeito do marketing móvel nos, 166
  entrega por smartphone de, 166
  mensagens por SMS, 236-237
  propósito dos, 165-166
  retorno sobre os investimentos, 167
Custo por milhares, 129

## D

Dell, 60-61
Descobertas baseadas na localização,
  194-195
Descobertas
  baseadas na localização, 194
  códigos usados para, 200-205
  descrição das, 194
  eficiência com, 211
  empresas envolvidas em, 195-198
Descobridores
  capabilidades dos, 194-196
  definição de, 193
  exemplos de, 197-198

  futuro dos, 211
Desintermediação da marca, 37-38
DirectTV, 151
Domino's Pizza, 184
Dragon Dictation, 151
Droid X, 56-57
DynaTAC 8000X, 54

## E

Echo Zulu, 141
Emerson, BJ, 222-223
Empresas móveis
  crescimento das, 16
  financiamento do capital de risco das,
    16
  marketing SMS pelas, 231-234
  plataformas de autosserviço, 18
  start-ups, 16
Escaneamento
  código de barras para. Veja Códigos
    de barras
  futuro do, 203
Escâner de Códigos da AT&T, 203
Evil Genius Designs, 108
Exaustão de dados, 220-221

## F

Facebook, 89, 214-215
FastMall, 182
Fidelidade, 224, 229
Filosofia do menos é mais, 25
FloTV, 119
Fones com aplicativos, 145-152
Fosfor, 253-254
Foster Farms Dairy, 145-147
Fotis, Nick, 41-45
Foursquare, 89, 216-221, 223-225
Fox Chevrolet, 235-236
Frank, Lucas, 110
Fridman, Boris, 140-142

## ÍNDICE   273

Friedman, Eric, 217-218, 220-221

## G

Galai, Yaron, 127-128
Garmin, 143-144
Geodelic, 153
Geofencing, 187
Geotargeting, 59
Gestão de relacionamento com os clientes, 240-241
Gestos, 59
Gilroy, 227
Glo, 217
Globalstar, 144-145
Go!Shopping (Cingapura), 182-183
Goodman, Alistair, 187
Google Googles, 210-211
Google Maps, 143-144, 180-182
Gowalla, 227
Gravador de vídeo digital (DVR), 77-78
Gravador de videocassete, 77-78
Grocery iQ, 168-169
Groupon, 173-174

## H

Hall, Gannon, 134
Heineken, 206-208
Hewlett-Packard, 60-61
Hong Kong, 47
Hooters, 236-238
Horowitz, Steve, 168-139, 170-171
Hotel Casa del Mar, 243
Hulu, 78
Hunt, Howard, 113
Hyperfactory, The, 114

## I

iFood Assistant, 113, 170-171
iHeart Radio,151

IKEA, 136
Imãs da localização
  definição de, 163-164
  exemplos de empresas, 176-180
  mapas internos, 175-176
Incentivos, 180-181
INGDirect, 154
Insight no site, 209-210
InsightExpress, 130-131
Intel, 109
Interatividade
  computador pessoal, 14
  no marketing móvel, 33-34
  telefones móveis, 114-115
InterContinental Hotels Group, 149-150, 228-229
Internet móvel, 36-37
Internet. *Veja também* Sites na Internet
  anunciando na, 127-128
  assistir vídeos na, 77-79, 129-130
  crescimento da, 60-61
  mecanismos de busca, 193
  móvel, 36-37
  no uso da distribuição de cupons, 165-166
  usos da nas comunicações, 213
  usos da nas redes sociais, 214-215
iOS, 60-61
iPad, 70-71
iPhone
  aplicativos para, 67-68
  descrição do, 25-26, 387-39
  impacto do, 57-58
  lançamento do, 58-59
  resgate de cupons pelos proprietários de, 172-174
iSpain Cidades, 151-152
Isqueiro Virtual Zippo, 149

## J

Jagtag, 202-203

**274**  MOBILE MARKETING

Japão, 20-22
Javitch, David, 205-206
Jedwill, Hugh, 254
Jeep, 110-111
Johnson, Greg, 64-65

## K

Kashyap, Nagraj, 71-72
Keller Blue Book, 40
Key Ring, 150-151
Knoll, Thomas, 35-37
Knowledge Networks, 66-68, 132-133,
    159-160
Koppel, Josh, 121-123, 125
Koven, Andrew, 85-92
Kraft, 113, 169-171
Kultgen, Paul, 81-83
Kyte, 133-136

## L

Larsen, Steve, 197-198
Layar, 209-210
Leader, Justin, 147-148
Leitura
    telefones celulares usados para, 118-
        121
    transformação da, 121-125
Leve-me para Meu Carro, 150
Lexus, 141
Licitação em tempo real, 78-80, 126
Livros infantis, 122-124
Livros, 120-126
Localização do ciclo de compra, 190-191
Loja de aplicativos, 59
Loopt, 226

## M

Magners, 46
Mapa/mapeamento

digital, 143-144, 175-176
internamente, 175-178
interno, 175-176, 180-181
shopping centers, 182-183
Mapas de Shopping Centers na Austrália,
    182-183
Mapas digitais, 143-144, 175-176
Mapas internos, 175, 180-181
Mapas Móveis de Shopping Centers, 182-
    183
Mapeamento de shopping centers, 182-
    183
Mapeamento interno, 175-178
Marca como verbo, 255-256
Marca, como verbo, 255-256
Marcas de luxo, 50-51
Marcas, 186-191
Marketing baseado na localização
    aceitação do cliente do, 190-191
    comunicação em, 215-216
    definição de, 164
    descrição de, 161-163
    localização geográfica, 190-191
    marcas,186-191
    mudanças comportamentais associa-
        das com o, 163
    oportunidades para o, 187
    plataformas para, 188-189
Marketing boca a boca, 215-216
Marketing em massa, 14
Marketing hiperlocal, 15, 111, 219-222
Marketing interno, 178-180
Marketing monetário, 23-24, 252
Marketing móvel em um único evento,
    235-238
Marketing móvel
    abordagem de fora para dentro no,
        251-252
    descrição do, 13
    direção do, 34-35
    em Hong Kong, 47
    em Portugal, 47

estratégias para, 163, 249-252
estudo de caso do, 139-144
evento único, 234-238
filosofia de menos é mais do, 25
flexibilidade no, 249-251
futuro do, 92-94
gastos no, 139-143
habilidade de chamado para ação do, 19-20, 136
hiperlocal, 15, 110-111
licitação em tempo real para o, 78-80
medida de sucesso, 42-43
mensagens de SMS, 231-234
metas comerciais alinhadas com o, 100
metas para o, 249-251
MMS, 238-239
na China,45
na Nigéria, 47
natureza interativa do, 33-34
no Canadá, 50
no México, 46
opção pela participação, 232-234, 238, 241
opções para, 234-235
retorno sobre o investimento, 167-168
serviços baseados na localização para o, 221-222
singularidade do, 17-20
teste do, 255
valor do cupons afetado pelo, 166-167
no Reino Unido, 33-36
Marketing na Internet, xii
Marketing no local, 153-155
Marketing participativo, 14
Marketing. *Veja* Marketing baseado na localização; Marketing móvel
Mecanismos de buscas, 193
Média
adoção da, 120-121
se posicionando, 18
transformação do, 121-126

Meijer, 177-178
Mensagens de texto/mensagens. *Veja também* SMS
abreviações nas, 238-239
crescimento das, 240-242
descrição das, 22-23
história das, 54-55
na China, 45
opção para o recebimento de, 232, 238
usando as na entrega de cupons, 166-167
usos das no marketing, 231-238
Mensagens. *Veja* MMS; SMS; Mensagem de texto/mensagens
México, 46
Micello, 180-182
Microsoft, 60-61, 204
MicroTac, 54
Mídia social
plataformas, bases instaladas para, 228-229
serviços baseados na localização, 215-217
SMS e, 238
MMS
crescimento de, 240-241
definição de, 233
exemplos de empresas, 239-245
na China, 45
propósito do, 239
taxas de visualização para o, 214
usos no marketing do, 239-245
vantagens do, 239-240
vídeo incluído com o, 239-240
Mobext, 158-160
Mobile Anthem, 253-254
mobileStorm, 234-235, 238
Mobilidade
adoção do cliente da, 20-21
aspectos tecnológicos da, 83
benefícios para os varejistas de lojas físicas com a, 155-156

como um meio de posicionamento, 18
conteúdo relacionado à televisão na,
131
crescimento da, 15-16
cupons acessados na, 167-168, 173
desafios para a, 257
ecossistema da, 20
inovação na, 252-254
mapeamento afetado pela, 175-176
mudanças comportamentais associadas com, 22-23, 37-38
natureza de push-pull da, 231
natureza transformacional, 99
pontos de alavancagem da, 89-90
redes para, 20
relacionamento social através da,
214-216
suporte interno para a, 88-93
usando o experimento da, 252-253
visualização em vídeo na, 130-131
MobiQpons, 174-175
MobiTV, 119-120
Modelo "freemium", 111
Modelo de publicidade de custo por visita, 179-180
Modelo previsível, 221
Mogreet, 239-245
Monetizar, 111-112
Morgan's Hotel Group, 208-209
Motivadores da localização
atraindo clientes para as lojas, 164-167
cupons. *Veja* Cupons
definição de, 163
transações dos clientes afetadas pelo,
189-190
MotiveCast, 107-108
Motorola, 54-55, 56-67
Movimentos dos consumidores, 158-159,
194-195
Mudanças comportamentais
em compras de supermercado, 169-
171

marketing baseado na localização,
162-163
o Uso da Tecnologia dos Smartphones
como causa das, 170-171
relacionadas à mobilidade, 22-23, 36-
39, 41-42
Museu Americano de História Natural,
141
MyCypher, 107-108

# N

Netflix, 127
Networking (socialização), 62-63
NFC, 60
NFL, 150, 243-244
Nielsen Company, 80-81
Nigéria, 47
Nike, 209-210, 243
Nokia, 60
North Face, 187

# O

OnTheFly, 151
Operadoras, 34-35
Optar para deixar de participar, 233-234
Optar pela participação, 232-234, 238,
240-241
Outbrain, 126-128
OVP, 125

# P

Painéis baseados em estudos, 158-159
Pandora, 57-58
Paramount Pictures, 141-142
PepsiCo, 103-109
Pesquisa em movimento, 158-162, 171-
172
Pesquisa em Movimento, 60-61
Pesquisa

baseada em estudos, 158-159
descrição da, 81-84, 92-93
em movimento, 158-162, 171-172
PGA, 210-211
PhoneTell, 197-200
Placecast, 187, 189-190
Planet Funk, 236-237
Plant, David, 210
Plataforma(s) móvel(is)
    ativador da localização, 183-184
    baseada na localização, 216-217
    função da, 60-61
    individualização da, 32
    mapeamento interno, 181-182
    o cliente como, 35-36
    padrões de uso dos clientes, 100
    posicionamento interno, 181-182
    tipos de, 23, 60-61
    vídeo. *Veja* Plataformas de vídeos para telefones móveis
Plataformas de autosserviço, 19-20
Plataformas de vídeo para telefones móveis
    anunciando nas, 136-137
    história das, 133-134
Plataformas de vídeos online, 125, 133-134, 136-137
Plataformas de vídeos
    online, 124, 133-134, 136-137
    plataformas móveis. *Veja* plataformas móveis de vídeo
Plataformas móveis baseadas na localização, 216
Plataformas. *Veja* Plataforma(s) móvel(is)
Playboy, 63-65
Point Inside, 176-180
Pointroll, 138-139
Pontos cegos, 59
Portugual, 47
Posicionamento do GPS, 177-178, 187, 194-195
Pre-roll, 125

Previsões do tempo, 245-246
Privacidade, 188
Procter & Gamble, 112-113
Proposta de venda singular, 22-23
Protocolo de acesso sem fio, 63, 89-90
Publicidade baseada na localização, 79-80, 140
    aceitação dos consumidores da, 81-82
    crescimento da, 73
    desafios e oportunidades associados com a, 137-138
Publicidade móvel
    teste da, 112-113
Publicidade no mercado, 79-80. *Veja também* Publicidade; Marketing móvel.
Publicidade possibilidade pelo comércio, 140
Publicidade/Anúncio
    baseada na localização, 79-80, 140
    capacitado pelo comércio, 140
    crescimento da, 73
    mercado, 79-80
    mobilidade. *Veja* Publicidade móvel
    modelo de custo por visita da, 179-180
    plataformas de vídeo móveis, 136-139
    rede de, 76-77
    televisão, 136-137
    varejista, 79-80
*Pull-casting*, 78-79
Puma, 33-34

## Q

Qualcomm Ventures, 71-72

## R

Realidade aumentada, 196, 209-211
Recompensas baseadas na tarefa, 183-185
Recompensas psicológicas, 216-217
Red Laser, 202
Rede social

# 278    MOBILE MARKETING

baseada na localização, 89-90, 215-216
descrição da, 31, 131-132, 213
mobilidade para a, 88-90, 214-215
sites na Internet para a, 214-215
Reebok, 241-242
Reino Unido, 46-47
Reitzin, Jared, 234, 238
Responsabilidade, 142-43
Revolução da mobilidade, 14, 252-253

## S

Scanbuy, 204-207
ScrollMotion, 120-125
SCVNGR, 227
Sears, 156-157, 208
Serviços baseados na localização
    comercializando com, 221-228
    conhecimento dos funcionários sobre
        os, 219-220
    descrição de, 83, 164
    exemplo de empresa de, 216-221
    mídia social, 215-216
    usos de check-in, 215, 227-229
Serviços de mensagens de multimídia
    (MMS), 233
Shopkick, 186
ShopSavvy, 202
Silent Bodyguard, 147-148
Síndrome do objeto brilhante e luminoso,
    111,114-115
Singh, Shiv, 106
Sistemas de pagamento, 163, 252-253
Sites móveis na Internet
    criação dos, 62-63
    monitoramento dos, 90-91, 100-101
Sites na Internet. *Veja também* Internet
    móvel, 62, 90-91, 100-101
    rede social, 214-215
Smartphones. *Veja também* Telefones ce-
    lulares; Telefones móveis; *smartphones
    específicos*

70, 228-229
    aplicativos para. Veja Aplicativo(s)
    assistir à televisão usando os, 15, 118-
        120
    assistir a vídeos nos, 130-131
    atributos dos, 62-63, 117-118
    benefícios de valores dos, 101-102,
        257-258
    câmeras nos, 62-63
    características dos, 65-66
    consumo do conteúdo, 117-119
    crescimento dos, 55-56, 248-249
    demografia dos proprietários de, 55-
        56, 57-58
    entrega de cupons no, 166-167
    facilidades de comunicações multifa-
        cetada dos, 17-19
    funcionalidade dos, 56-57
    leitura de textos usando, 119-120
    melhorias futuras nos, 256-257
    melhorias recentes nos, 70-72
    natureza pessoal dos, 17, 33-34
    push por trás dos, 70-73
    reconhecimento dos códigos de barras
        pelos, 195, 199-200
    rotinas dos, 32-33
    tamanho da tela dos, 238-239
    tamanho dos, 56-57
    tecnologia baseada na localização nos,
        18, 153, 196-197
    tecnologia baseada no tempo nos, 18
    usa dos pelas empresas, 56-57
    Usando a Tecnologia de Smartphones,
        22-23, 59, 61-62, 92-93, 142-143,
        168-
    usos dos, 55-56
    usos no networking, 62-63
    vantagens dos, 14, 100-102, 238-239
SMS
    definição de, 233
    descrição do, 71-72, 231-238
    empresas que proporcionam, 233-234

## ÍNDICE 279

limites de caracteres para, 238
mídia social e, 238
na China, 45
usando o no marketing móvel para
um evento único, 234-238
usos do para o marketing, 231-238
SnapTag, 202-204
Sobrecarga de informações, 256-257
Spot Inc., 144-145
Starbucks, 35, 219-220
Starfish Mobile, 217-218
Steve Madden Ltd., 84-85, 88-92, 244
Stickybits, 105-106
Surman, Stephen, 112-113
Symbian, 60-61

## T

Tasti D-Lite, 221-226
Tecnologia baseada na localização, 18,
153
Tela de toque, 62-63
Telefone. *Veja* Telefones celulares; Telefones móveis; Smartphones
Telefones celulares. *Veja também* Telefones móveis; Smartphones
assistir televisão usando os, 15, 118-
120, 129
crescimento dos assinantes, 54-56
crescimento dos, 20-21, 54-56
criação dos, 54-56
estatísticas de propriedades, 20-21
lendo sobre os, 118-120
nos Estados Unidos, 25-27
oportunidades de marketing para os,
63-65
triangulação dos, 71-72, 187
uso global dos, 44-50, 55-56
uso no local de trabalho, 97
usos para os, 95-97, 100
Telefones com câmeras, 54
Telefones fixos, 26

Telefones móveis. *Veja também* Telefones
celulares; Smartphones
almejando os clientes através dos,
254-255
como base instalada, 19-20
crescimento do, 54-56
empresas de software para os, 61-62
fabricantes de, 60-61
facilidades dos, 194-196
falando nos, 21-22
interatividade do, 114-115
mudanças de perspectivas criadas
pelos, 32-34
natureza pessoal dos, 17, 32-33, 114-
115, 240-241
novo conteúdo de vídeo para os, 21-
22, 6-38
padrões de uso dos clientes dos, 100-
101
penetração no mercado dos, 18-19
tempo gasto usando os, 58-60
uso dedicado dos, 146-147
uso dos na rede social, 214
uso dos para pagamentos, 136-164,
252-253
uso dos, no local, 37-38
uso global dos, 44-50
usos na comunicação dos, 34-35
usos para os, 95-98, 100
vendas de, 60-61
visualização de vídeos nos, 130-131
uso dos no local de trabalho, 97
Televisão a cabo, 77-78
Televisão
anunciar na, 136-137
aplicativos para a, 131-133
assistir a no telefone celular, 15, 118-
120, 129
assistir vídeos em aparelhos móveis
como substitutos para a, 131-132
comerciais na, 14, 137-138
como a primeira tela, 13

**280** MOBILE MARKETING

modelos baseados no tempo na, 76-78
Tempo real
clientes em, 84-87, 166
descrição do, 75-76
disponibilidade das informações em, 76-77
Tempo
controle da rede do, 76-77
controle pelo consumidor do, 77-78
marketing baseado em, 78-79
Texto de SMS, 233-234
The Weather Channel, 245-246
Theermann, Marc, 79-80
Tiffany & Co., 50-51
TiVo, 77-78
Topguest, 229
Toque para a rede social, 140
Toque para ligar, 140
Toque para vídeo, 140
Transantiago, 208
Triangulação, 71-72, 187-188
Truong, Phuc, 158-159, 161-162

## U

UGC, 125
Urbanspoon, 197-198
Usando a Tecnologia do Telefone (UPT), 59, 62, 231
Usando a Tecnologia dos Smartphones (USPT), 22-23, 59, 62, 92-93, 142-143, 168-170, 228-229

## V

Vail, John, 104, 106
Valor, 109-110
Valpak, 174
Varejistas de lojas físicas
benefícios móveis para os, 155-156
como ativos, 155-158

marketing móvel pelos, 23-24
Varejistas, 79-80, 90-91, 170-171
Velikin, Peter, 119-120
Venda baseada na localização, 163
Verizon Wireless, 205-206
Vídeo
assistir pela Internet, 77-78, 129-130
em mensagens de MMS, 238-239
novo conteúdo, 131-133
visualização em smartphones, 130-131
visualização móvel de, 130
Vídeos Repercutidos ao Vivo, 149
Vocalpoint, 112-113
Volkswagen, 209
Voz dos Clientes, 102-103

## W

WAP, 62
Waterford Wedgewood Royal Doulton, 50-51
WeReward, 184
Whrll, 228
Wilson, Brian, 177-178
Wolfram Alpha, 193
World Wide Web, 15-16
Worten, 47

## Y

Yelp, 197
YouTube, 120-121, 129-130

## Z

Zappos, 35-36
Zazu, 108
Zip2save, 174
Zmags Corporation, 119-120
Zoove.com, 238